思政教育模式与方法研究

敖海军　江守武　刘金生◎著

贵州出版集团

贵州人民出版社

图书在版编目（CIP）数据

思政教育模式与方法研究 / 敖海军，江守武，刘金
生著. -- 贵阳：贵州人民出版社，2024.8. --ISBN
978-7-221-18458-0

Ⅰ. D64

中国国家版本馆 CIP 数据核字第 2024769ZS8 号

SIZHENG JIAOYU MOSHI YU FANGFA YANJIU

思政教育模式与方法研究

敖海军　江守武　刘金生　著

出 版 人	朱文迅	
策划编辑	苏　轼	
责任编辑	苏　轼	
装帧设计	李连波	
责任印制	郭　玮	

出版发行　贵州出版集团 贵州人民出版社

地　　址　贵阳市观山湖区中天会展城会展东路 SOHO 公寓 A 座

印　　刷　唐山唐文印刷有限公司

版　　次　2025 年 3 月第 1 版

印　　次　2025 年 3 月第 1 次印刷

开　　本　797 毫米 1092 毫米　1/16

印　　张　11.5

字　　数　200 千字

书　　号　978-7-221-18458-0

定　　价　58.00 元

PREFACE 前　言

随着信息时代的来临和社会多元化的增加，年轻一代面临着前所未有的思想和价值观的挑战。传统的思政教育方法可能不再适用于今天的学生，因此有必要重新审视和调整思政教育的模式和方法。此外，全球性的社会问题，如气候变化、社会不平等和全球卫生危机，也需要更加综合和有深度的思考和分析，这正是思政教育应该涵盖的内容。

思想政治教育一直是教育体系中至关重要的一部分，其目的在于培养学生的政治觉悟、思想道德品质和社会责任感。随着社会的不断发展和变化，思政教育的模式与方法也需要不断适应新的需求和挑战。本书旨在探讨和分析现有的思政教育模式与方法，以寻求改进和创新的途径，以更好地满足当代学生的需求。

思想政治教育作为一项重要的教育任务，一直以来都受到广泛关注和深入探讨。随着社会的不断发展和变革，思政教育的模式和方法也需要不断创新和改进，以更好地满足现代学生的需求和社会的发展要求。本书研究的意义在于为教育机构、教育者和政策制定者提供有关思政教育的最佳实践的指导，以帮助学生更好地理解和应对当今复杂的社会和政治环境。通过改进思政教育模式和方法可以培养出更加有思想、有道德、有社会责任感的公民，他们将能够积极参与社会和政治进程，为社会的进步和发展做出贡献。

作者在写作本书的过程中，借鉴了许多前辈的研究成果，在此表示衷心的感谢。由于本书需要探究的层面比较深，作者对一些相关问题的研究不透彻，加之写作时间仓促，书中难免存在一定的不妥和疏漏之处，恳请前辈、同行以及广大读者斧正。

CONTENTS

高职高专文化学科育人研究

第六章 高校民族思政课程与思政教学理念 121
121
128
133
135
第七章 高校思政教育的方式 135
111
120

目 录

第一章　高校思政教育的基础理论

第一节　高校思政教育的内涵

一、思政教育的概念

（一）学界相关概念的表述

思政教育的概念在学界有着多样的表述，各位学者从不同的角度出发，对思政教育进行了深刻的思考和定义。这种多元性反映了思政教育作为一个复杂而广泛的领域，涉及到社会实践活动和学科存在两个维度。以下是一些学者对思政教育概念的不同表述：教育部社会科学研究与思想政治工作司在 1999 年组编的《思想政治教育学原理》中，将思政教育定义为社会或社会群体用一定的思想观念、政治观点、道德规范，对其成员施加有目的、有计划、有组织的影响，使他们形成符合一定社会所要求的思想品德的社会实践活动。2003 年，王勤在《思想政治教育学新论》中将思政教育理解为一定的阶级或政治集团，为实现一定的政治目的，有目的地对人们施加意识形态的影响，以期转变人们的思想，塑造人们的品德，进而指导人们行为的社会实践活动。仓道来主编的《思想政治教育学》（2004 年）中提到，思政教育指一定的阶级、政治集团为实现其根本政治目的和经济利益，而对人们有意识、有目的、有计划地施加本阶级、本集团思想政治等意识形态方面影响的社会活动①。另一方面，2007 年成媛在《思想政治教育学原理》中强调了思政教育的社会主义核心价值体系，指出思政教育是教育者按照社会发展的要求，在社会主义核心价值体系指导下，通过一定的内容、方法、手段对受教育者有目的地施加影响，促使其思想政治品德形成、发展的教育实践活动。这些定义从不同的角度出发，反映了思政教育的多层次性和多维度性。思政教育不仅仅是一种社会实践活动，更是一门学科存在。在对待

---

① 詹洪春，黄黎，马子洋等. 高校思政教育对当代大学生人文精神的塑造［J］. 高教学刊，2023，9（34）：161-164.

思政教育的理解中，既有强调其社会影响力和阶级性质的观点，也有关注其内在核心价值体系和社会主义导向的看法。对于思政教育概念的研究，学术界主要从两个维度展开，即作为社会实践活动的思政教育和作为学科存在的思政教育。前者更加注重实际的教育实践，解决"做什么""怎样做"的问题，而后者则更关注思政教育的本质属性和存在的理论基础，解决思政教育"是什么""为什么"的问题。思政教育的内涵是一个深层次的概念，它体现了思政教育的科学内涵和精神实质。学者们的定义不仅反映了思政教育在社会中的具体表现，还揭示了思政教育作为一门学科的理论依据和内在规律。通过深入研究和理解这些定义，我们能够更全面地把握思政教育的本质，为推动思政教育的发展提供理论支持和实践指导。

（二）关于上述概念表述的不同意见

1. 关于主体和客体关系的指向不够清晰

对于思政教育的各种概念表述，尽管大多数都抓住了思政教育的本质，但在思政教育的内涵方面，一些学者存在一些不同的意见。其中，一项主要争议是关于主体和客体关系的指向是否清晰以及在实践中由于时机变化导致的主体和客体之间交叉变化的影响。有学者指出在当前的概念表述中，对于思政教育的主体和客体关系的指向并不够清晰。在社会实践中，由于时机变化的不同，思政教育的主体和客体关系可能会发生交叉变化的现象。这种变化可能会对思政教育产生何种影响，以及如何利用这种主客体的变化服务于思政教育，似乎在目前的概念表述中未能充分体现。因此，对于思政教育的实际操作和应对变化的策略，一些现有的概念表述可能需要更具体和明确的指导。一些概念中经常提到的词语如"社会或社会群体""人们"等，强调了思政教育施行主体的集体性一面。然而，这似乎未包含或低估了个体在思政教育中的作用。个体在思政教育施行主体中的地位与作用对思政教育的影响力是不可忽视的。思政教育不仅仅是一种集体性的社会实践活动，更是涉及到每个个体的思想观念、政治观点和道德规范的培养与塑造。因此，在思政教育的概念中更加明确个体在其中的角色和作用，有助于更全面地理解和推动思政教育的发展。对于思政教育的概念表述存在一些争议，特别是在主体和客体关系的指向清晰性以及对个体作用的体现方面。为了更好地适应时代的变革和需求，我们需要在理论层面进行深入研究，不断优化和丰富思政教育的概念框架，以确保其能够更好地指导实践并取得更为显著的效果。思政教育作为一项至关重要的任务，其理论框架的完善对于培养具有道德、智慧和社会责任感的公民具有深远的意义。

2. 概念表述中着眼点单一

对于思政教育的概念表述，存在一些学者对其着眼点单一的不同意见。这些观点认为，现有的概念表述过于强调思想品德，将思政教育过度限定在德育的范畴内，而忽视了对人的行为的调控，导致行为的滞后，难以将思想真正落实到实践中，以有效地发挥作用。这一问题主要体现在以下几个方面：一些概念表述中使用了类似"一定社会所要求的思想品德""一定社会、一定阶级所需要的思想品德"等的措辞，这些表述在很大程度上只强调了思想品德，而忽视了对人的行为的引导和调控。思政教育不仅仅是对思想观念的引导，更应该包括对个体行为的塑造和引导。在当今时代，特别是面对突发事件时，对人的行为进行有效的引导和调控显得越来越重要。因此，概念表述中应更加全面地考虑到思政教育对于个体行为的影响，以确保思政教育的实际效果更为全面和深远。一些表述中强调"转变人们的思想，塑造人们的品德"，虽然这是思政教育的重要目标，但单一地关注思想和品德，而忽略对行为的关注，可能导致在实际操作中无法将思想真正落实到实践中。思政教育应该注重培养学生良好的行为习惯和社会责任感，使其在实际生活中能够以正确的行为表达和践行所学的思想观念。因此，概念表述中需要更强调思政教育对行为的引导和塑造，以促使学生在实践中真正贯彻所学的思想和品德。尽管思想对行为产生一定的影响，但行为是对思想状况的有效落实，需要进行专门的训练与培养。在概念表述中，应当更加明确地强调思政教育对行为的专门培养，以使学生能够在具体的社会环境中作出积极、负责任的行为决策。培养学生正确的行为反应和实际操作能力，是思政教育必须深入关注的方面。因此，对于思政教育的概念表述，需要更加全面地考虑思政教育对于思想、品德和行为的综合影响。这样的综合性观点将有助于构建更为完善和实用的思政教育理论框架，以更好地适应时代的需求，培养具有全面素质的公民。思政教育的目标不仅仅是塑造正确的思想观念和良好的品德，更在于将这些观念和品德转化为积极负责的行为，从而为社会的长远繁荣和稳定做出贡献。

3. 概念强调的目的性单一，突出了思政教育中的集体性，忽视了人的自然属性与个体需要

对于思政教育的概念表述存在一些学者的不同意见，其中一个主要观点是概念强调的目的性单一，过于突出了思政教育中的集体性，而忽视了人的自然属性与个体需要。在当前社会发展和进步的背景下，个体作为自然人的心理和生理的需求日益凸显，因此需要更加全面地考虑思政教育对于个体的关注。一些概念表述中出现的诸如"一定的思想观念、政治观点、道德规范""一定的政治目的""根本政治目的和经济利益"等，都将个体置

于集体的范畴内，强调了人的社会属性，要求个体服务于集体的需要。这种强调集体性的倾向使得概念表述中的目的性过于单一，忽视了个体的自然属性。个体不仅仅是社会的一部分，更是具有独立的心理和生理需求的个体存在。因此，在思政教育的概念中，应当更加充分地关注个体的自然属性，理解并满足个体的心理和生理需求，以更好地推动思政教育的发展。一些表述中强调"一定的政治目标和任务""一定的政治目标"等，再次将个体置于集体的服务范畴内。这种集体性的强调可能导致忽视了个体的独立性和个性化需求。在当今社会，个体的独立性和多样性变得越发重要，思政教育应当更加注重个体的差异性，通过满足个体的自然属性和需求，更好地引导个体形成正确的思想观念和道德规范。一些表述中提到的"一定的政治目的""一定的政治目标"等，似乎将思政教育过于理性化，并强调了政治的主导地位。这种过度的政治导向可能会忽视个体的自由意志和对多元思想的包容。思政教育不仅仅是对政治观点的灌输，更应该是对个体多元思想的启发和引导。在概念表述中，需要更全面地考虑个体的自由意志，为个体提供更宽松的思想空间，以促使个体形成更加独立和有创造力的思想观念。因此，对于思政教育的概念表述，需要更加平衡地考虑集体性与个体性的关系，充分关注个体的自然属性和需求，以确保思政教育既能服务于社会整体的需要，又能满足个体的独立性和多样性。思政教育应当致力于培养既具有社会责任感又保持独立思考能力的公民，而这需要更为综合和平衡的概念框架。

4. 概念强调的教育方向单一，忽视了主客体在教育中的相互作用

对于思政教育的概念表述，存在一些学者的不同意见，其中一个主要观点是概念强调的教育方向过于单一，忽视了主客体在教育中的相互作用，将思政教育孤立地理解为自上而下、由外而内进行的。这一观点认为，思政教育不仅是主体对外部客体的单向教育活动，更应该考虑到客体的思想和行为变化会反作用于主体，从而形成自下而上的相互影响。一些概念表述中使用了诸如"一定的思想观念、政治观点、道德规范""一定的政治目的"等的措辞，似乎将思政教育理解为主体对客体的单向灌输。这种单一的教育方向可能会导致忽视了客体在思政教育中的主动性和反馈性。客体不仅仅是被动接受教育的一方，更是具有思考和反馈能力的个体。在思政教育的过程中，客体的思想和行为也会发生变化，并对主体产生影响。因此，概念表述应更加注重思政教育中主客体之间的相互作用，考虑到客体的思想和行为变化如何反作用于主体的思想和行为。一些表述中提到的"自上而下""由外而内"似乎将思政教育定位为主体对客体的一种外在引导和影响。然而，在实际情况中，思政教育的效果也取决于客体自身的内在状态和个体特质。客体的思想和行为可能会受到内部因素的影响，而这种自下而上的内在变化也应该被纳入思政教育的考量范围。因此，概念表述中应更全面地认识到思政教育既包括自上而下的外在引导，也包括自下而上的内在变化，形成综合而全面的教育方向。概念表述中强调思政教育的自上而下和由外而内，未充分关注自下而上和由内而外的教育方向。自下而上的影响意味着客体在教育过程中的思想和行为变化对主体产生积极影响，反映了思政教育中主客体相互促进的关系。由内而外的影响则强调了客体内在的自我改变如何影响外在环境和主体的思想行为。综合考虑这两个方向，有助于形成更为全面、灵活和有机的思政教育模式。因此，对于思政教育的概念表述，应该更加强调主客体在教育中的相互作用，不仅包括自上而下和由外而内的方向，还应该充分考虑自下而上和由内而外的影响。思政教育的理论框架应该更加综合，既注重主体对客体的引导，也注重客体内在的自我调整和对主体的反馈影响。这样的全面性观点将更好地适应现代社会复杂多变的需求，推动思政教育更为有效地发挥其作用。

（三）思政教育概念与内涵的解读

1. 加强了思政教育主体和客体的联系，使思政教育的目的性呈现多样化的倾向

思政教育是在一定的社会阶段、一定的阶级、政党、社会群体或个人基于自身的利益、政治倾向、政治和经济权利、人的心理和健康的需要，以其思想和行为为媒介，运用一定的政治策略和教育方法所采取的自上而下与自下而上相结合、由外而内与由内而外相结合的社会实践活动。在这一表述下，思政教育的概念具有丰富的内涵和时代特色。思政教育主体和客体的联系得到了加强。随着社会的不断发展，特别是政治文明的进步，思政教育主体和客体之间的联系愈加紧密。这一联系并非僵化固定的，而是在特定情境下会发生转化。这种主客体关系的灵活性体现了社会关系的复杂性和多变性。对于这种转化，我们应该认识到，它是社会发展趋势的体现，也是思政教育概念不断完善的必然过程。加强主客体关系的同时，思政教育的目的性也呈现出多样化的倾向。思政教育的目的性变得更加多样化。主体和客体在思政教育中的联系不仅体现为集团利益、政治倾向、政治和经济权利的影响，还涵盖了个体的心理和健康的需要。这种多样性的目的性表明思政教育已不再局限于传统的思想观念灌输，而更加关注个体的全面发展。主体和客体自身的需求和特点在特定情境下对思政教育的目标产生积极作用，使得思政教育更具针对性和实效性。不同层面的主体和客体通过思政教育实践活动的导向作用，促使其在社会实践中更好地融入、反映和服务社会的整体需求。这种多样化的目的性反映了思政教育与时俱进的特色。在时代变革的背景下，思政教育不仅要关注传统的政治观念和思想品德的培养，更需要关注社会的多元化和个体的多样性。通过理解主体和客体自身的需求和倾向，思政教育能够

更好地满足社会的发展要求，培养更具有社会责任感和个体素养的公民。在总体上，思政教育的概念与内涵的解读既反映了社会实践活动的多层次、多方面特征，也体现了思政教育不断适应时代变化的迫切需求。这一概念为思政教育提供了更为丰富和灵活的理论基础，为实现全面发展的人才培养目标提供了更为有效的路径。思政教育的时代内涵与多元目的性将为培养具有创新力、责任心和适应力的新一代公民奠定坚实基础。

2. 强调的着眼点多元化，思政教育不再局限于思想品德，而是拓展到主体和客体的思想、行为和心理健康等范围

在对思政教育概念与内涵的解读中，强调的着眼点逐渐呈现多元化，不再局限于传统的思想品德，而是扩展到主体和客体的思想、行为和心理健康等多个范围。这种多元化的着眼点反映了对思政教育领域更全面发展的需求，并将使思政教育工作更加丰富多彩。思政教育逐渐摆脱了对思想品德的狭隘理解，开始注重主体和客体在更广泛范围内的发展。个体的行为往往受到心理机制的影响，而思想品德只是其中的一个因素。强调多元化的着眼点意味着思政教育要关注更广泛、更复杂的影响因素，不仅培养个体正确的思想观念和道德品质，还要考虑到个体的行为动机、动作和技能的培养。心理健康方面的教育和引导成为思政教育领域的一个重要内容。个体的心理健康状况直接关系到其行为和思想的表现。在思政教育中强调心理健康的培养，不仅关注了个体内在的平衡和稳定，也有助于个体更好地应对社会压力和挑战。这为思政教育提供了更为深入和全面的引导方向，有助于培养具有内外协调能力的个体。个体的动作与技能的培养也引起社会各界的广泛关注。强调多元化的着眼点使得思政教育更加注重个体实际行为的培养，而不仅仅是在思想上的引导。这包括个体在实际生活中的操作技能、沟通技巧、解决问题的能力等。通过培养这些动作与技能，思政教育能够更好地促使个体在实践中付诸行动，从而更好地将正确的思想和观念转化为实际行为。随着思政教育概念与内涵的发展，思政教育工作将更加丰富多彩。这种多元化的视角使得思政教育能够更全面地关注个体的发展需求，更灵活地应对不同社会时期的变化。同时，思政工作者在思政教育的实践中也将面临更加丰富的工作内容和更具挑战性的任务。思政工作者需要不断更新理念，不断提高自身专业水平，以更好地引领和促进思政教育的发展，确保其能够有效地服务于社会和个体的全面发展。思政教育的未来充满希望，同时也需要不断努力与时俱进，以更好地适应社会的变革和个体的多元需求。

3. 思政教育的方法、途径、手段和内容呈现具有与时俱进的时代特色

思政教育的概念与内涵的解读表明，其方法、途径、手段和内容正在呈现出与时俱进的时代特色。随着科学技术的飞速发展，尤其是多媒体技术的进步和网络的普及，思政教育正积极应对时代变化，采用更加先进的方式来实现其目标。思政教育的方法和途径在与时俱进的过程中得到改进和拓展。传统的思政理论课仍然是思政教育的主要途径之一，但在这一基础上，思政教育工作者需要更新理念，积极尝试运用新技术、新手段来拓宽思政教育的途径。例如，可以通过在线教育平台、移动应用等方式，为学生提供更为灵活和便捷的学习渠道。这不仅有助于适应学生群体多样化的学习习惯，也能更好地引导学生参与思政教育。思政教育的手段也在适应时代发展的要求下进行创新。多媒体技术的应用使得思政教育更具互动性和趣味性。通过图文并茂、音视频等多种形式的呈现，可以更生动地传递思政教育的内容，激发学生的兴趣。同时，利用社交媒体平台，可以更加直观地与学生进行互动，促使思政教育更好地融入学生的日常生活。思政教育的内容也在不断更新和丰富。除了传统的思想政治理论知识外，思政教育越来越注重涵盖更广泛领域的内容，包括社会实践、创新创业、文化艺术等方面。这样的多元化内容既能更好地贴近学生的实际需求，也有助于培养学生的综合素养和创新能力。综合利用各种场合和机会，是思政教育工作者在时代变革中的一项重要任务。通过组织各类社会活动、座谈讨论、主题讲座等形式，将思政教育引入更广泛的社交领域，使学生能够在实践中感受和体验思政教育的魅力。这样的综合利用不仅能够更好地传递思政教育的理念，也能够更好地引导学生在不同情境下形成正确的思想和行为。思政教育的方法、途径、手段和内容正与时俱进，适应着社会和学生的变化需求。在这个过程中，思政教育工作者需要不断更新自己的观念，敏锐地把握时代脉搏，以更创新的方式引领并推动思政教育的发展。通过更加先进的方法，思政教育将更好地服务于学生的全面发展，为培养具有时代担当和社会责任感的新一代公民奠定坚实基础。

4. 思政教育做到了两个结合，即自上而下与自下而上相结合、由外而内与由内而外相结合

思政教育的概念与内涵的解读表明，它已经实现了两个结合的重要方面，即自上而下与自下而上相结合、由外而内与由内而外相结合。在传统意义上，思政教育将统治阶级和集团定位为主体，称其为内部，将被统治阶级及个体定位为客体，称其为外部，因此，思政教育被理解为思政教育主体针对客体、内部针对外部对象进行的教育活动。然而，在当今政治文明快速发展的时代，思政教育的主体和客体所指是更为广泛和层次丰富的。思政教育的主体和客体在特定情况下会相互转化，其利益逐渐趋于一致。传统的思政教育中主体和客体的界限相对清晰，但随着社会的发展，这种界限开始模糊。在某些情况下，被认为是客体的个体或阶层可能会成为实际上的主体，而主体和客体之间的互动关系变得更加复杂和多样化。这种相互转化使得思政教育更能贴近社会的实际情况，更好地满足不同群体的需求。思政教育发展为自上而下与自下而上相结合、由外而内与由内而外相结合。这意味着思政教育不再仅仅是主体对客体的单向教育，而是在互动中形成的双向过程。自上而下的思政教育包括了传统的教学和引导，而自下而上的思政教育强调个体在实际社会实践中的经验和反思。同时，由外而内与由内而外的结合表明思政教育不仅要关注个体外在行为和观念的引导，还需要关注个体内在心理、思想和情感的塑造。这种结合使得思政教育更为全面，更有针对性。思政教育不仅包括了对外部对象的教育，还包括了对思政教育主体自身的自我思政教育。这意味着思政教育主体需要在实践中不断审视自己的思想观念、政治立场和行为，进行自我纠正和提升。这种自我思政教育不仅有助于主体更好地履行教育责任，也能够增强主体的教育实效性。在时代发展的大潮中，思政教育不断创新和调整，使其更好地适应当代社会的需要。这种自上而下与自下而上相结合、由外而内与由内而外相结合的思政教育模式，为培养具有社会责任感、创新能力和全面素养的新一代公民奠定了更为坚实的基础。思政教育在两个结合的基础上，将更有力地引领人们走向更加理性、开放、包容的社会发展道路。

二、高校思政教育的概念

高校思政教育的内涵体现在思政理论教育和通过实践开展教育活动两个方面。在普通高等院校，思政理论教育主要通过思政理论课程的学习来加深大学生的思政知识底蕴。这种教育方式不仅仅体现在相关课程中，还包括通过党组织的推优及党员培养的方式进行思政教育。通过对团员的推优，安排其学习党课知识，并配合完成党内实践活动等，实现团员向党员政治身份的转变。这一过程旨在通过加强党课知识的学习，培养学生对于马克思主义基本原理、方法及思想精髓的理解，以及对于马克思主义在中国的具体应用的了解。通过党内实践活动，学生在实际中应用所学的理论知识，同时完成了从团员到党员的政治身份转变。通过对党员党内知识的培训和提高，以及定期召开党内学习会议等活动，加强学生的政治素养。这种教育方式考查和考核学生的思想意识和行为道德，同时通过党内学习会议等形式，促使学生更加深刻地理解和接受思政理论教育。这种方式一般以非固定课程教育的形式在普通高等院校的大学生中广泛开展。思政理论课程的教学模式和环节包括理论的教授、学习、宣传和培训及研讨等，是普通高等院校开展思政教育最基础、同时也是最高效的方式。通过这种方式，学生能够系统学习马克思主义基本原理，深刻理解社会主义核心价值观，形成正确的世界观、人生观和价值观。另一方面，高校思政教育的内涵还体现在通过实践开展教育活动这一方面。实践活动是一种有目的、计划合理的社会实践性活动，旨在引导和组织学生参与各种能够提升其思想意识和道德素质的实践锻炼。这些实践活动需要考虑学生的年龄特点、性格特征、学习能力及不同年级等多方面因素，同时要将适当的教学内容融入其中，以彰显实践活动的教育性。通过实践教育活动，可以有效提升大学生的思想觉悟和认识能力，强化理论灌输教育的知识和内容，实现理论知识内化的目的。然而，为了取得更好的教育效果，普通高等院校必须长期坚持实践锻炼活动。只有通过反复地锻炼，学生才能逐渐提升认识，并将认识内化为自身信念。高校思政教育的内涵体现在思政理论教育和实践教育活动两个方面，通过这两种方式相结合，可以更全面、深入地培养大学生正确的世界观、人生观和价值观，使其成为具有社会责任感和全面素养的新一代公民。

第二节　高校思政教育的目标和任务

一、高校思想政治教育的目标

（一）思想素质目标

高校思想政治教育的目标在培养学生的思想素质方面具有重要意义。思想素质目标旨在使学生在思维方式、世界观、人生观和价值观等方面形成正确的认知和立场，以适应社会的发展和变革。以下是高校思想政治教育的思想素质目标的具体内容：思想政治教育的目标之一是坚定贯彻马克思列宁主义、毛泽东思想、邓小平理论、"三个代表"重要思想、科学发展观、习近平新时代中国特色社会主义思想。这意味着学生需要全面理解和掌握中国共产党的指导思想，包括历史上各个时期的重要思想，以及当前中国社会主义事业的新理论。通过深入学习这些思想，学生将建立起对社会主义核心价值观和国家制度的深刻认识，为正确的人生观和价值观奠定基础①。思想政治教育的目标还包括明确辩证唯物主义的思想。学生需要通过学习辩证唯物主义，形成科学的思维方式，能够理性地分析和解决问题。辩证唯物主义是一种既重视对事物发展规律的认识，又注重对事物矛盾的把握的哲学思想，学生通过掌握这一思想，将培养出理性、科学的思考习惯。此外，树立正确的"三观"是思想政治教育的目标之一。这包括正确的世界观、人生观和价值观。学生需要

---

① 张芷若.高校思政教育创新发展路径探究［J］.现代职业教育，2024，（02）：5-8.

在学校的思政教育中逐渐形成积极向上的世界观，正确看待人生，树立正确的价值观。这有助于他们在社会中健康、积极地发展，并为个人的成长和社会的进步作出积极贡献。进一步，思想政治教育的目标也在于培养集体至上的"三观"。这意味着学生需要树立集体利益高于个人利益的思想观念。通过加强对团队协作和集体责任的认知，学生将更好地融入社会，形成团结合作的社会观。同时，思想政治教育目标还包括批判享乐主义和拜金主义。学生需要在学习中对这些不良思想观念进行深刻批判，树立正确的人生追求，远离浮躁和功利主义的影响。思想政治教育的目标之一是明确个人利益要服务于国家利益的思想。学生需要认识到个人的发展离不开国家的繁荣稳定，个人的利益应当与国家的利益相统一。这种思想观念有助于学生在日常生活中更好地履行社会责任，为国家和社会的繁荣贡献力量。高校思想政治教育的思想素质目标旨在培养学生正确的思维方式、世界观、人生观和价值观。通过深入学习马克思主义等理论，明确辩证唯物主义的思想，树立正确的"三观"，培养集体至上的思想观念，批判错误的思想观念，明确个人利益要服务于国家利益，学生将在思想上得到全面提升，为社会主义事业的建设和发展贡献力量。

（二）道德素质目标

高校思想政治教育的目标之一是培养学生的道德素质。道德素质目标旨在使学生在道德标准、价值观念和行为规范等方面形成正确的认知和行为准则，使其在个人发展的同时，能够为社会和国家的繁荣做出积极的贡献。以下是高校思想政治教育的道德素质目标的具体内容：道德素质目标包括以集体利益为最高荣誉。学生需要在思政教育中深刻理解集体利益对于整个社会的重要性，并将其视为个人追求的最高目标。这需要树立一种意识，即个人的幸福和成功最终离不开整个团队、社会的繁荣和进步。个人利益要服从于集体利益。学生在思政教育中需要明确个人的发展应当服务于整个集体和社会的利益。这有助于建立正确的利益观，使个人在行为中更加注重团队合作和集体利益。道德素质目标还包括坚信团队合作的重要性和必要性。学生需要在思政教育中培养团队协作的观念，明白团队合作对于实现个人和集体目标的重要性。这有助于他们在未来的工作和生活中更好地融入团队，发挥协同效应。在生活学习工作中，学生需要做到艰苦朴素，享乐在后。这意味着在面对困难和压力时，能够坚持不懈，努力克服各种困难。同时，要保持朴实的生活作风，不沉迷享乐，更注重实际行动和实现人生价值。道德素质目标还包括遵守法律、热爱国家、懂礼貌、讲诚信、与人相处团结和睦。学生需要在思政教育中培养法治观念，热爱祖国，尊重法律法规，具备良好的道德品质和社交礼仪。与他人相处要团结友善，讲究诚信，形成和谐社会关系。积极进取，思想要具有正能量。在面对人生的各种挑战时，学生需要保持积极向上的心态，勇于迎接困难，充满对未来的信心和动力。在事业和学习中要充满干劲，保持严肃认真的态度，做到真抓实干。道德素质目标还要求学生能够听进各方的意见和建议，吸取批评中的养分，努力完善自己的道德修养。这体现了学生在思政教育中要具备谦虚谨慎的品质，不断反思自己，不断提高自己的综合素质。高校思想政治教育的道德素质目标旨在培养学生正确的道德标准、价值观念和行为规范。通过深入学习集体利益观念，明确个人利益要服从于集体利益，树立正确的团队合作观念，学生将在道德素质上得到全面提升，为社会的和谐发展贡献力量。

（三）政治素质目标

高校思想政治教育的政治素质目标致力于培养学生具备深厚的国情国史知识，崇尚传统文化，坚守初心，坚持共产党领导，继承革命斗争精神和传统，维护祖国统一和团结，培养献身祖国、报效人民的思想觉悟，成为忠诚的爱国主义者。对我国国史和国情要了然于胸。学生需要在思政教育中深刻理解中国特有的国情和历史背景，对我国的国史有全面深入的了解。这有助于学生更好地认识祖国的发展历程，理解国家的现状，为未来的发展和建设提供清晰的思想基础。对我国传统文化的优秀之处要加以发扬和继承。思政教育目标在于培养学生珍视中华传统文化的重要性，发扬传统文化中的正面价值观，弘扬中华文明的卓越成就。这有助于学生形成正确的文化认同，培养文化自信心，为继承和发展中华文明贡献力量。不忘初心，坚持共产党领导，继承先辈的革命斗争精神和传统，是政治素质目标的重要内容。学生在思政教育中需要保持对共产党的忠诚，始终不忘初心，始终保持对革命斗争先辈的尊敬和继承，这有助于使学生始终保持对社会主义事业的信仰，发扬党的优良传统。学生需要坚决维护祖国统一和团结。思政教育目标要求学生在面对一切可能威胁祖国统一和团结的行为时，能够坚决捍卫祖国的统一，保持国家的团结。这有助于形成坚强的国家意识，维护祖国的长治久安。政治素质目标还包括将祖国的利益和荣誉放在心中首位。学生需要在思政教育中形成正确的价值观，将祖国的利益和荣誉置于个人之上，形成为国家付出的思想觉悟，有强烈的爱国主义情怀。学生需要具备献身祖国、报效人民的思想觉悟。政治素质目标要求学生在面对祖国需要的时候，能够毫不犹豫地献身祖国，报效人民。这有助于培养学生的责任感和使命感，形成为人民服务的思想觉悟。高校思想政治教育的政治素质目标旨在培养学生具备深厚的国情国史知识，崇尚传统文化，坚守初心，坚持共产党领导，继承革命斗争精神和传统，维护祖国统一和团结，培养献身祖国、报效人民的思想觉悟，成为忠诚的爱国主义者。通过思政教育的深入推进，学生将在政治素质上得到全面提升，为实现中国梦和祖国繁荣贡献自己的力量。

（四）法纪素质目标

高校思想政治教育的目标之一是法纪素质目标。这一目标的核心在于致力于弘扬全民民主法治的风气，培养大学生自发学习我国宪法，使其能够正确行使公民权利，维护公民利益，并履行公民义务。这不仅仅是对法治社会的一种期望，更是对高校大学生在法纪素质方面的培养与引导。法纪素质目标要求大学生深刻理解并自觉学习我国宪法。宪法作为国家的最高法律文书，规定了国家的基本制度和公民的基本权利与义务。高校应当着力培养学生对宪法的深刻理解，使他们能够在法治社会中准确把握自身权利和义务，形成正确的法治观念。法纪素质目标要求大学生能够正确行使公民权利。这包括参与选举、言论自由、集会示威等公民权利的行使。高校应当通过相关课程和实践活动，引导学生认识到公民权利的重要性，激发他们积极参与社会和政治生活的热情，做到在法治框架下有序行使权利。法纪素质目标强调维护公民利益的责任。大学生作为社会的一部分，应当具备维护公共利益的意识，不仅要追求个人权益，更要考虑整个社会的福祉。高校教育应当引导学生在行使个人权利的同时，充分考虑其对社会的影响，形成积极的社会责任感。法纪素质目标的实现还需要培养大学生的法律意识。这包括对法律的尊重和遵守，以及对违法行为的警觉和抵制能力。高校应当通过法律课程、模拟法庭等方式，使学生逐步形成对法治的信仰，不仅在言辞上尊重法律，更在行动上自觉遵守法律规定。更进一步，法纪素质目标要求培养学生的自我约束和自我管理能力。大学生处于自由开放的学习环境中，需要在这种自由度中培养自律品质。高校应当通过课程设置、导师指导等方式，引导学生形成自觉的学习和生活管理机制，使其在自由度中能够自我约束，不滥用权力。培养学生运用法律武器做出正确判断和决策是法纪素质目标的关键要素。

在法治社会中，大学生作为新一代的中坚力量，需要具备正确的法律思维和判断能力。高校教育应当注重法律实践，让学生在模拟案例中锻炼法律思维，培养其正确运用法律武器解决问题的本领。法纪素质目标还要求培养学生的勇气和承担挫折的能力。在法治社会中，对于不正当的行为和违法犯罪行为，大学生应当保持勇气，勇敢维护正义。同时，面对生活和学业中的挫折，他们需要有足够的心理韧性和应对能力。高校应当通过心理健康教育和社会实践等方式，培养学生的勇气和逆境应对能力。在校内，法纪素质目标要求学生内遵守校规校纪。高校是法治社会的一部分，学生在校内应当自觉遵守学校规定，不违反纪律，保持良好的校风。这既是对学校管理的尊重，也是对法治社会的维护。在校外，法纪素质目标要求学生遵守社会公德和法律法规。大学生不仅仅是校园中的一员，更是社会的一分子。他们应当在社会中保持良好的行为操守，遵守法律法规，做到守法守纪，不参与违法犯罪活动。这既是对自身道德水平的要求，也是对社会公共秩序的维护。法纪素质目标要求学生自觉主动帮助维护学校和社会的正常公共秩序。大学生作为社会的新生力量，应当积极参与社区服务、志愿活动，为社会和学校的正常运行做出积极贡献。这不仅是对社会的回馈，更是对法治社会的建设参与。法纪素质目标要求大学生深刻领悟法治社会的建成需要每个人来努力。只有每个人都能够自觉遵守法律，自觉维护社会公共秩序，法治社会才能够真正建设起来。高校思想政治教育应当引导学生深刻认识到他们作为法治社会的一部分，肩负着积极的社会责任，通过自身的努力为法治社会的建设贡献力量。在实现法纪素质目标的过程中，关键是让法治变为信仰融入高校大学生的思想道德教育中。只有让法治不仅仅是一种规定，更是一种信仰，才能够让学生在行动中真正体现法治素质。高校应当通过思想政治理论课程、法律课程以及社会实践等多方面的教育手段，引导学生深刻理解法治的重要性，使其在日常生活中能够将法治观念内化为自己的信仰，真正做到在思想和行动上与法治相统一。法纪素质目标是高校思想政治教育的重要组成部分。通过培养大学生对宪法的深刻理解、正确行使公民权利、维护公民利益、树立正确的法律意识、自我约束和自我管理、运用法律武器做出正确判断和决策、培养勇气和承担挫折的能力，以及在校内外遵守规纪和法律法规等方面的努力，可以使大学生逐步形成健全的法制素质，为构建法治社会、培养社会主义事业的建设者和接班人作出积极贡献。

（五）心理素质目标

高校思想政治教育的又一重要目标是心理素质目标。心理素质是一个人心理过程和心理特征的体现，是衡量每个人在情感、意志、性格、行为等方面的综合标准体系。在高校大学生的成长过程中，培养其良好的心理素质具有重要的意义，对于未来的工作、事业、婚姻、家庭等方面都有着深远的影响。本文将围绕高校思想政治教育的心理素质目标展开探讨，深入剖析培养大学生坚强、自爱的性格，增强他们的抗打击和受压能力，以及使其具备良好的自我调节能力的重要性。高校思想政治教育旨在培养大学生形成坚强、自爱的性格。性格是一个人在日常行为中所表现出来的相对稳定的心理特征，对于个体的言行和应对环境的方式产生深远影响。在大学生涌入社会之前，他们所形成的性格将在未来的工作、学习和生活中发挥着重要作用。因此，高校教育应当注重引导学生塑造积极向上、坚韧不拔的性格特质，使其能够在面对生活的各种压力和挑战时保持乐观、坚定的态度，具备克服困难的决心和毅力。心理素质目标强调增强大学生的抗打击和受压能力。现代社会充满竞争和变革，大学生在面对学业压力、就业竞争、人际关系等方面都可能遭遇各种打击和压力。因此，高校教育应当通过心理健康教育、心理咨询服务等途径，帮助学生建立积极应对压力的心理机制，使其具备面对挫折时不轻言放弃、勇往直前的心理品质。在心理素质的培养过程中，使大学生具有较好的自我调节能力是至关重要的。生活中充满了各种复杂多变的情境，而个体在这些情境中需要灵活运用心理调节策略，保持良好的心态。高校思想政治教育应当引导学生通过学习、实践和社会交往等途径，逐步培养自己调节情绪、应对压力的能力，使其能够在面对各种情境时保持冷静、理性，有效地调整自己的情感状态。心理素质目标的实现还需要注重培养大学生的自尊和自爱情感。自尊是个体对自己的肯定和尊重，而自爱是对自己的珍视和呵护。在高校阶段，学生处于身份认同、自我价值感建构的关键时期，高校思想政治教育应当通过关注学生的心理健康状态，引导他们建立积极的自我认知，培养对自己的尊重和热爱，从而形成健康的心理状态。与此同时，高校教育还要关注大学生的人际沟通和人际关系处理能力。良好的人际关系是一个人心理健康的重要保障，而在高校阶段，学生需要学会处理师生关系、同学关系等多层次的人际关系。高校思想政治教育应当通过相关课程和实践活动，培养学生良好的沟通技巧、解决矛盾的能力，使其能够在社会生活中建立稳定、和谐的人际关系。心理素质目标的实现还需要关注大学生的责任感和团队协作能力。在未来的工作和事业中，大学生需要对自己的行为负责，同时也需要在团队中合作共赢。高校思想政治教育应当通过社会实践、团队活动等方式，培养学生的责任感，使其能够对自己的行为负责，同时在团队中协调合作，共同完成任务。最终，心理素质目标的核心在于确保大学生在面对挫折时不会失去勇气和信心，能够不断努力去改善困境，拥有良好的心态，从而拥有良好的人生。高校思想政治教育应当引导学生正确认识挫折，将其视为成长的机会，培养积极向上的心态，使其在困境中找到自我突破的动力，实现个人价值的不断提升。在实现心理素质目标的过程中，高校思想政治教育要注重个体差异，因材施教，帮助每个学生根据自身情况发展出健康、积极的心理素质。通过全面的心理素质培养，大学生将更好地适应社会的要求，更有信心、勇气去迎接未来的挑战，为社会的建设和发展贡献积极力量。

二、高校思政教育的任务

（一）思政教育的任务体系的细化

1. 任务体系的上下衔接

思想政治教育的任务体系是一个复杂而庞大的系统，其上下衔接的良好与否直接影响到思政教育工作的质量和效果。鉴于思想政治教育工作的复杂性和全局性，我们必须以体系视野为指导，确保任务体系的上下衔接具有纵横有度的原则，以此建构一张清晰的技术路线图，设计科学的阶段进展规划，从而能够高质量地完成以立德树人为核心的思想政治教育任务。任务体系的上下衔接要在战略规划层面实现。在这个层面，需要进行全局统筹，确保各项任务有机衔接，形成有序的整体布局。这就需要明确每个任务的定位、目标和重要性，以确保宏观层面的战略规划能够有效地指导思政教育工作。同时，需要避免小任务、细任务、非核心的任务扰乱全局统筹，保持战略层面的清晰度和稳定性。任务体系的上下衔接也需要在战术执行层面得到有效实现。在这个层面，要确保各个单位和个体在执行任务时能够各司其职、各守其责。这就需要明确任务的具体执行步骤、时间表和责任主体，确保任务的传导和消化工作得以顺利进行。同时，也要避免宏观任务、大任务、统筹性任务过度强加给战术层面的单位或个体，以免造成执行力不足、任务无法完成的问题。在任务体系的上下衔接中，重要的一环是建构技术路线图。这需要对任务进行科学合理的分解和组合，确保每个任务都能够有明确的执行路径和步骤。技术路线图应当涵盖从战略规划到战术执行的全过程，为任务的推进提供清晰的指导和支持。这也需要及时对技术路线图进行调整和优化，以适应不断变化的环境和需求。为了更好地完成任务体系的上下衔接，设计阶段进展规划是不可或缺的。在任务开始之前，需要明确每个阶段的任务目标、完成标准和时间节点，以确保任务的有序推进。进展规划还应当考虑到各个层面的协同配合，确保战略规划和战术执行之间的衔接紧密有序。通过科学的规划，可以更好地提高任务的执行效率和成果质量。任务体系的上下衔接是思想政治教育工作成功的关键之一。只有在战略规划和战术执行两个层面各司其职、各守其责，任务的传导和消化工作得以顺利进行，才能够确保思政教育任务的高质量完成。通过建构清晰的技术路线图和科学的进展规划，可以更好地引导思政教育工作朝着立德树人的目标不断迈进。在实际工作中，要注重实践经验的总结和不断的优化调整，以适应时代的发展和思政教育的新需求，推动任务体系的不断完善和提升。

2. 任务主体的责任明确

思想政治教育工作的高效展开离不开任务体系的细化，而任务体系的一个关键方面就是任务主体的责任明确。为了保证思想政治教育工作的各项任务能够高质量完成，必须对任务进行细分，并明确每个任务的主体责任。如果任务不经过细分，责任不明确，就会导致主体责任难以贯彻实施，任务的执行力度和完成效果将会受到严重影响。因此，在思政教育任务的推进过程中，细分任务并确定主体责任显得尤为必要。细分任务是确保思政教育任务明确可行的第一步。通过将整体任务拆解为具体可操作的子任务，可以更好地理清工作思路，使任务更具针对性和可操作性。这样一来，每个子任务都能够有明确的目标和完成标准，为责任的明确提供了基础。只有通过对任务的科学细分，才能确保每个子任务都能够有明确的执行路径和步骤，避免任务在推进过程中因过于宏观而变得模糊不清。而责任明确则是细分任务后的必然要求。每个子任务都需要有相应的主体责任人，这个责任人是执行任务的核心和领头人。明确主体责任人的同时，也需要明确其权利和义务，即享有与任务相匹配的权利，同时必须承担与任务相匹配的义务。这种权利与义务的相互匹配是责任的基础，也是确保任务推进的有效途径。只有责任明确，主体责任人才能充分发挥其领导作用，推动任务有序推进。为了切实贯彻主体责任，可以通过对任务结果的有效回溯来实现。这种回溯不仅是对权利的回溯，更是对义务的回溯。主体责任人在执行任务的过程中，既享有相应的权利，也必须履行相应的义务。通过回溯，可以对责任的履行情况进行评估，从而形成有效的反馈机制。这种机制既是对任务执行情况的监督，也是对责任人的激励和奖惩的有效手段。通过回溯，可以及时纠正执行中的问题，保证任务在整体上能够有序推进。更重要的是，责任的明确需要与统一指挥和领导相结合。在思想政治教育工作中，由于任务繁多、复杂，涉及面广泛，如果没有统一指挥和领导，任务就容易陷入各自为政、独立推进的状态。这将导致任务失去了规定性、指向性和前瞻性，影响任务的整体质量。因此，在责任明确的基础上，还需要有一套完善的指挥和领导机制，以确保任务的有序推进和整体协调。责任明确不仅有助于提高任务的执行效率和完成效果，还有助于保护全局利益。如果主体责任不明确，任务执行中可能出现各种混乱和问题，导致整体利益受损。通过责任的明确，可以保证每个主体责任人都能够在自己的领域内有条不紊地推进任务，最终实现整体目标。责任明确也有助于建立起一支高效的工作团队，提高工作的整体协同性和战斗力。思想政治教育工作的任务体系细化中，任务主体的责任明确至关重要。只有通过细分任务、明确主体责任人，并确保责任的有效贯彻实施，才能保证思政教育任务的有序推进，高质量完成各项工作。责任明确是任务体系的重要保障，也是思政教育工作成功的基石。在实际工作中，需要不断总结经验，不断完善机制，以适应思政教育工作的新需求，确保责任的明确能够为思政教育事业的不断发展提供有力支撑。

3. 任务范围的权责相当

在思想政治教育工作的任务体系中，完成任务的主体责任明确之后，仍然需要对任务范围进行明确定义，以实现责权明确、权责相当的目标。这是确保任务能够高效有序完成的关键环节。通过任务范围的明确，可以督促和指导任务完成单位在各自范围内各守其责、各司其职，不越界、不推诿，从而提高工作效率，推动思政教育事业不断发展。在思政教育工作中，常常需要不断创新，适应外部环境的变化和新问题的出现。要做到集成创新，就必须明确任务范围，确保责任人在各自的领域内有明确的权限和责任，形成一种权责相当的关系，以推动新任务的突破和创新。这也是任务范围明确的一个重要目的。举个例子，以马克思主义学院和校团委学生处为例，它们在思政教育工作中的任务范围是不同的。马克思主义学院的核心任务是主渠道、主阵地的坚守与开拓，主要负责思政理论课程的教学和学科建设。如果在教学上出现问题，责任就应当由马克思主义学院承担。而校团委学生处作为团委的主管部门，主要负责学生社团建设和思想政治教育工作。如果在社团建设中出现偏差，责任就应当由团委学生处承担失察之责。这样明确的任务范围不仅有助于各部门各司其职，还能够提高整体工作效率。如果在各自的任务范围内表现出色，就应当得到应有的权利和嘉奖。例如，如果马克思主义学院在教学改革方面取得了显著成果，说明该学院的建设质量是令人满意的，应当得到相应的荣誉和支持。如果学生社团在思想政治教育工作方面有巨大贡献，团委学生处作为主管部门就应当受到大力嘉奖。这种明确任务范围的做法有助于激励各部门在各自的领域内做好分内之事，形成一种竞争与合作相结合的工作氛围，推动思政教育事业的全面提升。因此，在思政教育工作中，各部门要在各自的任务范围内做好分内之事，是集成创新的第一要义。任务范围的权责相当不仅有助于任务的有序推进，也是确保整体工作高效进行的重要保障。通过权责相当，可以确保各部门在各自的领域内有充分的自主权和决策权，同时也要求其承担相应的责任和义务，形成一种和谐有序的工作关系。在实践中，要定期对任务范围进行评估和调整，适应外部环境的变化和工作需求的不断发展。这有助于保持任务体系的灵活性和适应性，确保其能够有效应对各种挑战。通过任务范围的权责相当，思政教育工作可以更好地适应时代的发展，为培养更加合格的社会主义建设者和接班人做出更大的贡献。

4. 任务考核的赏罚分明

为了督促执行人更好地完成思想政治教育工作中的各项任务，在考核方面务必做到赏罚分明。思政教育工作需要不断创新、与时俱进，要全力以赴，同时也需要踏实踏地、扎实推进。在这个过程中，缺失任何一项都将影响到思政教育工作的集成创新和基本任务指标的完成。因此，考核标准应当分层次，对标对表，实现"先礼后兵"的考核方式。在一定期限内，不仅要进行全面而深入的考核，还要保持坚定的立场、方向和对核心任务的不松懈执行。考核标准应该具有分层次性。思政教育工作的复杂性和多样性使得不同层次的任务需要有不同的考核标准。这就需要对任务进行科学的分级，制定相应的考核指标。例如，对于基础任务和核心任务可以分别制定不同的考核标准，以保证对各项任务的全面覆盖和有效推进。分层次的考核可以更准确地反映执行人在不同层次任务中的表现，有助于精细化管理和激励机制的建立。考核标准要对标对表，即要与任务的具体目标和完成情况相对应。这就要求考核标准不仅要明确具体，还要能够客观准确地衡量任务的完成情况。对标对表的考核方式可以使得执行人更好地理解任务目标，根据实际情况进行有针对性的工作，提高任务完成的效果。同时，对标对表也有助于形成正向激励机制，使得执行人在任务完成过程中更加积极主动。"先礼后兵"是考核的一个原则，即在进行考核之前，要充分了解执行人的工作情况，为其提供必要的支持和帮助。这种方式有助于建立和谐的工作氛围，促使执行人更加主动地投入到任务中。在考核时，也要注意注重对执行人在工作中所付出的努力和取得的成绩的充分肯定，以增强其工作的积极性和干劲。而在需要纠正和改进的情况下，考核也要有明确的反馈和指导，为执行人提供进一步提升的机会。在一定期限内进行考核不仅要保持坚定的立场，而且要有对核心任务的不松懈执行。这就需要考核的全面深入，不能仅仅停留在表面，要深入到任务的本质和核心问题。考核要能够全面了解执行人在任务完成过程中所面临的各种困难和挑战，对其在任务执行中的创新和贡献予以充分的肯定。在考核中要树立正确的导向，引导执行人在任务推进中保持高度的责任感和紧迫感。考虑到思想政治教育工作的特点，极其需要与时俱进，考核方式和指标也要根据任务的不同和进阶程度进行实事求是的调整。随着时代的发展和工作的变化，思政教育的任务也会发生变化，考核方式和指标应当及时调整以适应新的工作需求。这要求考核机制要具有灵活性和适应性，及时对考核方式和指标进行修正，以确保考核的科学性和有效性。赏罚分明是促进高质量完成任务的一种手段和前提。通过科学制定的考核标准、分层次的考核方式、对标对表的原则以及"先礼后兵"的方法，可以更好地激励执行人，推动思政教育各方面任务得到可持续的、高效率的、有效的解决。赏罚分明有助于形成正向激励机制，保持工作的积极性和创造性，为思政教育事业的不断发展提供坚实的支持。

（二）高校思政教育任务的内涵

高校思政教育任务的内涵是一个涉及到责任担当、工作交派、规划领导等多方面的复杂系统。任务通常被定义为一方面作为规划者、领导者、师长等角色的一方向另一方交派的责任，另一方则作为执行者承担相应的工作。任务的划分涉及到任务承担者、任务性质、任务大小、轻重、缓急、任务的层次、任务的内容、阶段等多个维度，使得任务的性质复杂多样。在审视任务时，可以从多个角度进行分析。任务的承担者涉及到任务的责任主体，即任务由谁来负责执行。在高校思政教育中，承担任务的主体通常是学校、教育机构以及相关的教育工作者。这些责任主体需要通过规划和领导的方式，将任务明确交派给执行者，确保任务得以有序推进。任务的性质决定了任务的特点和完成方式。在思政教育中，任务的性质表现为对学生思想政治素养的培养和提升。这是一个长期而艰巨的任务，要求在学生的整个大学生涯中，通过系统而有序的教育，使其具备良好的思想政治觉悟、道德品质和社会责任感。思政教育任务也需要不断适应国家民族进步的需要，不断提出新的要求，因此具有战略性的特点。任务的大小、轻重、缓急是任务划分中的另一重要考量。思政教育任务通常是一个长期的过程，需要在每个学生的大学生涯中贯穿始终。因此，任务的大小是巨大的，需要全面而系统的教育工作。同时，任务的轻重也表现在不同学期、不同年级对学生思想政治教育的不同关注点和要求上。任务的缓急则与当前社会和国家形势息息相关，需要在不同时期做出相应的调整和应对措施。在任务的层次和内容方面，思政教育也有其独特之处。层次上可以包括基础任务和核心任务，即对学生基本素养的培养和对核心价值观念的灌输。在内容上，思政教育任务既包括传授理论知识，也包括培养学生的实际能力，如思辨能力、创新能力和社会责任感。这使得思政教育任务更为全面，更具有深远的影响。针对人的任务和针对事的任务，思政教育任务涵盖了对学生个体的培养和对整个社会的引导。通过培养学生的良好思想政治素养，不仅可以促使个体更好地适应社会发展的需要，同时也有助于社会整体的进步。思政教育任务不仅关注个体的发展，更注重其在社会中的角色和责任。思政教育任务还可划分为推动自然科学技术进步的任务和推动哲学社会科学进步的任务。这体现了思政教育的多元性，既注重理工科学生的专业素养，又强调文科学生的人文关怀。在培养学生综合素质的过程中，思政教育任务需要全面涵盖不同学科领域，以确保学生具备全面的知识结构和能力素养。思政教育任务的阶段性和持续性是需要特别关注的问题。在学生不同年级和阶段，思政教育任务的内容和侧重点都有所不同。而任务的持续性则要求教育工作者在整个学生学业生涯中，持续关注和引导学生的思想政治发展，确保其在不同阶段都能够得到有效的培养。高校思政教育任务的内涵是一个涉及到多个层面、多个角色的复杂系统。通过对任务承担者、任务性质、任务大小、轻重、缓急、任务的层次、任务的内容、阶段等多个维度的审视，可以更好地理解和把握思政教育任务的全貌。思政教育任务的划分既是对学生个体发展的要求，也是对整个社会进步的需要。在实践中，不断完善和创新思政教育任务，是保证高质量完成思政工作的基础和保障。

（三）高校思政教育任务的作用

高校思政教育任务的作用在人类社会发展进步的实践中得到了明显证明。越加明确、清晰的任务布置，其完成质量越好，能够更有效地推动事物在短期内实现质的飞跃。这一现象的背后，任务本身所具有的多方面作用起到了关键的推动和引导作用。具体而言，高校思政教育任务的作用主要表现在以下几个方面。任务具有指向性作用。这种作用为思政教育任务提供了明确的方向和目标。在任务明确的指导下，教育工作者和学生能够清晰地了解任务完成的质量、数量、前景以及所需采取的路径选择。任务的指向性作用有助于确保人们在思政教育工作中不犯方向性错误，使得整个教育过程更加有针对性、高效和有序。任务具有规定性的作用。规定性的作用为思政教育任务提供了明确的完成指标、标准，以及完成任务的技术路线。这种规定性作用明确了任务中必须有效解决的重点、难点，以及评价考核标准等方面的要求。通过任务的规定性作用，确保了思政教育任务的实施能够按照既定的标准和路径进行，有利于工作的科学性和规范性。任务具有前瞻性的作用。前瞻性作用是由任务本身的性质所决定的，无论何种性质的任务，其完成度的高低直接决定了思政教育事业的下一步进程。如果任务完成得好，将为教育工作提供坚实的基础，为进一步发展和进步打下良好基础；反之，如果任务完成得不好，则需要在此情况下启用备案或者终止任务，尽量将损失降到最低。思政教育任务的前瞻性作用有助于在实践中及时调整和优化工作方向，确保教育事业在不断发展中保持良好的前进动力。

除了上述三个方面的作用，高校思政教育任务还具有激励、激发创新的作用。任务的设定和完成过程中的挑战，能够激发教育工作者和学生的积极性和创造性。任务的明确性和挑战性使得参与者更加投入到工作中，不断追求更好的完成质量。同时，任务的设定也为思政教育工作者提供了一个不断创新和改进的动力，促使他们在实践中不断寻求更有效的教育方法和手段。高校思政教育任务还具有社会导向的作用。任务的设定通常与社会发展和进步的需要密切相关，因此思政教育任务的完成对于社会具有积极的影响。通过培养具有良好思想政治素养的高校毕业生，社会将迎来更加有责任感和担当精神的新一代人才，从而推动社会的长期稳定和发展。在思政教育任务的推动下，高校社会思潮也将逐步向积极向上的方向发展。良好的思政教育任务能够引导学生形成正确的价值观和世界观，使其在社会中起到积极的引领和示范作用。通过任务的推动，高校思政教育不仅在学术层面上取得成就，更在社会层面上发挥了重要的作用，为人才培养和社会进步做出了积极贡献。高校思政教育任务的作用是多方面的、复杂而深刻的。其指向性、规定性、前瞻性等方面的作用，使得任务在推动高校思政教育事业发展中起到了关键的引导和推动作用。同时，任务还能够激励、激发创新，对社会产生积极的影响。通过不断完善和执行任务，高校思政教育将能够更好地适应社会发展的需要，为培养具有高度责任感和创造力的人才做出更大的贡献。

第二章 高校思政教育的发展现状

第一节 高校思政教育的时代背景

一、高校思政教育的"互联网+"时代背景

（一）"互联网+时代"介绍

在"互联网+"时代背景下，这一新型的发展形式对高校思政教育提出了新的挑战和机遇。随着越来越多的人关注互联网企业，教育系统面临着全面升级的压力。有效围绕核心内容加强与"互联网+"各个企业的合作，成为推动教育系统发展的重要手段。同时，积极发展"互联网+"教育系统，制定创新性的高校思政教育策略，成为适应时代变革和推动知识经济发展的必然选择。在"互联网+"时代，信息化技术的融入成为关键因素。通过互联网平台实现教育领域的融合，跨行业发展趋势的形成，为高校思政教育的优化发展提供了有力支持。这种融合不仅促进了教育配置的提升，还有效提升了高校的教学能力。"互联网+"行业作为新型发展形式，与高校思政教育有机结合，将信息化技术渗透其中，形成全新的发展模式。在这一时代背景下，信息化技术的渗透不仅是对教育领域的改革，也是对工作领域的渗透发展。这要求高校思政教育及时加强对新型社会发展形式的理解和应对，使互联网能够对其配置要素实现良好的发展。"互联网+"背景下，不仅提升了各种教育配置，同时充分发挥了信息化技术的运用优势，促进了社会经济的良好发展，提升了高校思政教育课堂教学质量。关键在于"互联网+"模式的有效渗透各个行业领域①。通过这种方式，可以实现"互联网+"与高校思政教育的有效融合。在这一新型的教育背景下，"互联网+"模式将渗透到各个行业领域，实现两者的有机结合。同时，随着企业的不断加强，现代化企业建设将得到推动，通过对不同产业的实践过程，获得了

---

① 陈明珠. 中华优秀传统文化融入高校思政教育的有效路径［J］. 甘肃教育研究，2023，（11）：158-160.

有效的解决方法。在"互联网+"时代背景下，高校思政教育需要积极适应时代发展的趋势，充分利用信息化技术的优势，推动教育模式的创新和升级。通过与"互联网+"企业的紧密合作，高校思政教育可以更好地满足学生需求，提升教育质量。同时，"互联网+"模式的渗透不仅为高校思政教育带来机遇，也为社会经济的发展提供了新的动力。高校思政教育应在这一时代背景下，积极拥抱变革，不断创新，以更好地适应社会发展的需要。

（二）"互联网+"给高校思政教育带来的机遇和挑战

1. 带来良好的发展机遇

在"互联网+"时代背景下，高校思政教育既面临挑战，也迎来了良好的发展机遇。这一时代的特点是互联网技术的广泛应用，为高校思政教育提供了新的可能性和创新空间。互联网技术的积极应用为高校思政教育带来了课堂教学质量的提升。教育者可以通过互联网平台获取丰富的教学资源，创造更具互动性和创新性的教学环境。这种辅助作用有助于提高教育效果，激发学生的学习兴趣和参与度。互联网技术的有效应用为高校思政教育提供了创新的教学思路。通过在线教育、虚拟实验室等方式，教师可以借助互联网平台打破时空限制，创造更灵活、多样化的教学形式。同时，家校联合教育形式的实现也成为可能，加强学校与家庭的紧密联系，更好地促进学生的全面发展。互联网技术的有效应用还能提升高校思政教育的质量。通过在线资源、数字化教材等方式，高校思政教育可以更灵活地满足学生的个性化学习需求，提供更多元化的教育资源，丰富高效的思政教育课程。这种方式有助于拓宽教育途径，使学生在思政教育中获得更为全面的知识和素养。另外，互联网技术还为高校思政教师与学生之间的良好沟通提供了便利。通过在线平台，教师可以与学生进行实时讨论、交流，共同探讨问题，促使学生在互动中更好地理解和消化知识。这种互动式教学模式有助于激发学生的思考能力和创新潜力，实现高校思政教育的双向互动。有效应用互联网平台实现对实时信息的传输，还能够实现高校思政教育的思路扩展。这不仅能够弥补传统教学模式的不足，更能够加强与高校学生的积极互动。通过在线互动，高校思政教育能够更贴近学生的需求，为他们提供更为个性化、有针对性的教学内容，从而更好地开拓学生的思想。在"互联网+"时代，高校思政教育面对发展机遇，应积极借助互联网技术，提升教学质量，拓展教育途径，创新教学思路。通过在线平台实现师生互动，扩大教育资源的获取渠道，使思政教育更加符合时代发展的需要。互联网技术的广泛应用为高校思政教育注入了新的活力和动力，为培养更全面发展的优秀人才提供了更广阔的空间。

2. 给高校思政教育带来的挑战

在"互联网+"时代背景下，虽然高校思政教育迎来了机遇，但也面临一系列挑战。互联网技术的广泛应用给高校学生带来了信息获取的便利，同时也带来了一些潜在的挑战，需要高校积极应对。互联网平台的多元化教学背景为高校学生提供了更广泛的信息资源，增强了他们的学习能力。然而，这也带来了信息的过载和混乱，可能使学生难以正确辨别信息的真伪和价值。高校思政教育需要关注学生在互联网时代信息泛滥的情况下，如何培养正确的信息辨别能力，避免受到虚假信息的误导。互联网时代的多元化教学背景可能对高校学生的学习思政课程思想产生影响。学生在互联网平台上接触到各种思想观念，可能受到不同观点的冲击和影响。高校思政教育需要重视引导学生在多元化信息中理性思考，形成独立的判断力，避免盲目跟风或受到极端思想的左右。互联网的广泛应用也对高校学生的传统学习观念提出挑战。传统的学习观念可能难以适应互联网时代的快速变化和信息爆炸的局面。高校思政教育需要帮助学生适应新的学习环境，引导他们形成积极的学习态度和正确的学习观念。在面对这些挑战时，高校需要积极加强对思政教育课堂的关注力度。通过深入了解学生在互联网时代的学习情况，及时调整教学方法，引导学生正确对待互联网信息，培养他们良好的学习习惯。同时，高校还需要注重培养学生的辨别能力，使他们能够理性看待互联网上的各种信息，提升自己的信息素养。高校思政教育的任务不仅仅是传授知识，更是引导学生正确面对互联网时代的思想观念和信息获取。通过加强与学生的互动，建立良好的沟通机制，高校能够更好地帮助学生在互联网+时代中健康成长，为他们的未来发展提供坚实的思想基础。

（三）现阶段"互联网+"时代背景下的高校思政教育存在问题

1. 互联网思政教育日渐复杂化

在当前"互联网+"时代背景下，高校思政教育面临着一系列问题，其中之一是互联网思政教育日益复杂化。这复杂性主要表现在互动性和开放性的增强，以及信息技术传播过程中不同平台知识内容观点的多元性。在这一复杂的背景下，高校思政教育需要融入新时代的内容，以确保其在"互联网+"时代中能够有效优化，使思想知识能够在网络传播过程中得以良好发展。然而，目前我国的网络监管面临着一系列问题，这些问题导致学校思政教育变得日益复杂化。其中之一是网络监管中存在的现实问题，包括信息不对等、无法实现教育优化等目标。在网络监管过程中，相关规范制度也未能有效实现，导致教育环境的复杂性进一步加深。这种复杂性对大学生身心健康产生一定影响，同时引发对网络监管工作的质疑。网络环境的不纯粹和不洁净是造成这一问题的根本原因。网络中存在大量良莠不齐的信息和数据内容，使网络环境无法健康发展。在全面监管的过程中，行政部门需要制定相关网络监管关机制，优化规章制度内容，以解决网络中影响大学生教育的问题。保障网络环境的纯净化，而非复杂化，对大学生的身心健康成长至关重要，也有助于正确树立他们的价值观。举例而言，在"互联网+"时代背景下，如果网络中充斥着大量拜金主义思想，可能会对大学生产生长期影响，导致不良的拜金主义思想逐渐形成。这对他们的身心健康成长极为不利，甚至可能影响到他们的人生观和价值观。因此，网络监管的关键是确保网络环境的纯净，杜绝不良思想对大学生的影响。高校思政教育在"互联网+"时代需要面对互联网思政教育复杂化的问题，必须与网络监管结合，保障网络环境的健康发展，为大学生提供良好的学习和成长环境。

2. 互联网思政教育中教师权威性有所减弱

在当前"互联网+"时代背景下，高校思政教育面临着教师权威性减弱的问题。随着移动智能化终端的普及，人们通过多种智能设备获取知识和信息，导致了一种新的教育环境。在这种情况下，高校思政教育可能失去其应有的作用，同时教师权威性也随之减弱，这一变化对教育体系带来了潜在但巨大的影响。在大学生看来，学校思政教育的重要性逐渐减弱，对于是否听取教师讲课也变得不再重要。学生可能认为不再需要依赖传统的学校教育平台，因为他们可以通过智能终端学习自己感兴趣的知识和获取所需的信息。这种趋势意味着教师所传授的知识具有一定的局限性，而且教师在教学中存在盲区，相比之下，网络中的教育资源更为丰富。在这一背景下，传统教学过程中教师在思政教育内容传播上遇到了阻碍。教师不再是思政教育内容的主要传播者，学生开始质疑教师的权威性。随着当前网络信息化技术的快速发展，教师的权威地位逐渐下降，这一趋势是不容忽视的。在"互联网+"时代，教育者需要认真思考如何在新的教育环境中保持教师权威性。这可能涉及到教学内容的创新，更灵活的教学方式，以及利用互联网技术提高教育的吸引力和实用性。同时，教育者需要与时俱进，不断提升自身的专业水平，以在新时代保持对学生的吸引力和影响力。

二、高校思政教育的微时代背景

（一）微时代的含义

微时代是一个语义复杂的时代命题，涵盖了文化传播、社会心理、人际交往、生活方式等多个方面的内容。与传统的信息传播方式和人际交往模式不同，微时代以新媒体技术为支撑，通过图文、声像等表现形式，以平板电脑、智能手机等微终端为载体，以微信、微博等为代表的传播媒介，呈现出实时高效、短小精炼的特点。微时代最显著的特点在于"微"，主要体现在以下几个方面。传播内容的短小精炼，仅用百余字即可实现信息传播与人际交往。这种快速而简洁的传播方式使得信息能够更迅速地传达，与人际交往更加迅捷高效。其次是传播载体的轻巧性，使用较为轻便的智能终端，如平板电脑和智能手机，使得人们能够随时随地进行微时代的信息传播与交流。最后是传播客体的广泛性，每个人在微时代都是受众客体，都可以通过快捷、简便的方式进行信息传播与人际交往。微时代的兴起不仅改变了信息传播的速度和方式，也深刻影响了人们的生活方式和社会心理。在这个时代背景下，人们更加注重迅速获取和传递信息，社交方式更加简便高效。同时，微时代也为社会带来了新的文化传播形式，使得文化信息更加便捷地传播到每个个体之间。高校思政教育在微时代背景下面临着新的挑战和机遇。传统的教学方式可能无法满足学生在微时代追求快速信息获取和交流的需求，因此需要创新思政教育内容和形式。微时代的特点也提供了更多的可能性，通过微信、微博等新媒体平台，高校思政教育可以更灵活地与学生进行互动，使思政教育更贴近学生的生活和需求。在微时代，高校思政教育需要紧跟时代潮流，充分利用新媒体技术，借助微信、微博等平台，以短小精炼的方式传递思政教育内容，提高信息传播的效率。同时，要注重与学生的互动，借助社交媒体的特点，建立起良好的师生互动平台，促进思政教育与学生的深度交流。微时代为高校思政教育带来了新的机遇和挑战，需要教育者更加灵活和创新地应对，以更好地适应当下学生的需求和时代的发展。

（二）微时代信息传播的特征

1. 微时代信息传播具有时效性

高校思政教育的时代背景处于微时代，这一时代背景主要受到数字技术等新技术广泛应用的影响。微时代的信息传播具有一些显著的特征，其中时效性是其中之一。在数字技术广泛应用的背景下，信息的传播速度变得更加迅猛，使得传播者与受众之间的角色在传播活动中变得模糊。传播活动在微时代呈现出更为明显的去中心化趋势。个体作为手持智能移动终端的使用者，不再仅仅是信息的接收者，更是传播活动中的重要节点和主体。这种变化使得整个传播过程更加高效、便捷且平民化。每个个体都有可能成为信息的传播者，而不仅仅局限于传统的媒体或机构。微时代的信息传播也注重高效性，使得信息的传递更加及时。个体通过手持智能移动终端参与到信息的传播中，使得信息可以在瞬息之间传递到全球范围。这种高效性使得人们能够更迅速地获取和分享信息，从而加速了社会的信息流动。微时代信息传播的特征包括时效性、去中心化趋势、高效性等。这对高校思政教育提出了新的挑战和机遇，需要更加灵活地应对这一时代的特点，更好地利用微时代的信息传播特征，推动思政教育的深入发展。

2. 微时代信息传播的载体变得更加丰富多样

微时代背景下，高校思政教育面临着新的挑战和机遇，其中微时代信息传播的特征之一是信息传播的载体变得更加丰富多样。这一变化主要受到信息技术不断发展的影响，使得信息传播的形式愈加多元。在当前的微时代，我们目睹着信息传播载体的层出不穷。数字技术的快速发展使得平板电脑、智能手机等便携移动终端成为信息传播的重要工具。这些设备的普及使得个体在任何时刻都能够随时随地地接收和发布信息，进一步拉近了信息传播的时空距离。微信、微博等客户端以及各类门户网站的出现，为信息传播提供了更为便捷和多样化的平台。通过这些客户端，个体可以方便地分享自己的观点、获取新闻信息，形成了一个庞大而互动性强的信息传播网络。这种多样化的信息传播平台丰富了信息的来源和表达方式，为高校思政教育提供了更广泛的传播途径。社交媒体的崛起也为高校思政教育带来了新的可能性。通过社交媒体，个体能够参与到更广泛的社会对话中，分享和交流思想观点。这种互动性的传播方式有助于打破传统教育中的信息单向传递模式，促使学生更加积极地参与到思政教育的过程中。因此，微时代信息传播的载体丰富多样，为高校思政教育提供了更为广泛和灵活的传播途径。高校可以通过充分利用这些新的传播手段，更好地传递思政教育的理念和内容，使之更加贴近学生，更具有吸引力和影响力。同时，也需要高校在思政教育中更加注重培养学生对信息的辨别能力，使其在丰富多样的信息中能够理性思考，形成独立而深刻的见解。

3. 微时代信息传播的空间具有开放性

微时代背景下，高校思政教育面临着信息传播空间的开放性这一显著特征。在这个时代，信息传播不再受到时间和空间的限制，而是得以最大程度地延伸与扩展。这一变化极大地影响了高校思政教育的传播方式和范围。随着互联网的普及和发展，个体只需连接上互联网，便可以通过微信、微博等客户端实现信息的接收和发布。这意味着，人们可以在任何地点、任何时刻参与到信息传播中，实现跨越时空的实时沟通。高校思政教育的信息传播不再局限于传统的课堂教学，而是可以通过多样的在线平台进行拓展，更好地满足学生个性化学习的需求。微时代信息传播的空间开放性也带来了跨文化、跨地域的交流和合作的可能性。高校可以借助互联网平台，与国内外其他高校进行交流合作，分享教学资源和经验。这种全球化的信息传播空间为高校思政教育提供了更为广泛的视野，使学生更容易接触到丰富多元的思想观点和文化背景。信息传播空间的开放性也带来了信息真实性和准确性的挑战。在信息传播的开放空间中，虚假信息和误导性信息可能更容易传播，需要高校在思政教育中注重培养学生的信息辨别能力，使其能够理性对待信息，辨别真伪，形成独立而明智的见解。微时代信息传播的空间开放性为高校思政教育提供了更广泛的传播渠道和交流平台，但也需要高校在这个开放的空间中保持警惕，引导学生正确利用信息资源，促使他们更加理性地参与到思政教育的过程中。

4. 微时代信息传播的文本具有碎片化

微时代背景下，高校思政教育面对的又一挑战是信息传播的文本碎片化。这一特征主要受到平板电脑、智能手机等移动终端的普及应用的影响。随着这些便携移动终端的发展，长篇大论的文本信息在这些载体中的传播显得不够适应，相反，短小的文本则更符合这一时代的传播需求。在微时代，人们更倾向于通过移动终端获取信息，而这些终端通常有限的屏幕空间和用户对碎片化信息的接受能力，使得长篇文本的传播相对困难。相反，短小的文本更容易在有限的时间和空间内被消化，更符合人们零碎时间的应用需求。这就使得微时代信息传播的文本更为碎片化，呈现出一种迅速而直接的传播方式。这种碎片化的文本传播方式也反映了人们在微时代对信息获取的迅速性和高效性的需求。通过短小的文本，人们能够在短时间内快速获取到关键信息，适应了快节奏生活的需要。高校思政教育在这一背景下需要更加灵活地调整信息传播的方式，更好地适应学生对碎片化信息的接受习惯，使思政教育的内容更具有吸引力和可消化性。碎片化的信息传播也带来了一些挑战，尤其是对于思政教育这类需要深度思考和理解的领域。如何在短小的文本中传达深刻的思想观点，成为高校思政教育需要认真思考的问题。或许可以通过结合多媒体、图文并茂的方式，更有针对性地设计碎片化信息，以确保信息的准确传达和学生对思政内容的深刻理解。

5. 微时代信息传播具有交互性

微时代背景下，高校思政教育面对的又一显著特征是信息传播的交互性。在这一时代，信息传播呈现出明显的去中心化趋势，传统的单向传播方式逐渐被双向或多向互动的传播方式所取代。这一变革使得受众不再是被动的信息接收者，而是能够更加主动地参与到信息传播的过程中。在当前的微时代，受众不仅可以按照自身的需求有筛选性地接收信息，而且还能够随心表达自身的观点与心情。这种交互性的传播方式打破了传统信息传播的局限，使得信息不再是单向流动的，而是构建起一个更为复杂和丰富的互动网络。高校思政教育可以通过积极借助这一趋势，实现更加深入和广泛的沟通。交互性的信息传播使得高校思政教育可以更加贴近受众的需求。学生不再是接收信息的对象，而是能够根据自身的兴趣和关注点选择性地获取所需信息。这为思政教育提供了更灵活的传播方式，使得教育内容更能够引起学生的兴趣和共鸣。另一方面，学生的随心表达也为高校提供了更多的反馈和参与机会。通过社交媒体平台等工具，学生可以分享自己的观点、提出问题，形成互动式的教育环境。高校思政教育可以通过及时回应学生的反馈，更好地了解他们的需求和关切，从而更有针对性地进行教学设计和内容更新。微时代信息传播的交互性为高校思政教育提供了更为灵活和多元的传播方式。通过积极借助互动网络，高校可以更好地满足学生的个性化需求，促使他们更积极地参与到思政教育的过程中，实现更为全面的教育目标。

（三）微时代背景下高校思想政治教育面临的机遇与挑战

1. 微时代给高校思想政治教育工作注入新的活力

微时代的到来为高校思想政治教育工作注入了新的活力，其中多种多样的微载体成为激发思政教育活力的重要因素。在各类高校中，思想政治教育课程一直是对学生进行思政教育的主要途径。然而，在传统的课堂模式中，单调的教学方式和枯燥的教学内容往往难以引起学生的兴趣，导致学生在课堂上难以专注参与。微时代的影响使得高校思政教育在教学方式上发生了重要的改变。不再局限于传统的课堂讲述，教师和思政工作人员可以利用多种微载体向学生传递最前沿的知识和信息。微载体包括但不限于微博客、微视频等，为课堂注入了声音和图像等更为生动和丰富的教学元素。这样的改变使得高校学生更容易进入学习状态，提高了思政教育的吸引力和效果。微时代提供了多样的自主学习渠道，例如微博客、微视频等，为具有学习兴趣的学生提供了更加灵活的学习途径。学生可以通过这些微载体自主学习，与社会发展保持接轨，获取更加实时和前沿的信息。这不仅促进了学生对思政教育内容的深入理解，也使得思政教育更贴近社会的发展动态。微载体的运用也为高校思政教育提供了更为广泛的传播平台。通过微博客等社交媒体，思政教育可以跨越校园，与更多的学生进行互动。这种双向互动的传播方式促进了师生之间的交流，使得思政教育更具有参与性和互动性。微时代的多样微载体为高校思想政治教育工作带来了新的活力。通过创新教学方式、拓展学习渠道和提升传播平台，高校能够更好地满足学生的需求，促进思政教育的深入发展。微载体的运用不仅使得课堂更加生动有趣，同时也为学生提供了更为便捷和多元的学习途径，进一步推动高校思政教育与时代同步发展。

微时代背景下，高校思政教育迎来了高效的信息传递形式，使其摆脱了时空的限制。传统的高校思政教育主要局限于课堂教育，教学必须在有限的时间和固定的地点进行，限制了教学的即时性。然而，进入微时代后，知识和信息的传递不再受到时空的限制，实现了高速且准确的流转。在微时代的信息网络构成的非现实世界中，人们不再受其社会特征的限制，人与人之间的沟通变得更加平等和高效。在高校中，师生之间可以通过多种微载体进行平等的交流。这种平等的交流为教师提供了更多了解学生需求的机会，能够更及时地获取学生的反馈和意见。教师可以通过微博客、微视频等方式了解学生对思政教育的态度和需求，从而更灵活地调整教学方案，使思想政治教育更加贴近学生的实际需求。通过高效的信息传递形式，思政教育也得以在不经意间达到更好的效果。微载体的使用使得教育内容更容易被学生接受，学生在碎片化的时间内也能够方便地获取到有关思政教育的信息。这种高效的信息传递形式不仅促进了师生之间的互动，也使得学生更主动地参与到思政教育的学习过程中。高效的信息传递形式也带来了一些挑战，特别是信息真实性和准确性的问题。在信息传递的高效性下，虚假信息和误导性信息可能更容易传播。因此，高校在思政教育中需要更加注重引导学生培养对信息的辨别能力，使其能够理性看待信息，形成独立而深刻的见解。高效的信息传递形式使得高校思政教育摆脱了传统的时空限制，为师生之间提供了更平等、高效的交流平台。通过微载体的运用，高校思政教育能够更好地满足学生的需求，实现更灵活、更具参与性的思政教育目标。

2. 微时代冲击了传统思想政治教育模式

微时代的到来对传统思想政治教育模式产生了冲击，其中高效的信息传播状态动摇了思想政治教育教师的权威地位。进入微时代后，高校学生能够通过微信、微博客等平台自主搜索感兴趣的信息，这种状态下的学生拥有更为宽阔的视野。然而，如果思政教育教师对微载体不屑一顾，将失去获取信息的新途径，从而失去在信息准确性与及时性方面的权威地位。学生通过微平台关注国内外的时政、社会、科学等新闻，通过这些平台与世界各地的人们进行广泛的交流。这使得学生能够获得更多更及时的信息，而在这一过程中，传统的教育模式中教师的绝对权威性逐渐受到挑战。教师如果失去了对社会和政治信息的优势，就会在学生中失去权威性，因为学生能够通过微时代的信息传播状态更直接地获取各种观点和信息。微时代下，学生通过微载体的交流和获取信息的方式不仅提升了他们的信息获取能力，也使得他们更容易形成独立的思考和观点。在这种情况下，传统的单向灌输式教育模式显得过时，而教育者需要更多地成为引导者和合作伙伴，而非唯一的权威。因此，思政教育教师需要适应微时代的教育环境，更加注重与学生互动，引导学生主动参与到学习中。教育者的权威性应建立在与学生的平等互动和共同构建知识的基础上。微时代冲击了传统的思政教育模式，但也为教育者提供了机遇，要求其更新教育理念和教学方法，以更好地适应新时代学生的需求。

微时代的冲击对传统思想政治教育模式产生了深远的影响，其中碎片化的信息导致了思想政治内容的不系统性。在传统的思想政治教育模式中，教学通常通过课堂和讲座的方式进行，学生能够接收到连续且系统的信息。然而，随着微时代的到来，信息传递的速度和方式发生了巨大的改变，导致信息传递变得碎片化。

在微时代，每个人都可以轻松地创建信息并通过网络渠道传播，这造成了思想政治教育内容的混乱和复杂。学生通过微平台获取的信息瞬间完成传递，但这种信息往往是零散的、不系统的。高校学生在这样的信息环境中，很难获得完整且系统的思政知识，因而也难以形成系统的认知。这种碎片化的信息传递状态给高校思想政治教育带来了一系列挑战。学生难以获得深入的思政知识，因为零散的信息片段难以构建起全面而深刻的理解。学生在获取思政信息时容易受到信息的片面性和主观性影响，缺乏全面客观的认知。最终，这可能导致学生对思想政治的认识不够完善，甚至产生错误的认知。高校思想政治教育需要因应这一挑战，采取创新的教学方法，以更好地引导学生理解思政知识。可以通过整合碎片化信息，设计系统性的教育课程，使学生能够全面、深入地了解思政内容。同时，加强对学生的信息辨别能力培养，使其能够理性看待碎片化信息，形成独立而明智的思考。微时代冲击了传统思想政治教育模式，使得思政内容呈现碎片化状态。高校思想政治教育需要在这一新的教育环境中进行调整，以确保学生能够获得更为系统和全面的思政知识，提高他们对思政问题的理解水平。

（四）微时代背景下高校利用微媒介优化思想政治教育的意义

1. 对于提升高校思想政治教育的亲和力与生动性具有重要意义

微时代背景下，高校利用微媒介优化思想政治教育具有重要意义，尤其是对提升高校思想政治教育的亲和力与生动性方面。传统上，高校的思想政治教育主要以教师课堂授课为主，而在微时代，通过多样的微媒介，可以为思想政治教育注入更多活力。在传统教学模式中，教师是课堂的主体，学生处于被动接受教育的地位，导致学生缺乏学习的积极主动性。思想政治教育作为一门理论性较强的学科，学生在理解和接受方面可能面临较大难度。然而，在微时代背景下，通过微媒介的应用，可以改变传统教学中的这种单向教师理论灌输的格局，实现师生之间的平等互动。微媒介提供了多种元素，包括图片、文字、视频、音频等，使得教学更加多元化。在微媒介应用中，教师可以采用更易于学生接受的语境，提升教育的亲和力与生动性。通过使用图文并茂、富有表现力的微媒介，教师能够更好地引起学生的兴趣，使教育内容更生动、更具体。这种多媒体的教学方式有助于激发学生的学习兴趣，提高其对思政知识的理解和接受水平。微媒介在信息传播方式上具有裂变性，不受时空的限制。这使得思想政治教育可以在更广泛的范围内覆盖学生，并具有更大的影响力。通过微信、微博等平台，高校思想政治教育可以超越传统的教室边界，实现信息的跨时空传播，更好地满足学生多元化的学习需求。高校利用微媒介优化思想政治教育是顺应时代潮流的举措。通过引入互动性更强、更生动的教学方式，可以提升学生对思政知识的认同度和兴趣，使思想政治教育更加贴近学生的实际需求，从而实现更为有效的教育目标。微媒介为高校思政教育注入新的活力，使教育更富有创新性和吸引力。

2. 对于大学生理想信念的进一步坚定具有重要的引导作用

在微时代背景下，高校利用微媒介优化思想政治教育对大学生理想信念的进一步坚定具有重要的引导作用。青年的理念信念与国家未来息息相关，理想远大、信念坚定的青年是一个民族、一个国家无坚不摧的前进动力。因此，在高校思想政治教育工作中，引导大学生坚定理想信念，充分发挥其人生导向作用，是非常关键的任务。我国高校在人才培养中有着培养德智体美劳全面发展的社会主义合格建设者与接班人的使命。在这个过程中，高校应该始终坚持正确的政治方向，加强对大学生理想信念的引导。微时代背景下，互联网的发展和多元文化的影响使得一些大学生的思想容易受到不良侵蚀，理想信念动摇，人生方向迷失。一些学生可能沉溺于网络世界，失去了对学业的积极性。传统的思想政治教育模式可能无法满足当前大学生的需求，因此高校需要充分利用微媒介的教育优势。通过微媒介，可以将枯燥的理论知识巧妙地融入学生喜闻乐见的互联网文化产品中。这样的教育方式能够让学生在悄无声息的过程中接受思政教育，从而加强他们对主流意识形态的认同感。微媒介的特点在于信息传播方式的裂变性，不受时空的限制。通过微信、微博等平台，高校思想政治教育可以超越传统的教室边界，实现信息的跨时空传播，更好地满足学生多元化的学习需求。这使得思政教育在微时代下具有更广泛的覆盖面和更大的影响力。通过微媒介，高校可以将马克思主义世界观、共产主义理想信念巧妙地融入大学生喜闻乐见的内容中，使得思政教育更具吸引力和实效性。这样的教育方式不仅能够引导大学生形成坚定的理想信念，还能够通过微时代的优势更好地融入学生的生活，实现对大学生的思想引导和人生塑造的深入影响。因此，利用微媒介优化思想政治教育在进一步坚定大学生理想信念方面具有重要的引导作用。

3. 对于大学生正确人生观、价值观的树立具有重要的引领作用

在微时代背景下，高校利用微媒介优化思想政治教育对大学生正确人生观、价值观的树立具有重要的引领作用。随着互联网的快速发展，多元文化形态广泛传播，一些大学生受其影响而变得享乐拜金、自私自利，忽略了中华民族的传统美德如无私奉献、勤俭节约等。当前一些大学生为了一时的过度享乐而沾染了网贷，通过网贷进行超前消费，最终走向一个无底深渊。在这样的社会背景下，青年大学生正处于人生观、价值观的形成阶段，需要家庭、学校、社会等多方的栽培与引导。高校作为对大学生进行思想政治教育的主阵地，要加强对大学生的正确引导，尤其要关注他们的人生观和价值观。传统的思政教育方式在面对学生沉溺于网络世界、受到不良思想侵蚀的情况下，可能难以发挥积极作用。在微时代背景下，高校需要主动出击，充分利用微媒介传播正确的思想和优秀文化，使学生在上网学习时就能够接受思想政治教育，从而在潜移默化中对大学生的人生观、价值观进行正确的引领。微媒介具有信息传播方式裂变性的特点，不受时空的限制，这为高校思想政治教育提供了更广泛的传播渠道。通过微信、微博等平台，高校可以传播正确的思想观念和价值导向，引导大学生树立正确的人生观和价值观。微媒介的互动性和多元化特点也使得思政教育更具吸引力，能够更好地切入学生的生活，引导他们形成积极向上的人生态度。微时代背景下，高校通过微媒介优化思想政治教育，对大学生正确人生观、价值观的树立具有重要的引领作用。通过灵活运用微媒介，高校能够更直观、生动地传递正确的思想观念，帮助大学生在信息时代更好地树立积极向上的人生观和价值观。

第二节 高校思政教育发展的现状分析

一、高校思政教育发展的背景

（一）全球化浪潮对爱国主义教育产生冲击

在全球化浪潮对爱国主义教育产生冲击的时代背景下，思想政治教育面临了新的挑战和机遇。全球化的发展带来了互联网时代的来临，互联网的迅猛发展为人们提供了更多的信息资源，然而，其中包含着大量未经筛选的信息，对爱国主义教育产生了冲击。互联网时代的到来使得信息的传递更加便捷，但也带来了一些负面影响。不良信息潜移默化地影

响人们的思想和行为，使得一些人在不知不觉中陷入享乐主义的大潮，生活的全部期望变得狭隘。全球一体化使得人们的主权意识变得模糊，缺乏对国家和民族的感情。这对以民族和国家情感为基础的思想政治教育提出了严峻的挑战。全球化的经济、政治和文化影响，使得思想政治教育需要更加注重全球视野，超越国界，适应多元文化的冲击。在全球一体化的进程中，经济、政治和文化的全球化问题凸显。核武器的扩散、温室效应、贫富差距等全球性问题愈演愈烈，要求人们关注全人类的利益，超越国界，思维方式也不能拘泥于一定范围。面对这些全球性挑战，传统的思想政治教育模式需要适应新的时代要求，从不同的角度出发思考疑难问题。由于不同的历史条件和文化环境的差异，各国对思想政治教育理论体系存在很大的差异。全球化的发展使得世界各国文化涌入中国，一些西方国家通过产品的文化魅力影响着中国消费者，导致文化价值观的碰撞①。这对中国主流文化提出了新的挑战，需要思想政治教育更加注重本土文化的传承和发展，同时吸纳和融合世界文化的精华。全球化趋势下，一些表面上轻松活泼的文化表象对中国青少年产生了巨大影响。这些新鲜事物吸引着青少年的眼球，但也可能使他们在文化认同上迷失方向。中国主流文化面临巨大挑战，因为全球化的潮流使得外来文化迅速渗透到中国人的思想中，对中国主权构成一种挑战。思想政治教育需要更有力地引导青少年在全球化浪潮中保持文化认同，坚守爱国主义情感。在全球化浪潮对爱国主义教育产生冲击的时代背景下，思想政治教育需要面对新的挑战和机遇。需要更加注重全球视野，超越国界，同时注重本土文化的传承与发展。通过灵活的教育方式，引导青少年正确看待全球化的影响，弘扬爱国主义情感，使思想政治教育更加符合时代的要求。

（二）互联网浪潮对我国思政教育造成影响

在互联网时代，全球信息化的普及对我国思政教育产生了深远的影响。互联网的普及为思想政治教育工作提供了新的平台和传播载体，不仅开拓了思政教学的发展前景，而且提升了思政教育的影响力，增强了实效性。互联网的发展使得信息传递更加便捷和广泛，为高校思政教育注入新鲜的血液。在信息网络广泛社会应用的背景下，高校能够更灵活地开展思政教育工作，借助互联网平台与学生进行更直接、及时的互动。这种互动不仅限于传统的课堂教学，还包括了线上的交流、讨论和学习资源的分享，使得思政教育更具多样性和灵活性。随着互联网时代的来临，阿尔文·托夫勒提到的文化霸权主义也引起了人们的关注。互联网的全球化使得信息传播的主导权逐渐集中在拥有掌控权、信息发布权和英

---

① 冒茜茜．高校思政教育工作质量评价的多维度研究［J］．食品研究与开发，2023，44（24）：243-244.

语语言文化等优势的群体手中。这种主导权可能导致一种文化对其他文化的压倒性影响，甚至在意识形态领域产生碰撞。在互联网的世界中，不同国家的文化相遇，可能会出现一种文化对另一种文化的吞噬，以及在意识形态上的竞争。这种文化冲突的结果不仅仅表现在语言文字的对抗，还涉及到文化认同、价值观念等方面。当互联网传播的信息主导了思想政治领域，特别是在全球范围内，就会出现一种文化霸权主义的现象，可能对我国的传统文化和思想政治产生一定的冲击。面对这一挑战，我国的高校思政教育需要审慎对待互联网时代的文化冲击，保护和传承本土文化，同时积极吸纳和融合其他文化的优秀元素。高校可以通过利用互联网平台，推动本土文化的传播和传承，培养学生对本国文化的认同感。同时，也要引导学生对世界各国文化保持开放的心态，促进跨文化的理解和交流。在互联网时代，高校思政教育的发展需要更加注重全球视野，同时保持对本土文化的关爱与传承。通过有效的教育方式，高校可以在互联网平台上塑造积极向上、多元共生的文化环境，使思政教育更好地适应时代的发展趋势。

二、我国高校思想政治课程教育发展面临的问题

（一）学科建制水平和质量存在不足

1. 学理建制系统化水平较低

我国高校思想政治课程教育发展面临着一系列问题，其中学科建制水平和质量存在不足是一个突出的方面。在这一问题中，学理建制系统化水平较低是一个值得深入探讨的方向。在高校思想政治课程的发展过程中，内容已经基本形成，但是学理建制尚不完善，缺乏清晰的知识体系。思想政治教育的规律涉及宏观、中观和微观三个层次，包括产生和发展规律、管理规律、工作规律、过程规律，以及教育规律和接受规律。全面把握这些规律并加以合理运用对于促进高校思想政治教育的良性发展至关重要。然而，目前对高校思政教育知识体系的研究不够深入，对教育规律的研究和应用不足，导致各个层次之间缺乏有效的联系。这使得思政课程的理论体系在建构上存在欠缺，阻碍了教育规律的科学应用。思想政治理论系统缺乏开放性，即在系统内部要素与外界进行信息的交流和互换的机制不够健全。高校思想政治教育作为一个复合概念，不可避免地与教育学、社会学等其他领域产生关联。理论体系的开放性对于促进思政教育与其他领域的交流是至关重要的。目前在这方面存在明显的不足，学科之间的沟通与合作相对较少，导致思政理论系统的封闭性。在当前信息时代，思政教育需要更多地借鉴其他领域的理论前沿，从而提升其理论水平和

实践效果。针对这一问题，高校可以通过加强对思政教育知识体系的深入研究，建立完善的学理建制，使其更具系统性和科学性。同时，促进不同学科之间的交流与合作，推动思政教育与其他领域理论的互动，增强理论体系的开放性鼓励教育界专家学者积极参与思政教育的研究，推动思政理论系统的创新和发展。在高校思想政治课程教育发展中，加强学科建制水平和质量的提升，特别是对学理建制系统化水平的加强，将为我国思政教育的更好发展奠定坚实的基础。这不仅有助于提高思政教育的理论水平和实践效果，还能够更好地适应当代高校学生的需求，推动我国高校思政教育走向更加科学、开放和创新的道路。

2. 社会建制程度有待发展

我国高校思想政治课程教育发展面临诸多问题，其中学科建制水平和质量不足是一个显著的方面，而社会建制程度的不足也是制约高校思政教育的重要问题。

在学科建制水平和质量方面，高校思想政治教育机构的设置存在整体性不足的问题。具体表现为高校思想政治教育的理论研究系统和实际工作系统之间缺乏互动与交流。尽管中国思想政治研究会在组织思想政治教育理论研究和应用方面发挥了一定的作用，但在高校内部，两大系统之间缺乏完善的交流和互动机制，各自为政的现象较为明显。这种状况妨碍了高校思想政治教育理论研究的深化，影响了实际工作的有效开展。为解决这一问题，应加强两大系统之间的联系，建立更紧密的协作机制，促进理论研究和实际工作的有机结合，从而推动高校思想政治教育的积极发展，提升思政课堂的实效性。另一方面，社会建制程度的不足也是高校思想政治教育面临的问题之一。思想政治教育作为一个复合概念，与教育学、社会学等其他领域密切相关。然而，高校思政教育发展的时间相对较短，社会建制程度相对不够成熟。两大系统之间没有形成完善的交流和互动机制，学科之间的沟通与合作相对较少，导致思政理论系统的相对封闭。要解决这一问题，需要鼓励不同学科领域的专家学者参与思政教育的研究，推动思政理论系统的开放性，使其更好地适应社会发展的需求。高校思想政治教育制度建设也亟需进一步加强。虽然已经确立了基本制度，但体系的完整性和内容的准确性仍有提升空间。例如，关于高校国际交流生和国内交换生的思想政治教育制度尚未得到完善，这些学生也是思政教育的受众。制度建设需要更全面地考虑各类学生的特殊需求，以确保思政教育的全面覆盖。同时，高校思政教育的执行力度相对薄弱，学生在学习、考试、就业等方面面临巨大的压力。为此，教育者需更有针对性地制定切实可行的教育方案，使思政教育真正融入学生的学习和生活中，发挥其应有的作用。解决高校思想政治教育发展面临的问题，需要加强学科建制水平和质量的提升，推动社会建制程度的发展，完善制度建设，提高执行力度。这将为我国高校思政教育的进一步发展提供有力支持，确保思政教育更好地适应时代需求，为培养具有高度思想政治觉悟的优秀人才做出积极贡献。

（二）教育主体科学认知不足

1. 高校思政教师队伍建设有待优化

我国高校思想政治课程教育发展所面临的问题之一是教育主体科学认知不足，其中高校思政教师队伍建设的优化和提升是关键的方面。在高校思想政治教育队伍结构方面，存在需要进一步调整和优化的情况。这一结构不仅包括年龄结构，还包括专业结构。当前高校思想政治教育主体的年龄呈多层次趋势，不同年龄段的教育者各有优势。青年教育者充满活力、富有创新思维，与学生年龄相近，易于沟通；中年教育者经验丰富，工作效率高；年龄较大者则具有学术底蕴，德高望重。然而，当前各年龄段教育主体之间分工不明确，年龄优势未得到最大发挥。在专业结构上，思政课程要求综合性和应用性较强，因此思政教师在教学中不仅需传授理论知识，还要通过科学有效的手段对学生的价值观和道德规范施加正向影响。然而，智育与德育队伍建设不平衡，心理健康教育方面的队伍建设也需加强。另一方面，教育主体的综合素质有待提高。虽然高校思想政治教育者的准入要求相当严格，但思政理论课的教学需要更多的教育艺术。综合素质包括专业知识、语言表达、组织管理、课程设计等多个方面。现有教育者在专业知识方面具备高水平，但在实际教学技能方面存在理论多、实践少的问题。因此，提升教育主体的综合素质显得尤为紧迫和重要。这涉及到对德育队伍建设的加强，使教育者不仅在理论水平上有所突出，更能在实践中做到有声有色。解决我国高校思想政治教育发展中的教育主体科学认知不足问题，需要在队伍结构和综合素质方面进行有针对性的调整和提升。通过加强各年龄段教育主体之间的协同合作，推动年龄优势最大化发挥；同时，注重提高教育者的教学技能、组织管理能力和语言表达能力，使其在思政教育中更具有效性。这样的努力将有助于提升思政教育的实效性，培养更加全面素质的高校学生。

2. 高校学生队伍建设存在难问题

我国高校思想政治课程教育发展面临的问题之一是教育主体科学认知不足，其中高校学生队伍建设的问题尤为突出。部分高校学生的价值观念存在不明确的问题。"95 后"和"00 后"是一个生于和平、发展时代环境下的特殊群体，他们未经历过战争和贫困，但受到全球化和多元文化的冲击。虽然总体上表现出积极向上的主流意识形态，带有鲜明的个性色彩，但部分学生的价值观偏向功利化。此外，一些学生还存在着诚信观念和合作意识的缺失，这些问题如果得不到及时解决，将对我国未来新一代青年的发展和社会的整体进步造成严重的负面影响。另一方面，部分高校学生的某些道德行为出现了偏颇。道德行为受到道德认知、道德情感和道德意志的调控，当学生的价值观存在问题时，错误的道德行为就难以避免。新媒体的开放性使信息传播速度大幅增加，高校学生的道德观念受到前所未有的冲击。解决这一问题需要进行系统的道德教育，旨在树立学生积极正向的道德认知与道德情感，形成"正能量"，从而坚定学生的道德意志，改善他们的道德行为。对于部分学生功利化的价值观，高校思想政治课程应该更加注重引导学生形成正确的人生观、价值观。通过深入探讨社会责任、公民道德、文化自信等内容，激发学生对正义、公平、诚信等价值的理解和认同，培养学生正确的社会价值观。此外，高校还可以通过开设相关选修课程、组织社会实践活动等方式，引导学生树立正确的人生追求，提高其社会责任感。至于道德行为的偏颇，高校思政课程可以通过深入探讨伦理道德理论、伦理决策等方面的内容，引导学生形成正确的道德判断和决策能力。此外，可以通过校园文化建设、学生社团组织等途径，加强对学生的道德引导和教育，使其在日常生活中更加注重道德规范，塑造正直、善良的品格。在解决这些问题的过程中，高校思政课程不仅要关注学生的知识传递，更要注重对学生思想品德的培养。通过系统的思政教育，帮助学生确立正确的价值观念，提高道德素养，为他们的未来发展和社会参与打下坚实的基础。这样的教育既是对学生个体成长的关怀，也是对社会整体进步的积极贡献。

3. 主体之间缺乏互动和交流

我国高校思想政治课程教育发展的另一突出问题是教育主体科学认知不足，其中主体之间缺乏互动和交流。教育主体与受教育主体之间存在时间和空间的有限性。随着高校扩招的不断进行，学生和教师的比例逐渐缩小，使得思想政治教育者面对的学生群体数量大幅增加。作为思政教师，他们很难充分关注每一位学生，而教育者与学生的交流主要限定在思政理论课的课堂上。有限的时间和空间让思政教育者难以个别关注学生，而且每位学生能够获得的关注时间也变得越来越有限。主体之间呈现出单向授受的状态。当前绝大多数思政理论课采用传统的讲授式教学法，虽然这种方法能够全面展现知识体系，呈现出完整和系统的知识结构，但却将学生置于被动接受的地位。教育者忽视了学生的主体地位，未充分考虑学生对知识的接收程度。这种单向授受的教学方式使得学生的学习积极性受到削弱，降低了思政理论课的实效性。尽管在新媒体时代，一些思政教师通过引入多媒体手段使课堂更具趣味性，但仍未从根本上改变高校思政课堂教学单向授受的状况。解决这一问题的关键在于改进高校思政课堂的教学方式，注重学生学习积极性的启发和引导。一方面，可以通过采用互动性更强的教学方法，例如小组讨论、案例分析等，激发学生的思考和参与意愿。另一方面，充分利用新媒体技术，设计富有互动性和参与性的教学内容，使学生更主动地参与到知识的构建和交流中。此外，建立在线学习平台，为学生提供更多参与讨论、分享观点的机会，打破时空限制，促进教育主体之间的多维互动。在思政理论课的教学中，要更注重学生的实际需求和兴趣点，结合学生的实际情况，使课程更具针对性和吸引力。通过调整教学方式，使课堂更富活力，教育者能够更有效地与学生进行互动和交流，促使学生更积极地参与到思政教育过程中。解决主体之间缺乏互动和交流的问题需要多方面的努力。高校思政教育者要克服时间和空间的限制，通过创新教学方式、引入互动性强的元素，激发学生的积极性，使思政教育更富有活力和实效性。只有在主体之间建立更加紧密的联系和互动机制，才能更好地推动我国高校思想政治课程教育的发展。

（三）学术研究重理论轻实践

我国高校思想政治课程教育发展的另一个突出问题是学术研究重理论轻实践，这一问题在当前的专业化发展新时期尤为突出。尽管学术研究和实践是两个不同但相互关联的领域，但它们并非对立关系，而应该是相辅相成的。高校思想政治教育的学术研究者往往将过多的注意力放在理论体系的构建上，而相对忽视了与实际行动的结合。学术研究者在追求理论深度和广度的同时，应该更加关注如何将这些理论知识应用到实际的教育实践中。过于理论化的研究容易导致脱离实际，理论成果难以转化为具体的行动，从而降低了研究的实效性。重理论轻实践的现象使得实际行动缺乏理论基础。如果在思政教育的实践过程中缺乏深入的理论指导，教育者难以明确目标和方法，容易陷入教学的盲目性和随意性。理论的科学性是确保实践行动有效性的基础，而过度强调理论研究的纯粹性会使实践受到制约。解决这一问题的关键在于寻找理论研究与实践行动的有效结合方式。首先，学术研究者应该更加注重将研究成果转化为实际行动的指导性方案。通过深入实地调研，了解高校思政教育的实际问题和需求，使理论研究更具实践操作性。其次，建立起学术研究者和实践者之间的紧密联系和合作机制，形成理论研究与实践行动的有机结合。这样的合作机制有助于理论知识的及时传递和实际问题的反馈，推动高校思政教育的理论与实践相互促进、相互完善。应当加强对从业者的培训，提高他们将学术研究成果应用到实际工作中的能力。培养一支既有较高理论水平又具备实际动手能力的专业队伍，有助于解决学术研究和实践之间的脱节问题。要实现学术研究和实践的有机结合，需要各方共同努力。通过促进理论研究和实践行动的深度融合，可以更好地推动我国高校思想政治课程教育的全面发展。

（四）缺少对教育评价体系建设的反思

1. 评价结果缺乏数据统计

我国高校思想政治课程教育在发展过程中，面临着缺少对教育评价体系建设的反思的问题，其中一个突出的方面是评价结果缺乏数据统计。这一问题源于评价指标的多样性，导致评价结果的多重性，而未经数据化的评价结果缺乏科学性，无法进行系统的梳理和概括。在高校思政课堂教学中，采用多种评价指标是为了全面了解教学质量和学生表现。然而，仅依赖主观评价或简单的定性分析难以提供全面而科学的评价。相反，通过对评价结果进行数据统计，可以更清晰地呈现教学的效果和存在的问题。以期末考试为例，通过计算不同分数区间内学生数占学生总数的比例，可以客观地了解学生成绩的分布情况，从而反映出高校思政课堂教学的实际水平。数据统计为评价结果提供了客观的依据，使评价更加科学和可信。例如，通过分析学生的平均分、及格率、优秀率等统计数据，可以对整体教学质量有一个直观的了解。同时，通过对不同分数段学生的表现进行细致的统计分析，可以发现教学中可能存在的问题，为教学改进提供针对性的建议。数据统计还有助于对教育评价体系进行更深入的研究和改进。通过对历年数据的比较分析，可以发现教学改革的成效和存在的趋势，为未来的教育发展提供参考。同时，可以建立起完善的数据收集和分析机制，使评价过程更加科学、系统和连续。在构建教育评价体系时，要注重数据的质量和可操作性。确保评价指标的科学性和合理性，建立起完善的数据收集和统计方法，使得数据成为教育评价的有力支持。同时，培养相关从业者对数据的敏感性和分析能力，使其能够充分利用数据为教育决策提供科学的依据。缺少对教育评价体系建设的反思是高校思想政治课程教育发展面临的一项重要问题。通过加强对评价结果的数据统计，可以提高评价的科学性和客观性，为高校思政课堂教学的质量提供更为有力的支持。这也需要在教育体制和相关从业者培养等方面进行系统性改革，以促进教育评价体系的不断完善和发展。

2. 高校缺乏教学评价的激励机制

我国高校思想政治课程教育发展中存在一个显著问题是缺乏对教育评价体系建设的反思，其中之一是高校缺乏教学评价的激励机制。教学评价激励机制对于调控教学过程的能动性，提高教学效率具有积极作用。尽管教育者有着高度的职业道德，但激励制度的建设可以在一定程度上提升教育质量。教学评价是衡量教学效果的重要手段，然而，仅仅依赖于教育者的职业操守和责任心，难以激发更高水平的教学积极性。建立激励机制可以在一定程度上弥补这一缺陷。通过将思想政治教师的考核评估体系与教学评价结果相关联，可以实现在物质和精神层面上对教育者的肯定。通过与教学评价结果挂钩，高校可以设立一套科学合理的教学激励机制。例如，评价结果较好的思想政治教师可以获得一定的奖励，包括物质奖励和荣誉奖励。这种奖励制度不仅能够激发教育者更加积极地参与教学，还能够形成一种健康的竞争氛围，促进教育教学水平的整体提升。激励机制的建设可以提高教学评价的利用效率。教育者在知道其教学评价结果与个人收益直接相关时，会更加关注教学质量，主动采取措施提升自己的教学水平。这样的反馈机制可以使教学评价真正起到改进教育教学工作的作用，形成良性的发展循环。激励机制的建立还可以促使教育者更加关注数据化的教学评价现象。通过将评价结果与激励挂钩，可以使教育者更加注重评价结果的真实性和科学性，从而更加认真对待教学过程，提升教学质量。这有助于确保教学评价不仅仅是一个形式上的程序，而是真正能够反映教学实际水平的重要工具。在建立激励机制时，需要注重科学性和公正性。评价标准和奖励机制应该合理设定，避免一刀切的情况发生。同时，应该充分听取多方意见，确保激励机制的建设是基于广泛共识的。这有助于确保激励机制的公正性和可行性。高校思想政治课程教育需要反思缺乏对教育评价体系建设的问题，其中之一是高校缺乏教学评价的激励机制。通过建立科学合理的激励机制，可以更好地调动教育者的积极性，提高教学效果，促进高校思政课程教育的持续健康发展。

第三节　高校思政教育面临的新机遇与新挑战

一、高校思政教育面临的新机遇

（一）打破时间及空间的局限性

高校思政教育在新媒体时代面临着新的机遇，其中之一是打破时间及空间的局限性。传统的思政教育工作通常安排具体的课时、时间等，采用单一的"口授"方式，存在一定的时间、空间限制，忽视对学生自主意识与能力的培养，增加了学生对教师的依赖性，难以深入分析与理解知识内涵，只能应付日常考试，与人才培养目标存在差距。然而，新媒体的发展为高校思政教育带来了显著影响，主要表现在教学模式方面的大力创新。新媒体时代的到来，尤其是互联网技术的广泛应用，为高校思政教育工作提供了新的机遇。通过运用新媒体技术，可以打破传统教学的时空限制，使学生在学习学科知识时不受外界因素限制及影响。新媒体为思政教育提供了多渠道、多方面地探究学科知识的途径，使学生更加灵活地获取信息，有助于培养其独立思考和自主学习的能力。这种教学模式的创新有望减轻学生对传统教育方式的依赖，更好地满足现代高等教育的要求。在新媒体时代，高校思政教育可以通过在线教育、远程教学等方式，实现思政课程的网络化和数字化，让学生可以随时随地进行学习。这不仅为学生提供了更为便捷的学习环境，也为思政教育的深入开展创造了条件。学生通过互联网平台可以获取到更加丰富、多样的学科知识，有助于更全面、更深入地理解思政课程的内涵。新媒体的发展还使得高校思政教育可以从"真实的现实世界"发展到"虚拟的现实世界"。通过虚拟现实技术，可以创造出具有沉浸感的教学场景，使学生更加身临其境地体验思政教育内容。这种互动性强、视听效果佳的教学方式，有望提高学生的学习兴趣，激发其对思政课程的主动参与和深度思考。在新媒体发展背景下，高校思政教育可以更灵活地运用各类数字化工具，包括在线平台、教学软件、多媒体教材等，使教学更具交互性和趣味性。通过利用这些工具，教育者可以更生动地呈现思政教育内容，激发学生的学习兴趣，提高教学效果。同时，这也为思政教育注入了更多创新元素，使其更符合时代特点和学生的学习需求。新媒体时代为高校思政教育带来了打破时间及空间的局限性的新机遇[①]。通过充分利用新媒体技术，高校思政教育可以实现更灵活、更多元的教学模式，提升教学效果，更好地满足学生的学习需求，推动思政教育工作朝着更为现代化和创新化的方向发展。这不仅有助于培养学生更全面的素质，也有利于高校思政教育的可持续发展。

（二）丰富教育内容

在新媒体时代，高校思政教育面临着丰富教育内容的新机遇。传统的思政教育工作往往由教师完成教学方案编制、目标明确等工作，导致在课堂上教师成为主导者，学生的主体作用逐渐被削减。这种教学理念的影响使得部分学生对思政知识学习失去兴趣与欲望，同时也增加了教师的教学难度，学生的学科成绩也受到一定影响。为了应对这一问题，教师需要从教学理念的优化方面入手。在教学过程中，教师应与学生主动交流，更全面地了解每位学生的实际情况与学习需求。制定教学计划的同时，教师还应引导学生明确自主学习的目标与方向。这样做既能确保每位学生有目的性、针对性地学习学科知识，也有助于提高学生的学习兴趣。在新媒体时代，借助信息化技术可以对思政教育内容进行不断的丰富。教师可以通过网络平台分享丰富的教学资源，将学科知识拓展到经济、卫生、军事、科技、政治等多个领域。这种多元化的内容涵盖了不同领域的知识，有助于引发学生的兴

---

① 殷鸿达，王燕平．网络时代高校思政教育的互动性与深化研究［J］．中国军转民，2023，（22）：138-139.

趣，使思政教育内容更加贴近学生的实际生活和社会实践。通过网络的优势，教师可以实现教学资源的共享，确保思政教育内容的充实性和全面性。学生可以更加便捷地获取到多样的学科知识，进一步拓宽他们的视野，提高对思政知识的理解深度。这样的教学方式不仅能够满足学生个性化的学习需求，还有助于培养学生的综合素质。因此，丰富教育内容是高校思政教育在新媒体时代的一项重要机遇。通过优化教学理念，引导学生主动学习，结合信息化技术，教师可以实现对思政教育内容的多样化丰富，使其更贴近学生的实际需求，更好地推动思政教育工作的创新与发展。这种教学方式既有利于提高学生的学科水平，又有助于培养学生的综合素养，使其更好地适应社会的发展和变化。

（三）多样化的教育方法

1. 提升工作效率

在高校思政教育面临的新机遇中，多样化的教育方法成为一项重要的发展方向。传统的灌输式教学方法被认为严重影响学生的自主能力和学习积极性，长时间采用这种教学方式不仅增加了教师的工作量，而且难以有充足的时间进行教学模式创新和教学理念的优化。因此，教师需要在这方面进行深入的思考，考虑学生的实际情况，合理创新和调整教育方法，通过多样化的教学方法的合理应用，提升整体教学效果，真正发挥在高校思政教育工作中的重要作用。多样化的教育方法能够提升工作效率。在"互联网+"时代下，思政教育可以通过利用互联网及时获取教育资源，丰富和完善思政教学内容。教师可以分享教育资源给学生，为学生开展自主学习提供资源支撑。通过互联网，可以实现课堂教学的有效延伸，符合当代大学生的学习习惯，学生可以利用碎片时间完成自主学习。这种方式的灵活性和高效性能够提高教学工作的效率，使思政教育更加贴近学生的学习方式。多样化的教育方法有助于提高教学效果。传统的灌输式教学往往使学生在被动接受知识的状态下学习，容易导致学习的机械性和记忆性。而通过多样化的教学方法，可以激发学生的兴趣和主动性，使学生更加积极参与到学科知识的学习中。采用互联网技术，教师可以借助各种多媒体、在线课程等形式，使思政教育更具趣味性和互动性。这种多样化的教学方式有助于提高学生对思政知识的理解深度，培养学生的综合素质。多样化的教育方法在高校思政教育中具有重要的作用。教师应当通过合理创新和调整教育方法，结合互联网技术，提升工作效率，提高教学效果，使思政教育更好地适应当代大学生的需求，推动高校思政教育工作朝着更为科学、人性化的方向发展。

2. 满足学生诉求

在高校思政教育面临的新机遇中，多样化的教育方法成为一项关键发展方向。其中，满足学生诉求是多样化教育方法中的重要方面。随着信息技术的快速更新，其在教育领域的应用不断深化和频繁，大量的网络课程资源如慕课、微课、轻课等层出不穷，为学生提供了自主学习的机会和平台。多样化的在线教育资源使学生能够根据自身的具体情况，灵活选择喜欢的教师和课程。这种个性化的学习方式有助于激发学生的学习兴趣，提高他们对思政课程的参与度。学生可以根据自己的学科兴趣和发展需求，在丰富的在线资源中选择适合自己的学习内容，使学习更加贴合个体差异。互联网平台为学生提供了与教师双向互动的机会。学生不再仅仅是课堂上的被动接受者，而是可以通过在线平台与教师进行实时互动、提问和讨论。这种交流互动的形式有助于加深学生对思政知识的理解，促使他们更主动地参与学科学习过程，培养独立思考和表达能力。最重要的是，将思政教育与互联网充分结合，可以为学生提供定制化和个性化的教学服务。通过在线平台，教师可以更好地了解学生的学习需求和兴趣，有针对性地进行教学设计和引导。这有助于突出思政教育的人文化特点，创设一个更加贴近学生个性、更具有教学灵活性的优质平台。满足学生诉求是多样化思政教育方法的核心之一。通过充分利用信息技术，搭建互联网平台，为学生提供个性化、灵活化的学习体验，可以使思政教育更好地适应时代需求，提升学生的学习体验和教育效果。这一新机遇为高校思政教育注入了更多创新和活力，推动思政教育不断向前发展。

3. 扩宽教育渠道

在当前"互联网+"环境下，高校思政教育迎来了多样化的教育方法，其中扩宽教育渠道成为新的发展趋势。这一趋势的实现离不开互联网平台的支持，为思政教育注入更多个性化和多元化元素。通过互联网平台的支撑，思政教育可以实现课堂教学与网络教学的有机融合，突破时间和空间的制约。传统的思政教育在课堂上进行，具有时间和空间的限制，而互联网的开放性和共享性使得教育渠道得以扩展。学生可以在任何时间、任何地点通过互联网平台获取相关的思政教育内容，提供了更加灵活和便捷的学习体验。互联网的传输性为思政教育提供了更广泛的传播渠道。通过网络，各种文化和思想可以在短时间内完成快速传播，实现多元文化的融合。这种立体式、开放式以及全民式的网络环境为思政教育的传播度和影响力提供了更为广阔的空间。互联网平台成为了思政教育触及学生、社会的桥梁，帮助思政教育更好地适应时代潮流。多样化的教育方法中，扩宽教育渠道是高校思政教育发展的新亮点。通过利用互联网平台，思政教育可以实现更加灵活、个性化的教学服务，同时在社会上扩大影响力，为思政教育的未来发展开辟更为广阔的前景。这一新机遇为高校思政教育带来了更多的可能性，促使教育者更加积极地借助互联网平台，创新教学方式，使思政教育更好地服务于学生和社会。

二、高校思政教育面临的新挑战

（一）正确价值观的树立

高校思政教育在当前社会面临着诸多挑战，其中之一是在正确价值观的树立方面。随着高校思政教育工作的展开，外来思想及不同的价值观念对学生的思想和行为产生了不同程度的影响。特别是在网络技术广泛应用的条件下，发布者可以通过匿名发布的方式将不良理念和观点等公之于众，学生在网络上获取并了解这些内容，可能对其思想产生潜移默化的影响，增加了对学生正确价值观培养的难度。在这方面，需要针对外来思想对高校思政教育的实际影响进行细致分析。教师们应该多方面地搜集相关内容和数据，并进行客观化处理。同时，引导学生参与到实践活动中，通过增强学生的感悟能力，培养其具备自主判断意识和能力，使思想文化信息在多个方向上贯通。这有助于逐渐形成正确、积极的价值观。教育工作者可以通过多角度的研究，深入了解外来思想对学生思想的具体影响，从而更好地开展思政教育工作。教师们的角色不仅是知识的传授者，更是引导学生正确看待外部信息、进行自主思考的引导者。在这个过程中，教育工作者应该注重培养学生的批判思维能力，使他们能够辨别信息的真伪，理性看待外部思想的影响。为了应对这一挑战，教育工作者可以通过建设开放平台，提供更多元的信息来源，让学生在获取信息的过程中形成更加全面和科学的认知。此外，教育工作者还应该引导学生主动参与实践活动，通过实践中的体验，更好地理解和接受正确的价值观。在实际操作中，教师需要在教学中融入更多实际案例，引导学生分析案例中的价值观冲突，帮助他们理解正确的人生观、价值观。同时，鼓励学生参与社会实践活动，亲身感受社会的多样性，从而更好地形成积极向上的人生观。教育工作者还应该注重对学生进行心理健康教育，提高其心理抵抗力，使其在外来思想的冲击下更加坚定自己的正确信仰。通过心理健康教育，帮助学生建立积极的人生态度，培养他们正确看待外部信息的能力。正确价值观的树立是高校思政教育面临的一项重要挑战。教育工作者需要深入了解外来思想对学生思想的具体影响，通过多种手段引导学生正确看待外部信息，培养其独立思考和判断能力。通过实践活动和心理健康教育，帮助学生在正确的道路上稳步前行，为其健康发展提供坚实的基础。

（二）人际关系的维护

高校思政教育在当今社会面临着日益突显的挑战之一是人际关系的维护。随着大部分人群对网络技术的日益依赖，社交软件如 QQ、微信、微博等成为人们信息交流的主要工具。这种跨越国界和地域的网络交流方式在提高信息传递的实效性的同时，也为现代人所喜爱与认可。然而，在实际生活中，由于网民数量的逐渐增加，人们在沟通的过程中更加依赖网络技术，导致实际的人际关系维护出现一系列问题。人与人之间的沟通逐渐缺乏相互走动的实践，而更多地依赖于虚拟的网络交流。这种现象可能导致人际关系的维护不到位，甚至因为空间距离的拉开而阻断了人与人之间的亲密接触。在高校思政教育中，这一问题变得更为突出，因为过度依赖网络技术进行教学活动，使得学生在网络上搜集和学习学科知识的同时，与现实中的实际生活缺乏相应的联系。高校思政教育中过度依赖网络技术也导致了教师与学生之间的职责作用模糊化。学生可能仅仅将教师视为学科知识的传授者，而忽略了教师在塑造学生全面发展方面的重要作用。学生在网络上追求学科知识的同时，日常生活中可能变得寡言少语，与教师以及同学之间缺乏有效的沟通。这不仅影响了学生语言方面的训练，还使得人际关系的建立和维护变得更为困难。在应对这一挑战时，高校思政教育工作者需要认识到人际关系维护的重要性。首先，教育工作者应该通过多种途径鼓励学生在实际生活中进行亲密的人际交往，提倡面对面的沟通和交流。通过组织各类实践活动，帮助学生建立真实而深厚的人际关系，使得他们在社会中更好地融入和发展。高校思政教育需要在教学中找到平衡，不仅注重网络技术的应用，更要强调实际生活中的交往和沟通。教育工作者可以通过引导学生参与团队合作项目、开展社会实践等方式，培养学生在集体中的协作和交往能力，使其在实际应用中具备更丰富的人际交往经验。高校思政教育还需重视学生语言方面的培养，促使学生在日常生活中能够更加自如地表达自己的观点和情感。通过开展课程和活动，培养学生的口头表达能力，使其在人际交往中更加得心应手。高校思政教育工作者还应该在教学内容和方法上创新，使思政教育更加贴近学生的实际需求。通过引入具有社会实际意义的案例和问题，激发学生的思考和讨论，促使他们在思政教育中更加积极地参与到人际关系的建设中。人际关系的维护是当前高校思政教育面临的新挑战之一。通过注重实际生活中的交往和沟通、平衡网络技术的应用、培养学生的语言表达能力以及创新教学方法，高校思政教育工作者可以更好地引导学生在人际关系中取得更为良好的发展，为其全面成长提供有力支持。

（三）思想观念的引导

高校思政教育在当前社会面临的另一项严峻挑战是思想观念的引导，其中电子商务的普及因素对学生的思想产生了深远的影响。随着网购成为众多学生主要的购物方式之一，虽然为学生的日常生活提供了便捷条件，但也在无形中塑造了学生的心理和思想观念。电子商务的普及使得网购成为学生日常生活的一部分，然而，由于学生自身的攀比意识，一些学生过于盲目地在网上消费。在虚拟的消费形式中，学生对金钱缺乏深刻的概念，只考虑到自身的需求，导致无节制地进行网购。这不仅增加了家庭的经济压力，还在思想观念方面引发了偏移。学生在网购的过程中，由于攀比思想的驱动，可能忽略了购买物品的实用性和需求性，单一化地满足自身的网购欲望。这种行为不仅影响了学生的经济状况，更深刻地影响了他们的思想观念。特别是当学生的网购逐渐演变为一种成瘾时，他们可能失去对购买物品实用性和价值的判断能力，仅仅追求短暂的满足感，从而在思想观念上产生偏差。这一现象对高校思政教育工作提出了更高的要求和难度。首先，教育工作者需要深刻理解学生在电子商务普及下所面临的挑战，认识到网购行为可能对学生心理和思想产生的负面影响。其次，高校思政教育应该通过开展专门的活动和课程，引导学生正确认识金钱的价值，培养他们对购物行为的理性思考和判断能力。在这一过程中，教育工作者可以通过真实的案例和生动的教学方式，帮助学生理解金钱的获得和使用是需要谨慎对待的。高校思政教育还应关注学生的攀比心理，并通过心理健康教育的方式，引导学生树立正确的价值观。通过开展心理辅导和交流活动，帮助学生认识到攀比行为的负面影响，鼓励他们树立健康的竞争观念，理性看待个体差异。在教学内容设计上，高校思政教育可以融入关于电子商务和消费观念的案例分析，引导学生思考在网络购物中如何更好地把握度，避免盲目追求消费。通过案例的呈现，使学生更好地理解购物行为对个体和社会的影响，形成正确的思想观念。电子商务的普及给高校思政教育带来了新的挑战，特别是在思想观念的引导方面。通过深入了解学生的购物行为，采取切实有效的教育手段，高校思政教育工作者可以引导学生正确看待金钱和消费，培养他们的理性消费观念，从而更好地促进学生的全面发展。

第三章 高校思政教育理念的发展

第一节 以人为本理念

一、高校思政课"以人为本"教育理念的依据和价值

（一）"以人为本"是马克思主义人学理论的核心

1. 马克思主义关于"人的本质"理论

"以人为本"是高校思政课教育理念的重要依据和核心价值，其深厚的理论基础源于马克思主义人学理论的核心。在全国高校思想政治工作会议上，习近平总书记明确指出，思想政治工作本质上是做人的工作，必须紧紧围绕学生，关照学生，服务学生，不断提高学生的思想水平、政治觉悟、道德品质、文化素养，使学生成为德才兼备、全面发展的人才。这一教育理念的核心就是"以人为本"，并被强调为马克思主义人学理论的核心。在探讨"以人为本"理念的依据和价值时，我们首先需要深入理解马克思主义关于"人的本质"理论。习近平总书记指出，"以人为本"是马克思主义人学理论的核心，而这一核心理论体现在马克思对"人的本质"的深刻解释上。在《1844年经济学哲学手稿》中，马克思提出："一个种的全部特性，种的类特性在于生命活动的性质，而人的类特性恰恰就是自由自觉的活动。"马克思认为人的本质是"自由自觉的活动"，即人类具有目的和意识地进行劳动，并通过劳动来满足自身的需要。这意味着人类不仅能有目的地改造自然，还能自觉地参与社会活动，这是人与动物的根本区别。在《关于费尔巴哈的提纲》中，马克思进一步提出："人是一切社会关系的总和。"这表明人的社会性是人的本质体现的关键[1]。人在与自然和社会的关系中，展现出社会关系的总和，突显了每个个体在社会

---

① 余嫚. 高校思政教育工作创新思考［J］. 办公室业务，2023，（23）：68-70.

中的主体地位。因此，马克思的人的本质理论强调了人在社会活动或劳动中的重要地位，为"以人为本"提供了坚实的理论基础。"以人为本"的核心理念在高校思政课中的实践意义不可忽视。首先，这一理念引导教育工作者深入了解学生的需求和关切，关注学生的个体差异，促使教育工作者更好地适应学生的发展阶段，因材施教。其次，通过将"以人为本"理念融入教学内容和方法中，可以更好地激发学生的学习兴趣，引导他们主动参与思政课程。这有助于培养学生的创新精神和批判思维，使其成为具有自主学习能力和创造力的人才。最重要的是，这一理念强调培养学生的全面素质，包括思想水平、政治觉悟、道德品质、文化素养等方面的全面发展，从而使学生更好地适应社会的需要。在高校思政课中，教育工作者应该通过深入学习和理解马克思主义人学理论，更好地把握"以人为本"的教育理念，注重培养学生的独立人格和社会责任感。通过引导学生正确认识自己、关心他人，培养他们的团队协作和沟通能力，助力学生成为具有社会责任感和创新能力的人才。同时，高校思政课的教育内容和形式应更贴近学生的实际需求，使思政课程不仅是知识的传递，更是人格和价值观的塑造，从而更好地发挥"以人为本"理念的引领和指导作用。"以人为本"作为高校思政课的教育理念，深刻扎根于马克思主义人学理论的核心。通过理论基础的支撑，"以人为本"不仅为高校思政课的实践提供了坚实的理论依据，更为培养全面发展的、德才兼备的人才奠定了深厚的价值基础。高校思政课教育者应深刻领会这一理念，将其贯穿于教育实践中，引导学生成为具有社会责任感和创新能力的新时代人才。

2. 马克思主义关于"人的全面发展"理论

"以人为本"作为高校思政课的教育理念，其深厚的依据和价值根植于马克思主义人学理论的核心。在这一理念中，马克思主义关于"人的全面发展"理论扮演着至关重要的角色。通过深入探讨这一理论，我们能够更好地理解"以人为本"理念的深刻内涵和意义。我们需要关注马克思主义关于"人的全面发展"的起源。马克思对资本主义剥削下人和劳动产品异化的现象有深刻的洞察。在这一异化劳动的背景下，劳动变得非自愿且强制性，工人缺乏兴趣和幸福感。为了摆脱这一困境，马克思提出了消灭剥削、消灭阶级，实现人的全面发展的主张。他认为，旧式劳动分工导致了人的片面发展，而机器大工业生产要求人的全面发展，同时为人的全面发展提供了物质基础。"人的全面发展"并非空泛的口号，而是在对社会分工和生产关系进行深入分析的基础上得出的结论。马克思认为，只有通过教育与生产劳动相结合，才能实现人的全面发展。这意味着教育不仅是知识的传授，更是关乎人的精神、身体、个体性和社会性等方面的全面发展的关键途径。在这个过程中，人的全面发展的条件与发展的内容密不可分，而社会分工所导致的人的片面发展将被超越，为人的全面发展创造更为有利的条件。"以人为本"理念正是建立在"人的全面发展"理论的基础上。高校思政课将这一理念融入教学实践中，关注学生的个体差异，注重培养学生的综合素质。通过引导学生深刻认识自我、关心他人，促进他们在精神和身体、个体性和社会性等方面的充分而自由的发展。这不仅有助于学生更好地适应社会需求，也有助于塑造他们具有创新能力和社会责任感的人格。在实践中，高校思政课的教育者应深刻理解马克思主义关于"人的全面发展"的理论，将其贯彻于教育工作中。通过结合实际情况，设计富有启发性和互动性的教学内容，引导学生更好地理解自己的全面发展需求。同时，教育者还应通过多样化的教学手段，激发学生的学习兴趣，引导他们在思政课程中更为主动地参与，培养独立思考和创新精神。"以人为本"理念在高校思政课中的实现得益于马克思主义人学理论的深刻内涵。通过深入理解和贯彻"人的全面发展"理论，高校思政课的教育者可以更好地引导学生实现全面发展，培养他们成为德才兼备、具有社会责任感和创新能力的人才。

"以人为本"理念的核心价值在于马克思主义人学理论的深厚基础，其中马克思主义关于"人的全面发展"理论为这一教育理念提供了深刻的内涵和基础。理解这一理论的内涵，有助于我们更好地把握"以人为本"在高校思政课中的实际意义。我们需要理解"人的全面发展"是一种理想的状态，相对于现实中人的片面发展而言。这一理念起源于对资本主义剥削下人和劳动产品异化的深刻认识。在这一异化劳动的背景下，劳动变得非自愿和强制性，工人缺乏兴趣和幸福感。为了摆脱这一困境，马克思提出了消灭剥削、消灭阶级，实现人的全面发展的主张。在这个理念中，"全面发展的人"特指现实的人，是从社会现实出发进行分析的，强调人是物质的、实践的、客观存在的。理解"人的全面发展"是指每个人得到全面的发展。在阶级社会中，个人的发展始终依附于阶级，并维护统治阶级的利益。个人的发展需要以集体利益为主，个人利益在群体利益面前要以群体利益为中心。因此，为了实现个人的全面发展，必须消灭阶级，使个人不再依附于阶级，从而实现个人的个性发展，并根据自身需要发展，使每个人都得到全面发展。"人的全面发展"是指人的劳动力的全面发展，即人的智力、体力和道德等方面的全面提高。这要求个人发挥自己的能力，使自己获得最大程度的发展，最大程度地满足自己的需求，实现全面的发展。然而，由于每个人的生存环境和教育程度不同，发展也存在差异。因此，实现"人的全面发展"并不是要求所有人按照同一个标准同时发展，而是根据每个人的能力和现实需要，使每个人所需要的素质全方面得到提高。"人的全面发展"理论为"以人为本"理念提供了深刻的内涵。在高校思政课中，通过理解并贯彻这一理论，教育者可以更好地引导学生实现全面发展，培养具有社会责任感和创新能力的人才。通过关注个体差异，促进学生在精神和身体、个体性和社会性等方面的全面发展，高校思政课能够更好地发挥"以人为本"理念的引领作用。

（二）"以人为本"教育理念的价值

1. "以人为本"教育理念有利于培养全面发展的人才

"以人为本"教育理念在高校思政课中具有深刻的价值，尤其体现在促进全面发展人才的方面。高校思政教育涉及多个领域，包括政治经济、哲学、法学、道德等，而"以人为本"理念有助于更好地推动高校培养高素质、全面发展的人才。这一理念与马克思主义关于人的全面发展的理论目的达成了一致，通过学习思政课程，可以在多个方面促进学生的全面发展，培养具有中国特色社会主义核心价值观的社会主义接班人。高校思政教育的多领域涉及使得"以人为本"理念能够在全面培养人才方面发挥重要作用。思政课程不仅仅关注政治经济领域，还包括哲学、法学、道德等多个领域的内容。这种全面教育有助于学生在各个方面获得知识和素养，使其成为全面发展的人才。通过学习这些课程，学生能够更好地理解社会、人类历史、伦理道德等方面的知识，形成全面的人文素养，为未来的职业和社会责任做好准备。"以人为本"理念与马克思主义关于人的全面发展理论相契合。马克思主义强调人的全面发展，即在精神、身体、个体性和社会性等方面都能够得到充分而自由的发展。高校思政课程通过关注学生的个体差异，培养学生在精神和身体、个体性和社会性等多个方面的发展，实现了"以人为本"理念的价值。通过思政教育，学生有机会更全面地认识自己，提高自己的综合素质，从而更好地适应社会的需求。最重要的是，"以人为本"的教育理念有助于培养具有中国特色社会主义核心价值观的社会主义接班人。学习思政课程，了解和领会马克思主义基本原理概论等内容，有助于学生形成正确的世界观、人生观和价值观。通过思政教育，学生能够深入理解社会主义核心价值观，培养对社会主义事业的认同和责任感，成为中国特色社会主义伟大事业的坚定支持者和参与者。这样的培养有助于实现党的教育方针，推动中国特色社会主义伟大事业的全面推进。高校思政课程中的"以人为本"教育理念在培养全面发展的人才、契合马克思主义关于人的全面发展的理论以及培养具有中国特色社会主义核心价值观的社会主义接班人等方面具有深刻的价值。通过理解和贯彻这一理念，高校思政课程能够更好地引导学生实现全面发展，为他们未来的发展和社会责任做好充分准备。

2. "以人为本"教育理念能发挥学生的主体地位

"以人为本"教育理念的价值在于能够充分发挥学生的主体地位，实现教学的主导性和学习的主体性相统一。这一理念符合习近平总书记在 2019 年座谈会上的论述，强调了思政课教学中教师和学生在实践中的地位和作用，为新时期思政课的教学提供了根本遵循。理解"以人为本"教育理念有助于发挥教师在教学活动中的主导作用。在思政课教学中，教师不仅仅是知识的传递者，更是引导学生思考、塑造人格的重要引导者。教师的主导作用在于引导学生正确的认知规律和接受特点，使他们能够更好地理解并吸收思政课程中的内容。通过强调"以人为本"，教育理念鼓励教师关注学生的个体差异，更好地引导他们在思政教育中的成长。这一教育理念注重发挥学生在学习中的主体性作用。习近平总书记指出，学生是学习的主体，教师要激发学生学习的积极性、主动性、创造性。通过"以人为本"理念，强调学生的主体性，鼓励他们运用互联网等方式进行自主学习。这有助于培养学生的独立思考能力，提高他们的学科素养，并在实践中更好地应用所学知识。推崇"以人为本"的教育理念有助于加强教师和学生之间的互动和合作。教育不仅仅是知识传递，还包括帮助学生发展个性、培养创新能力等方面。通过注重学生的主体性，教师可以更好地了解学生的需求，调整教学方法，提高教学效果。同时，学生在思政教育中的主体作用也能够促进他们更积极地参与学习过程，形成更为良好的学习氛围。"以人为本"教育理念的价值在于促使教育者更好地关注学生的个体需求和成长，同时强调学生在学习中的主体性，实现了教学的主导性和学习的主体性相统一。通过贯彻这一理念，高校思政课程能够更好地发挥教育的引导作用，培养更具综合素质和创新能力的人才。

3. "以人为本"教育理念能促进师生的相互尊重

"以人为本"教育理念的重要价值之一在于促进师生之间的相互尊重。高校为培养高素质人才，需要借助高素质的教师力量，而思政教育作为其中的主导力量，在教学中应始终坚持以人为本、以学生为主体的原则。这不仅要求思政教师关注学生的价值观，遵循学生的主观能动性，激发学生的创造性，还要在师生之间建立积极的人格交往，促进相互尊重和权益的增进，以良好的沟通促进师生之间的相互尊重。思政教师在教学中要关注学生的价值观。学生在大学时期正处于人生观、价值观形成的关键阶段，而"以人为本"理念强调理解个体的差异和关注其需求。思政教育应当充分考虑学生的多元背景，尊重他们的不同观念和价值取向，引导他们形成积极向上的人生观。通过理解学生的个体差异，教师能更好地开展个性化的教育，创造出更符合学生需求的思政教育环境。思政教育应遵循学生的主观能动性。学生在学习中应当成为学科学习的主体，具备积极的学习态度和主动学习的能力。推崇"以人为本"的理念鼓励教师关注学生的主观能动性，激发他们的学习兴趣，培养独立思考的能力。通过引导学生主动参与思政教育，使其在学习过程中更有动力，更容易形成积极向上的学习态度。思政教育要激发学生的创造性。创造性思维是培养高素质人才的重要方面，而"以人为本"教育理念注重激发学生的创造性。思政教育应当引导学生思考社会、人生等复杂问题，鼓励他们提出独立见解和解决方案。通过给予学生更多的自主权和鼓励他们表达个人观点，促进学生形成独立、创新的思维方式。思政教育要增进师生之间的人格交往和权益。相互尊重是建立良好师生关系的基础。通过以人为本的教育理念，思政教育能够实现师生之间更加平等、开放的交流与沟通。教师应当理解并关心学生，建立起良好的人际关系，以便更好地引导和教育他们。同时，尊重学生的权益，为他们提供合理的学习空间和发展机会，有助于形成和谐的师生关系。"以人为本"教育理念通过关注学生的价值观、尊重主观能动性、激发创造性思维，以及增进师生之间的人格交往和权益，促进了师生之间的相互尊重。这种相互尊重不仅有助于学生个体成长，也为高校培养更加全面、积极向上的人才提供了重要支持。

4. "以人为本"教育理念能增强学生的实践能力

"以人为本"教育理念的另一个重要价值在于增强学生的实践能力。高校思政课不仅仅是理论课，更是实践课，而在马克思主义的人学视域下，这一教育理念的核心是通过学习思政课，使学生在社会生活和生产过程中得到实践锻炼。马克思曾总结说："人是一切社会关系的总和"。学生处于现实社会，具有思想和需求，因此思政教育应该紧密追随学生的需求，将学生的发展置于中心位置，提升他们应对复杂多变社会环境的能力，实现全面发展，提高政治素质、思想素质、道德素质以及法律素养等。思政教育通过理论课程的教学，将理论知识与实践相结合，使学生能够更好地应对社会生活中的各种问题。这种理论联系实际的教学方式能够帮助学生将所学理论知识应用到实际情境中，培养他们在实践中解决问题的能力。通过对真实案例的分析和讨论，学生能够更深入地理解和掌握所学理论，提高在实际情境中运用理论解决问题的实际能力。思政教育应该关注学生的社会参与和实践活动。通过组织学生参与社会实践、志愿服务等活动，使他们亲身体验社会生活，增强社会责任感和使命感。这样的实践活动能够激发学生对社会的热情，促使他们更加积极地投入到社会事务中，培养他们的领导力和团队协作精神。思政教育应该注重学生的创新创业能力培养。在现代社会，创新能力和创业精神是非常重要的素养。通过鼓励学生参与创新项目、创业实践，使他们能够在实际中锻炼创新思维和创业技能。这有助于培养学生的实际动手能力，使他们更好地适应未来社会的发展需求。思政教育要注重提升学生的综合素质。综合素质包括政治素质、思想素质、道德素质以及法律素养等方面。通过开展实践活动，学生能够更全面地提升这些素质，培养他们在各方面都具备较高水平的能力。

这种全面素质的提升有助于学生更好地服务社会、履行自己的社会责任。"以人为本"教育理念通过强调实践教育的重要性，促使高校思政课在培养学生的实践能力方面发挥更为积极的作用。这不仅有助于学生更好地适应社会发展的需要，也使得思政课更具有现实意义和引导学生走向成功的价值。

二、高校思政课"以人为本"教育理念的落实现状

（一）思政课教师呈现非专业结构

高校思政课"以人为本"教育理念的落实现状面临着一系列挑战，其中之一是思政课教师呈现非专业结构的问题。自国家实行高校扩招政策以来，高校学生人数急剧增加，为满足需求，高校思政课教师也经历了扩招，大量引进了思政教师。然而，这些引进的教师中存在许多非思政教育专业毕业、缺乏思政教育教学经验和背景的教师。这种非专业结构的现状导致了一系列问题。这些非专业教师难以给学生提供专业的思想政治课堂体验。由于缺乏专业知识和经验，一些教师只能传授课本中较为浅显的知识，难以深入挖掘思政课程的内涵，影响了教育质量。一些非专业教师可能采用传统的教学方式，未能及时更新教学内容和课件。这使得思政课程与时代发展脱节，无法有效互动和引导学生。传统的填鸭式教学方法使学生听讲，难以真正理解和消化思政课的内容，也无法激发学生的学习兴趣和主动性。此外，这种非专业结构也导致了思政课程在教学中未能充分体现"以人为本"的理念。学生未能成为学习的主体，而是被动接受教师的传授。学生在课堂上缺乏互动和参与的机会，无法深度思考和交流，影响了学生在思政课中的真实体验。解决这一问题的关键在于高校需加强对思政教师的培训和选拔工作。要求引进的思政教师具备相关专业背景和教育经验，加强对思政教育理念的培训，以确保教师能够真正理解和贯彻"以人为本"的教育理念。同时，鼓励教师采用创新的教学方式，更新教学内容，促进思政课程与时代同步发展，提高教育质量。在选拔和培训教师的同时，高校还应该积极支持思政教育研究和实践创新，鼓励教师参与相关学科的研究，推动思政教育理念的不断深化和提升。通过综合施策，可以逐步改善高校思政课"以人为本"教育理念的实施现状，提升思政教育的质量和效果。

（二）思政课师生对思政课价值认识不深刻

高校思政课"以人为本"教育理念的落实现状中存在另一关键问题，即思政课师生对

思政课的价值认识不深刻。这一问题涉及到教师和学生在思政课程中对课程性质、目标以及实际意义的认知不足，从而影响了思政教育的质量和效果。高校思政课教师普遍存在对课程性质的认识不到位的情况。许多教师认为思政课只是一门思想教育的课程，只需简单地讲述一些道理即可，无需过于严格和深入。这种理解导致了教师在教学中的松散和教育内容的浅显，未能真正挖掘思政课的丰富内涵。由此而来的是学生对思政课的轻视，将其视为次要的甚至是可忽略的一部分。一些学生对思政课的认知也存在偏差。将思政课设为考查课程的情况使得一些学生对这门课程缺乏兴趣和认同感。学生可能将思政课看作是一种功课，而非一个有价值的学科。这种认知导致学生对思政课不够重视，甚至对其产生排斥情绪。一些学生在思政课上并非专心听讲，而是选择在此时做其他学科的作业、背单词或看手机，使得思政课变得乏味和无趣。缺乏"大思政"的观念也是导致认知偏差的原因之一。一些教师可能将思政课仅仅看作是政治教育，而未能将其视为一门综合性的、全面发展学生素质的课程。这种狭隘的观念限制了思政课的发展，使得教育效果无法最大化。解决这一问题的关键在于提高教师和学生对思政课的认知水平。首先，高校应该进行师资培训，加强对思政课性质、目标和实际意义的培训，使教师充分理解并深刻把握思政课的重要性。其次，鼓励学生主动参与思政课的学习，培养其对课程的认同感和兴趣。最后，强调"大思政"的观念，使教师明确思政课的全面性和综合性，努力将理论知识与实际问题相结合，为学生提供更具价值的教育体验。通过这些努力，可以逐步改善高校思政课"以人为本"教育理念的实施现状，实现更好的教育效果。

（三）思政课教学方式未能多元化

高校思政课在"以人为本"教育理念的落实现状中，面临着一些挑战，其中之一是思政课教学方式的单一化，未能充分实现多元化。在高校中，学生具有不同的接受能力、教育水平以及思想特点，呈现出多样性的特征。有的学生可能面临思想困惑，存在思想上的疑虑；而另一些学生则可能更关注社会热点和焦点问题。教育者需要理解这些差异，但一些高校教师可能未能充分了解学生的思想状况、兴趣爱好，导致在思政课的教学中未能采用多元化的方式。这使得教学难以贴近学生、为学生提供有效的服务，未能真正以学生为中心。当代大学生在不断发展的社会中接触到了多元文化元素，对政治的兴趣可能存在差异。大多数学生可能认为马克思主义、共产主义等理论离自己的生活较远，觉得没有必要深入学习这些理论，甚至对其实用性产生质疑。这反映出高校思政课教学面临的最现实问题之一。在这一背景下，一些学生可能缺乏对马克思主义的理解，甚至怀疑其在现实生活中的适用性。因此，高校思政课需要更好地展示马克思主义的科学性和实用性，帮助大学生树立正确的人生观、价值观和世界观。马克思主义作为一种理想信念，对于大学生而言是一盏灯塔，引领着他们前进的方向。重要的是，高校思政课教学需要更加注重培养学生的正确理想信念。理想信念对于大学生的生活至关重要，它不仅仅是一种信仰，更是指引着个体在复杂社会中前行的价值导向。在这个过程中，马克思主义可以为大学生提供坚实的理论基础，帮助他们理解社会现象，分析问题，形成独立而有深度的思考。高校思政课应该在教学方式上更加灵活多样。教育者应该根据学生的个体差异采用不同的教学方法，既可以通过讲授理论知识来满足一部分学生的需求，也可以通过引导讨论、实践活动等方式激发学生的兴趣，使思政课真正成为服务学生、贴近学生的课程。高校思政课在"以人为本"教育理念的实践中，需要认真思考并解决思政课教学方式单一化的问题。通过多元化的教学方式，更好地满足学生的需求，引导学生成为具有正确理想信念的公民，为他们未来的发展奠定坚实的基础。

三、高校思政课"以人为本"教育理念的实现路径

（一）理论路径

第一，树立"大学生为本"的思政教育理念。高校思政课在实现"以人为本"教育理念的过程中，可以通过多个路径来确保教学的深入、贴近和实效，其中理论路径是其中之一。习近平总书记在中国人民大学的讲话中明确指出，思政课的本质是讲道理，要注重方式方法，使其深入、透彻、活跃，从而实现对学生的沟通心灵、启智润心、激扬斗志的作用。要强调教师的主导作用。教育者应该用心教，将道理讲得深刻、透彻、生动。习近平总书记的讲话中提到，思政课是讲道理的，这意味着教育者需要深入理论，将思政课打造成一个真正能够引导学生深入思考的平台。教育者要注重方法，通过引导学生用心悟，达到沟通心灵、启智润心、激扬斗志的效果。这需要教育者具备丰富的理论知识和教学经验，以确保思政课在立德树人中发挥出应有的作用。要关注学生的主体地位。青少年思想政治教育是一个接续的过程，需要根据学生的成长阶段有针对性地开展教育。在高校思政课中，要树立以大学生为本的教育理念。这不仅意味着尊重学生的社会属性和自然属性，还包括尊重学生的共性和个性。在日常教学中，要根据不同学生的身心发展特征，选择合适的教学方法和目标，使思政课更好地满足学生的需求。树立"大学生为本"的思政教育理念有两个关键方面。首先是尊重学生的理念。在实践中，教育者应该养成尊重学生、欣赏学生的态度。这包括尊重学生的社会属性和自然属性，以及尊重学生的共性和个性。在

教学过程中，要根据不同学生的身心发展特征，选择不同的教学方法和制定教学目标。思政课不仅仅是传播专业知识，更是传授价值观的课程，强调理论知识性和实践价值性，为学生提供生命过程的长远经验。是服务学生的理念。传统的讲授方式可能导致思政课变得枯燥乏味，甚至与社会脱节。因此，高校思政课需要更加关注学生在学习和生活中遇到的问题。教育者应该根据学生的实际需求进行有针对性的教育，以适应学生的个性差异、满足其发展需求、提供有效的服务。树立服务学生的理念是思政课的本质要求，也是让思政课成为学生喜欢上的重要前提。在这一理论路径下，高校思政课教师需要注重教学方法的灵活运用，既要传授理论知识，又要通过引导讨论、实践活动等方式激发学生的兴趣。这样的教学方式能够更好地贴近学生、服务学生，真正实现"以人为本"的教育理念。通过这样的理论路径，思政课有望发挥出更为显著的立德树人作用，培养出具有正确理想信念、全面发展的大学生。

第二，树立"大学生为主体"的思政教育理念。高校思政课在实现"以人为本"教育理念的理论路径中，需要着重树立"大学生为主体"的思政教育理念。作为立德树人的核心课程，高校思政课不仅仅是传授专业知识，更是在意识形态上发挥作用，促进学生自由而全面的发展。在尊重学生主体地位的基础上，确立实现人的发展的阶段性目标和终极目标是关键。高校思政课应始终坚持"受教育者是主体"的理念。这一理念是马克思主义人学论的重要观点，认为在自由自觉的活动中，人的主体性占据重要位置并发挥着关键作用。因此，在高校思政课中应该强调学生在教育教学过程中的主体地位，培养学生的自主学习意识，调动其主体作用。通过借助新媒体技术，思政课的教学方式应随时代的发展而变化，更好地适应学生的学习方式和需求。高校思政课要注重满足大学生的内在需求。马克思指出："人们奋斗所争取的一切，都同他们的利益有关。"在社会生活中，人们的交往很大程度上是为了实现某种利益。同样，高校思政课需要从学生的自身利益出发，体现以学生为主体的思政教育。理解学生的内在需求，满足他们在生存和发展中的需要，是思政课发挥作用的关键。这也意味着思政课需要与学生的实际生活紧密结合，关注他们在学习和生活中遇到的问题，为其提供有针对性的教育。高校思政课要尊重大学生个体的个性。马克思主义人学理论强调并尊重人的个性发展。由于大学生成长环境、教育背景、思维能力等方面存在差异，他们产生了不同的个体差异性。因此，思政教育要坚持"以人为本"，对个体差异的学生进行因材施教，采用不同的教学方法，以达到立德树人的目的。这意味着思政课需要关注学生的个体差异，根据不同学生的需求和特点进行个性化的教学，使得教育更贴近学生实际情况，更能激发他们的学习兴趣。在实现这一"大学生为主体"的思政教育理念的过程中，高校思政课不仅要传递知识，更要引导学生形成正确的价值观和人生观。通过深刻理解学生的需求、关注个体差异、培养学生的主体性，思政课有望成为一个真正服务学生、贴近学生、以学生为中心的教育平台。通过这一理论路径，高校思政课有望在培养学生的道德品质、人文素养和综合素质方面取得更为显著的成果。

（二）实践路径

第一，提高思政课教学重视程度。高校思政课在实现"以人为本"教育理念的实践路径中，需要通过提高思政课教学的重视程度来确保教育的深入和有效。实践中发现，一些地方和学校对思政课建设存在"硬融入""表面化"等问题，因此必须加强对思政课的整体重视，贯彻"育德为先"的原则，全面贯彻党的教育方针，解决好培养什么人、怎样培养人、为谁培养人等根本问题，实现立德树人的根本任务，使思政课真正办得越来越好。需要将思政课的价值理念融入到全部课程中，而不仅仅是在思政课上。这意味着要使思政课程的价值理念渗透到整个教育过程中，使学生在学习的同时潜移默化地形成良好的行为举止。思政课的重视程度应当与其他专业课一样，确保其在学生培养过程中占据重要地位。这需要学校领导和教职员工共同努力，形成对思政课程的共同认知，建立起全校对思政教育的高度关注，使思政课成为培养学生综合素质的重要组成部分。要重视实践课堂的重要性。高校应当充分利用校企合作资源，与多家企业建立人才培养基地，提供多元化的实践课堂。这样的实践课堂可以更好地服务学生，锻炼他们的社会实践能力，使他们能够更好地理解并融入社会。通过与企业的合作，学生可以接触到真实的社会环境，了解实际工作场景，培养实际问题解决的能力。同时，实践课堂也是将马克思主义所倡导的价值观念和文化自觉内化为学生自身的过程，让学生在实际操作中更好地理解和接受这些价值观。为了实现这一实践路径，高校需要在组织结构和教育体制上进行调整。学校领导需要对思政课的重要性有清晰的认知，并制定相应的政策和计划，确保思政课程能够得到足够的资源支持。教育者需要更新教育理念，注重实践教学的设计和实施，使学生在实践中获得更为全面的素质培养。同时，与企业的合作也需要建立良好的机制，保证学校和企业能够相互受益，共同促进学生的全面发展。通过提高思政课教学的重视程度和注重实践课堂的设计，高校思政课有望更好地实现"以人为本"教育理念。这不仅能够帮助学生形成正确的价值观，更能够培养他们的实际操作能力，使思政课真正成为立德树人的有力工具。通过实践路径的探索，高校思政课有望在培养具有正确理想信念和全面素质的学生方面取得更为显著的成果。

第二，强化思政课教师队伍建设。为了实现高校思政课"以人为本"教育理念的实践路径，必须强化思政课教师队伍建设，解决因扩招导致的非专业性问题，打造一支视野宽、政治素养高的教师队伍。高校在这方面需要采取一系列措施，以确保思政课的教学质量和效果。高校教师应夯实马克思主义基本理论，提高自身马克思主义理论知识储备。这涉及到教师的自身素养和学科背景。教师应该深入学习马克思主义基本理论，了解最新的理论发展动态，不断提升自己的理论水平。为了做到这一点，可以通过跟随国家思政平台、备课高等教育研究平台听课，吸取专家的讲课经验，学习行业先进经验，以及定期参加学术研讨会等方式。这有助于使思政课教师在理论知识储备方面更为扎实，能够更好地引导学生理解和接受马克思主义的核心理念。建立完善的选聘思政课教师的体制机制，规范遴选条件和程序，严把政治关、师德关、业务关。这需要高校建立起科学、合理的选聘机制，明确选拔思政课教师的条件和程序，特别关注候选人的政治觉悟、师德品质以及专业业务水平。通过规范的选拔程序，确保思政课教师具备足够的专业素养和道德水准，能够胜任思政课程的教学工作。对于不能胜任思政岗位的教师，要及时调离思政岗位，以确保思政课的质量和效果。提倡高校邀请专家、各行业先进模范、名家大师等讲授思政课，给思政教师提供机会提升业务能力。这可以通过与外部专家建立合作关系，邀请他们到校举办讲座、授课，分享他们在思政领域的经验和见解。这不仅能够为学生提供更为广泛的学术视野，也能够激发思政教师的创新思维和教学热情。通过与专家的交流互动，思政课教师能够更好地了解和把握当代社会思潮，提升业务水平，更好地引导学生树立正确的理想信念和人生观。在实践路径中，强化思政课教师队伍建设是关键的一环。通过以上措施，高校可以有效解决思政教师队伍非专业性的问题，建立一支具备高水平政治素养和宽广学科视野的思政课教师队伍。这将有助于提高思政课的教学质量，使其更好地服务于学生的综合素质培养，实现"以人为本"的教育理念。通过实践路径的推进，高校思政课有望成为培养具有高度政治觉悟和全面素养的学生的重要平台。

第三，改革思政课教学形式方法。在实现高校思政课"以人为本"教育理念的实践路径中，教学方法的改革是至关重要的一环。思政课传统的教学方法主要采用讲授法，将知识灌输给学生，然而，由于一些高校对思政课的重视不足，学生对思政课的关注程度也较低，导致了学生对课程的漠视。为了解决这一问题，高校应该注重思政课的实践性，以学生为本，创新教学形式和方法，使思政课更贴近学生的实际需求，形成有机结合的思政课堂。高校应该注重实践性。思政课的教学内容应该与学生的实际生活和社会问题相联系，使课程更具实践性。通过将思政价值理念应用于指导学生解决生活中的难题，服务学生，使思政课真正成为学生生活的一部分。这需要教师们在教学中注重引导学生思考，鼓励他们运用所学理论知识解决实际问题，培养学生的实践能力。要以学生为本，创新教学形式和方法。传统的讲授法在一定程度上难以引起学生的兴趣，因此需要创新教学形式，使课程更加生动有趣。可以采用讨论、案例分析、角色扮演、小组合作等多种教学方法，激发学生的学习兴趣，提高他们的参与度。通过引入现代技术手段，如多媒体课件、在线教学平台等，使课程更加互动和灵活，更符合学生的学习方式。构建学生-教师-课堂-实践有机结合的思政课堂。思政课不仅应该发生在校内的课堂上，更应该引导学生走出校门，进行社会实践。通过实践课程的设计，将典型案例注入理论内涵中，使学生在实践中更深刻地理解和感知家国情怀与爱国精神。这种有机结合的思政课堂将使学生在不同的实践场景中体验到思政课程的实际意义，增强他们的学科认知和社会责任感。通过以上改革，高校思政课有望更好地实现"以人为本"教育理念。通过创新教学方法，让思政课更贴近学生的实际生活和需求，使其更富有吸引力和感染力。同时，通过实践路径的设计，将理论知识与实际问题相结合，使学生在实践中更好地理解和接受思政课程的核心价值观。这样的实践路径将有助于高校思政课真正发挥其教育功能，培养更为全面素质的学生。

第二节　改革创新理念

一、高校思政课"改革创新理念"教育理念的依据和价值

（一）高校思政课"改革创新理念"教育理念的依据

1. 符合国家政策导向

思政课是高校教育中的一门重要课程，旨在引导学生树立正确的世界观、人生观和价值观。这一理念符合国家政策导向。在当前社会发展的背景下，中国正在积极推进全面深化改革，强调创新驱动发展。国家政策强调培养具有创新能力和实践能力的高素质人才，而思政课作为高校教育的重要组成部分，理应与国家政策相契合，致力于培养学生的创新思维和实践能力，使其能够适应社会发展的需要。高校思政课"改革创新理念"教育理念的依据还在于当前社会变革的需求。随着科技的不断进步和社会的不断发展，传统的教育理念和模式已经难以满足社会对人才的需求。因此，高校思政课需要紧跟社会发展的步伐，通过引入"改革创新理念"，培养学生面对未来社会变革时的应变能力和创新精神。这一理念的依据还在于培养学生的综合素质。高校思政课不仅仅是传授理论知识，更应注重培养学生的综合素质，包括创新思维、团队协作、沟通能力等。通过"改革创新理念"教育，可以引导学生在思考问题、解决问题时具备更加灵活和创新的思维方式，提高他们

的综合素质和竞争力。高校思政课"改革创新理念"教育理念的依据还在于培养学生的社会责任感。在社会发展的过程中，每个个体都需要对社会负起一定的责任①。通过思政课的教育，特别是强调"改革创新"，可以使学生认识到自己作为一名大学生应该肩负的社会责任，激发其为社会发展贡献力量的愿望。高校思政课"改革创新理念"教育理念的依据既来自于国家政策导向，又紧密联系着社会发展的需求，同时也是为了培养学生的综合素质和社会责任感。这一理念的实施有助于使高校思政课更好地适应当今社会的要求，为培养更加符合时代需求的高素质人才奠定坚实基础。

2. 适应时代发展的需要

高校思政课"改革创新理念"教育理念的依据之一在于其积极响应并适应时代发展的需要。随着科技、社会、经济的快速变革，传统的教育理念和方法已经无法满足当代大学生全面发展的需求。因此，高校思政课以"改革创新理念"为指导思想，旨在培养学生适应时代发展的能力和素养。时代变革对人才提出了更高的要求，要求他们具备创新意识和创新能力。在这个信息爆炸的时代，知识更新迅速，社会问题复杂多变。高校思政课以"改革创新理念"为教育理念，注重培养学生的创新思维方式，使其能够在面对新问题、新挑战时有更灵活的应对方式，不拘泥于传统思维框架，而是敢于提出新观点、新理念，从而更好地适应时代的发展需求。社会的多元化和全球化发展也要求高校思政课更加注重培养学生的综合素质。改革创新不仅仅是技术层面的创新，更包括思想观念、文化认知等多个方面的创新。高校思政课要关注学生的全面发展，培养其在不同文化、不同环境下的适应能力，使其成为具有国际竞争力的人才。这也符合时代发展趋势，提高了学生在全球化背景下的竞争力。社会对人才的需求已经从单一的专业知识向综合能力的需求转变。高校思政课以"改革创新理念"为教育理念，通过开展具有创新性和前瞻性的教学内容，引导学生跨学科学习，培养其跨界思维和解决问题的综合能力。这有助于打破传统专业壁垒，使学生能够更好地适应社会对多能型人才的需求，更好地服务社会发展。时代的发展要求个体在社会中具备更强的社会责任感和公民意识。高校思政课通过强调"改革创新理念"，可以引导学生思考社会问题、关心社会责任，培养其在面对社会挑战时能够积极参与、贡献自己的力量。这有助于塑造学生积极向上、负责任的社会公民形象，使他们成为社会进步和发展的中坚力量。高校思政课"改革创新理念"教育理念的依据之一在于适应时代发展的需要。通过培养学生的创新能力、综合素质、跨学科思维和社会责任感，高校

---

① 郭嘉怡，崔艳妮. 新媒体时代高校思政教育传播的策略分析［J］. 新闻研究导刊，2024，15（01）：179－182.

思政课能够更好地满足当代社会对人才的需求，为学生的全面发展奠定坚实基础，促进社会的进步与繁荣。

3. 顺应学科发展趋势

高校思政课"改革创新理念"教育理念的依据之一在于顺应学科发展趋势。随着科技、文化和社会的不断进步，各学科都在经历着深刻的变革，传统的学科界限逐渐模糊，学科交叉和融合成为发展的主流。在这一背景下，高校思政课以"改革创新理念"为引领，致力于顺应学科发展趋势，更好地融入和服务于学科的进步与发展。学科之间的交叉与融合已经成为学术界的一个显著特征。高校思政课作为涉及哲学、社会学、政治学等多学科的综合性课程，需要顺应学科发展趋势，引导学生在思考问题时能够跨足多个学科领域，形成更为综合和全面的认知。通过引入"改革创新理念"，思政课能够激发学生对不同学科知识的兴趣，培养他们跨学科思维的能力，以更好地适应学科发展的融合趋势。学科的发展呈现出跨界与前沿的特点，要求人才具备更高水平的综合素养。高校思政课以"改革创新理念"为教育理念，旨在培养学生不仅仅是单一学科领域的专业人才，更是具有广泛知识背景和跨领域思维的复合型人才。通过开设与当前学科发展趋势密切相关的内容，思政课能够使学生更好地理解学科之间的互动关系，增强他们的学科综合素养，从而更好地适应复杂多变的学科发展环境。学科的发展需要有创新意识和创新能力的人才。高校思政课强调"改革创新理念"，不仅要求学生具备扎实的学科知识，更注重培养他们在学科领域内提出新观点、解决问题的创新精神。通过关注学科前沿的发展动态，思政课能够引导学生关注学科的最新研究成果，培养他们对学科问题的敏感性和创新性，使他们成为学科发展的推动者和引领者。学科的发展离不开社会的需求，需要人才具备解决实际问题的实践能力。高校思政课以"改革创新理念"为指导，通过引入实践案例、社会问题分析等教学手段，使学生能够将学科知识运用到实际中，培养他们解决社会问题的实际能力。这有助于使学生更好地适应学科发展对实际应用能力的需求，为他们未来的职业发展打下坚实的基础。高校思政课"改革创新理念"教育理念的依据之一在于顺应学科发展趋势。通过培养学生跨学科思维、学科综合素养、创新能力和实践能力，思政课能够更好地适应学科发展的需要，为学生的全面成长和学科的繁荣做出积极贡献。

（二）高校思政课"改革创新理念"教育理念的价值

1. "改革创新理念"有利于培养学生的创新精神和创造性思维

高校思政课以"改革创新理念"为教育理念，具有重要的价值，其中之一是其有利于培养学生的创新精神和创造性思维。这一教育理念为学生提供了积极的引导，使他们在面对未来社会的挑战时能够具备更为灵活、积极和前瞻性的思维方式。改革创新理念强调学生在思考问题和解决问题时要勇于突破传统思维定式。传统的教育往往侧重于灌输知识，使学生过于依赖既有的概念和方法。然而，当今社会正在经历着快速的变革和不断涌现的新问题，要求人们能够用创新的眼光去看待和解决问题。高校思政课通过"改革创新理念"引导学生不仅要了解传统观念，更要有独立思考的能力，培养他们在面对问题时敢于挑战、敢于创新的勇气。这一理念注重培养学生的创造性思维，使其具备在各个领域中提出新观点和新理念的能力。创造性思维是创新的核心，高校思政课通过引入具有启发性的教学内容，激发学生的思维潜能，使他们能够在学科知识的基础上形成独特的见解。这有助于培养学生不仅能够接受知识，更能够在知识的基础上进行创造性的整合和应用，为社会创新提供源源不断的动力。改革创新理念引导学生面对复杂问题时采取更为系统和全面的思考方式。当今社会问题愈加复杂，需要综合运用各个学科的知识来解决。高校思政课通过强调"改革创新理念"，使学生能够跨足多个学科领域，形成系统性的思维模式。这不仅有助于提高学生的学科综合素养，更能够培养他们在解决实际问题时能够有条不紊、全面考虑的能力。改革创新理念还培养学生在面对失败和困难时能够坚韧不拔，保持创新意识。创新过程中难免会遇到阻碍和挫折，而高校思政课通过培养学生的创新精神，使他们能够更好地接受挑战，乐观对待失败，从中获取经验教训。这有助于培养学生具备适应变化、勇于创新的品质，使他们更好地适应未来社会的发展需求。高校思政课以"改革创新理念"为教育理念，对培养学生的创新精神和创造性思维具有深远的价值。通过引导学生挑战传统思维、培养创造性思维、系统综合学科知识，思政课能够为学生提供全面而深刻的思维能力，使他们更好地适应当今社会的变革与发展。

2. "改革创新理念"有助于培养学生的问题解决能力和批判性思维

高校思政课以"改革创新理念"为教育理念，不仅有助于培养学生的创新精神和创造性思维，同时也为他们提供了发展问题解决能力和批判性思维的重要机会。这一理念通过引导学生主动思考、质疑现象，培养他们独立分析问题和批判性思考的能力，使其在面对复杂问题时能够灵活应对，形成全面发展的思维方式。改革创新理念强调培养学生的问题解决能力。当今社会充满各种复杂的问题，需要具备解决问题的能力的人才。高校思政课通过引入实际案例、社会问题分析等教学内容，激发学生对问题的兴趣，使他们能够主动思考、分析和解决问题。这有助于培养学生的实际应用能力，使他们在面对社会和职业生活中能够更好地应对各种复杂问题，为解决社会问题提供有力支持。改革创新理念注重培养学生的批判性思维，使其能够审视和评价不同观点、理论和观念。批判性思维是思辨能力的一种体现，能够使学生更为深入地理解问题的本质，从而更好地进行问题的分析和解决。高校思政课通过对社会现象、思想观念进行批判性讨论，激发学生对问题进行深度思考的能力，使他们具备辨别信息真伪、理性思考问题的能力。改革创新理念强调学生在面对问题时要勇于挑战既有观念和权威，培养他们不盲从、不轻信的精神。这有助于形成学生对信息的审慎态度，培养他们在面对信息时能够独立思考、辨别信息的能力。高校思政课通过引导学生对不同观点进行分析和评价，使其能够形成独立的判断，培养他们在信息爆炸时代具备清晰的思维和辨别信息的能力。改革创新理念为学生提供了锻炼思辨力和逻辑思维的平台。高校思政课通过引导学生参与讨论、辩论，使他们在思考问题的过程中逐渐形成系统、严密的思维结构。这有助于培养学生的逻辑思维和分析问题的能力，使他们在解决问题时能够理性思考、有条不紊。高校思政课以"改革创新理念"为教育理念，不仅有助于培养学生的创新精神和创造性思维，同时也为他们提供了发展问题解决能力和批判性思维的平台。通过引导学生主动思考、培养实际应用能力、激发批判性思维，思政课能够使学生更好地适应未来社会的发展需求，为他们全面发展提供有力的支持。

3. "改革创新理念"有利于促进社会进步

高校思政课以"改革创新理念"为教育理念，不仅对学生的个体发展具有重要价值，更在促进社会进步方面发挥着关键作用。这一理念通过培养学生的创新精神、问题解决能力和批判性思维，为社会培养出更具活力和适应性的人才，从而推动社会各个领域的进步和发展。改革创新理念培养学生具备解决实际问题的能力，使他们能够更积极地参与社会事务和公共事业。通过高校思政课的引导，学生能够在面对社会问题时具备独立分析和解决问题的能力，成为具有社会责任感的公民。这有助于推动社会各个领域的实际问题得到更为有效和创新的解决方案，促进社会的整体进步。改革创新理念强调学生的创新精神和跨学科思维，使其在专业领域内能够更好地跨足多个领域，形成更为综合的视野。这有助于促进不同领域之间的交叉融合，推动科技、文化、经济等各个领域的协同发展。高校思政课培养出具有广泛知识背景和跨领域思维的人才，将有助于社会更好地应对复杂多变的挑战，推动不同领域的交流合作，促进社会的整体进步。改革创新理念培养学生在面对信息时具备辨别和批判的能力，使其成为具有独立思考的公民。社会进步需要公民在面对信息时具备清晰的思维和辨别信息的能力，以更好地参与社会决策和舆论引导。高校思政课通过引导学生进行批判性思考和理性判断，培养他们在信息爆炸时代具有理性判断力，有助于形成理性、开明的社会氛围，促进社会的整体进步。改革创新理念使学生在面对社会问题时能够更具社会责任感，成为积极参与社会建设的力量。高校思政课通过强调社会责任和公民意识，培养学生在专业领域内关注社会问题、推动社会进步的能力。这将有助于培养更多具有社会责任感的公民，推动社会各个层面的公益事业，促进社会更全面、更平等、更和谐的发展。高校思政课以"改革创新理念"为教育理念的重要价值之一在于促进社会进步。通过培养学生的实际问题解决能力、创新精神、批判性思维以及社会责任感，思政课为社会培养出更加积极、有活力、具有适应性的人才，推动社会的各个领域更好地适应变革，取得更为显著的进步。这不仅有助于满足社会的需求，更是推动社会整体向更高水平发展的重要力量。

4. "改革创新理念"有利于塑造正确的价值观

高校思政课以"改革创新理念"为教育理念，对塑造学生正确的价值观具有深刻的价值。这一理念不仅引导学生理解时代发展和个人成长的重要性，更通过培养创新精神、社会责任感等方面，有助于塑造学生积极向上、符合社会价值观的正确价值观。改革创新理念通过培养学生的创新精神，引导其对知识和世界的开放态度，有助于打破传统的价值观念束缚。传统的价值观可能受到过时观念和固有思维的制约，而高校思政课通过鼓励学生独立思考、勇于创新，使他们更能接纳新观念、新理念，形成更加开明和灵活的价值观。这有助于学生更好地适应社会的发展变化，塑造具有前瞻性和包容性的正确价值观。改革创新理念强调社会责任感，通过使学生认识到个体行为对社会的影响，培养他们对社会的责任心，从而促使学生形成正确的价值观。社会责任感是正确价值观的重要组成部分，它使学生认识到个体与社会的互动关系，意识到自己的行为对社会和他人的影响。高校思政课通过引导学生关注社会问题、参与公益活动，培养他们具有积极的社会责任感，推动学生形成关爱社会、服务社会的正确价值观。改革创新理念强调对多元文化的尊重和理解，有助于培养学生开放包容的国际化视野。在当今全球化的背景下，不同文化的交流与融合成为常态，对多元文化的尊重是形成正确价值观的重要一环。高校思政课通过引入多元文化的学习内容，促使学生对不同文化背景的人群有更为深刻的理解和尊重，帮助他们形成开放包容、多元化的正确价值观。改革创新理念强调个体在创新过程中的积极作用，有助于培养学生的自尊和自信心。正确价值观需要建立在对自己的充分认同和尊重的基础上，而改革创新理念通过培养学生在创新中的积极角色，使他们更加自信，认识到每个个体都有独特的价值。这有助于学生形成积极向上、充满信心的正确价值观，从而更好地应对个人发展和社会变革。高校思政课以"改革创新理念"为教育理念，对塑造学生正确的价值观具有深刻的价值。通过培养创新精神、社会责任感、尊重多元文化以及自尊自信心，思政课助力学生形成开明、包容、积极向上的正确价值观，为他们的个人发展和社会的长远进步奠定坚实基础。

二、高校思政课"改革创新理念"教育理念的落实现状

（一）课程设置和内容调整融入"改革创新理念"

高校思政课在实践中积极落实"改革创新理念"，通过课程设置和内容调整，使其更好地融入学生的学习过程。首先，课程设置方面，高校思政课注重创新性和前瞻性，强调理论与实践相结合，使学生能够在课堂上获得更为实际和应用性的知识。课程设置的首要任务是使学生对"改革创新理念"有深刻理解。通过开设相关专题，如"创新与社会发展""改革的历史与现实"等，高校思政课引导学生认识到改革和创新是社会进步的关键驱动力，使其在思想上深入理解改革创新的内涵。同时，课程设置也关注将理论知识与实际案例相结合，通过分析成功的创新案例和历史上的重大改革，使学生更加直观地感受到改革创新对社会的积极影响。内容调整方面，高校思政课在"改革创新理念"教育理念的引导下，调整教学内容，使其更符合时代发展和学生需求。首先，思政课强调培养学生的创新思维方式，因此，在课程中加入了创新教学模式，如项目学习、案例分析等，激发学生的创新意识和动手能力。这使得思政课成为学生实践创新的平台，加强了理论知识与实际操作的衔接。高校思政课关注社会问题与改革创新的联系，通过引入实际社会问题的分析与讨论，使学生深入了解社会发展中存在的问题，并启发他们寻找创新的解决方案。这样的内容调整使得思政课不仅仅停留在理论层面，更关注学生在实际生活中如何应对社会挑战。同时，思政课在内容设计上强调跨学科性，将不同学科领域的知识融入其中，使学生形成综合性的思维方式。这有助于培养学生超越学科边界，更好地适应复杂多变的社会环境。通过引入相关领域的前沿知识，思政课使学生在学习中能够更全面地理解改革创新的重要性，提高他们的学科综合素养。高校思政课在"改革创新理念"的引领下，在课程设置和内容调整方面取得了积极成果。通过注重创新性、前瞻性、实践性，使思政课更好地服务于学生的综合发展，培养学生适应社会变革和推动社会进步的能力，为学生提供了更为丰富和实际的知识体验。这有助于使思政课成为学生思想观念更新、实践能力提升的有效平台。

（二）教师队伍对"改革创新理念"认识不足

高校思政课在落实"改革创新理念"时，教师队伍对这一理念的认识存在不足。一方

面，部分教师对"改革创新理念"的理解仍停留在表面层面，未能深刻理解其内涵和实质。这导致在课程设计和教学实践中，教师难以将改革创新的理念有机融入到思政课程中，使得教学内容相对滞后，缺乏与时代发展和学生需求相适应的创新元素。一些教师对"改革创新理念"在思政课中的实际操作和引导方式认识较为模糊。他们可能理解创新仅仅停留在教材的更新和知识的扩展，而忽略了培养学生创新思维和实际操作能力的重要性。这导致教学过程中缺乏创新性的教学手段和方法，使得思政课难以真正引导学生在思考问题时具备创新意识和实际操作的能力。教师队伍对"改革创新理念"的认识不足还体现在对社会问题与课程内容的结合上。部分教师未能将社会热点问题与改革创新理念有机结合，使得课程内容显得相对抽象和脱离实际。这使得学生难以从思政课中获得与社会发展密切相关的实际知识和思维方式，阻碍了思政课在培养学生社会责任感和实际应用能力方面的发挥。教师队伍对"改革创新理念"的认识不足还表现在课程评价和反馈机制的不完善。缺乏对创新性和实践性教学的充分肯定和鼓励，使得教师在思政课中未能积极尝试和推动"改革创新理念"的具体实践。缺乏有效的评价机制也使得教师对课程的改进和创新缺乏足够的引导和支持，使得"改革创新理念"在思政课中的实践效果受到制约。教师队伍对"改革创新理念"的认识不足在高校思政课的实践中成为一个亟待解决的问题。需要通过专业培训、研讨会和交流活动等方式，提升教师对"改革创新理念"的理解水平，使其能够更好地将这一理念融入到思政课程的设计和教学实践中，以更好地服务于学生的全面素质培养。同时，建立有效的课程评价和反馈机制，激励教师在实践中不断创新和改进，推动"改革创新理念"在思政课中的深入实施。

三、高校思政课"改革创新理念"教育理念的实现路径

（一）课程设计与内容更新

高校思政课在实现"改革创新理念"教育理念的路径中，课程设计与内容更新是关键一环。课程设计需要更加注重创新性和前瞻性，紧密结合时代发展需求，使思政课成为培养学生创新意识和实际操作能力的有效平台。内容更新方面，要紧跟时代潮流，引入最新的社会问题和前沿知识，以激发学生对改革创新的兴趣，推动他们更好地理解和应对当代社会的复杂挑战。在课程设计方面，需要突破传统的教学模式，注重培养学生的创新思维方式。可以引入项目学习、案例分析、实地考察等形式，使学生在实践中更好地理解和运用改革创新理念。此外，课程设计要强调跨学科性，将不同学科领域的知识融入其中，形

成更为综合的思维方式，培养学生更全面的学科综合素养。内容更新是实现"改革创新理念"的重要途径之一。思政课的内容应不断更新，紧密结合社会热点问题和学科前沿，引导学生深入思考当代社会发展的挑战和机遇。通过引入具有启发性的教学内容，如社会创新案例、科技发展趋势等，激发学生对改革创新的浓厚兴趣，使其在课堂中获得实际的知识和启示。内容更新还需关注社会问题与改革创新的结合。思政课的内容应当贴近社会现实，使学生能够认识到改革创新与社会问题的密切联系。通过引入社会热点问题的讨论和分析，激发学生对改革创新理念的深度思考，使他们能够更好地理解社会发展的复杂性，培养实际应用知识的能力。课程设计和内容更新需要强调理论与实践的结合。不仅要传授理论知识，更要通过实际案例和实践活动使学生能够运用所学知识解决实际问题。可以组织学生参与社会调研、项目实践等活动，使他们在实践中更深刻地理解和体验改革创新的理念。为了更好地实现"改革创新理念"，高校思政课的课程设计和内容更新应当注重与产业界、科研机构的合作。与外部机构的合作可以为思政课提供更为丰富和实际的案例，使学生在课堂中更好地理解和运用改革创新理念。与产业界的合作可以为学生提供实践机会，促使他们更好地将理论知识应用于实际工作中。高校思政课在实现"改革创新理念"的教育理念时，课程设计与内容更新是非常关键的路径之一。通过更具创新性和前瞻性的课程设计，结合实际案例和社会问题的内容更新，可以使思政课更好地服务于学生的全面发展，培养他们适应社会变革和推动社会进步的能力。

（二）引入实践活动和案例教学

高校思政课在实现"改革创新理念"的教育理念路径中，引入实践活动和案例教学是一项至关重要的策略。通过将理论知识与实际案例相结合，以及引入具体的实践活动，可以使学生更深入地理解和应用改革创新理念，培养其实际解决问题的能力和创新思维。引入实践活动是为了让学生在真实场景中应用所学知识，加深对改革创新理念的理解。这可以包括组织学生参与社会调研、实地考察、参与社区服务等实践活动。通过亲身经历，学生能够更深刻地感受到改革创新对解决社会问题的重要性，培养他们对实际应用的兴趣和能力。案例教学是一种有效的教学手段，可以将抽象的理论知识具体化，并使其更贴近学生的实际生活。引入相关领域的成功案例和挑战性问题，帮助学生理解改革创新的实际运作和影响。通过分析案例，学生能够深入思考问题的本质，培养批判性思维和解决问题的能力。案例教学可以涵盖多个领域，跨学科融合，使学生形成更为综合的视野。例如，可以引入与科技、社会、经济等多个领域相关的案例，促使学生在思考问题时能够综合运用不同领域的知识，培养跨学科思维的能力。通过引入实践活动和案例教学，思政课能够更好地激发学生的学习兴趣，提升他们对改革创新理念的认知水平。学生在实践中能够感受到理论知识的实际应用，从而更好地理解和内化改革创新的重要性。案例教学则为学生提供了具体而生动的学习材料，使理论知识更易于理解和接受。引入实践活动和案例教学也有助于培养学生的团队协作和沟通能力。在实践活动中，学生往往需要合作完成任务，这有助于培养他们的团队合作意识和沟通协调能力。案例教学中的讨论和分析也能够促使学生展开思想交流，培养他们的批判性思维和表达能力。引入实践活动和案例教学是高校思政课实现"改革创新理念"的教育理念路径中的重要举措。通过这种方式，思政课可以更好地激发学生的学习兴趣，加深他们对改革创新理念的理解，培养实际问题解决的能力，使其更好地适应未来社会的发展需求。

（三）跨学科融合

高校思政课在实现"改革创新理念"的教育理念的路径中，跨学科融合是一项关键战略。通过跨学科的融合，思政课能够更好地促使学生形成综合性的思维方式，培养跨学科解决问题的能力，使他们更全面、更灵活地理解和应用改革创新理念。跨学科融合能够拓宽学生的知识视野。思政课常常涉及伦理、社会学、政治学等多个学科领域，通过跨学科的融合，可以为学生提供更为广泛的学科知识。这有助于学生超越狭隘的学科边界，形成全面的知识结构，使他们更能够综合运用不同学科的知识解决实际问题。跨学科融合有助于培养学生的跨学科思维方式。在实际问题面前，解决方案往往需要跨足不同学科领域，综合运用多方面的知识。通过引入跨学科元素，思政课能够培养学生跨学科思考和问题解决的能力，使他们在面对复杂的社会问题时能够更为从容和独到。跨学科融合也能够激发学生的创新潜力。不同学科领域之间的交叉融合常常产生新的思想和观念，通过在思政课中引入创新性的跨学科内容，可以激发学生的创新思维。这有助于培养学生的创造性思考能力，使其更具有面向未来的创新意识。跨学科融合还能够提高思政课的实用性。当社会问题涉及多个领域时，单一学科的知识可能显得片面。通过跨学科的融合，思政课能够更全面地解析社会问题，为学生提供更为实用的知识工具，使他们能够更好地理解和应对复杂多变的社会现实。在实施跨学科融合时，关键在于教师团队的跨学科协同合作。教师们需要具备跨学科的知识背景，共同制定整合不同学科内容的教学方案。此外，可以通过跨学科合作项目、研讨会等方式促使教师间的跨学科交流，提高他们在思政课中引入跨学科内容的水平。跨学科融合是高校思政课实现"改革创新理念"的教育理念路径中的重要手段。通过引入多学科的知识和思维方式，使思政课更加贴近社会实际、更具实用性，培养学生全面发展的素质，使其更好地适应复杂多变的社会环境。

这种综合性的教学模式有助于培养具有跨学科思维和创新能力的人才，为推动社会进步和发展提供有力支持。

（四）持续教师培训

在实现高校思政课"改革创新理念"教育理念的路径中，持续教师培训是至关重要的环节。通过不断提升教师的专业水平和教学技能，使其更好地理解和贯彻改革创新理念，更能够引领学生适应时代发展的需要，从而提升思政课的教育效果和社会影响。持续教师培训要注重深化对"改革创新理念"的理解。教师需要更深入地理解改革创新理念的内涵、价值和实践，使其能够在教学中更有针对性地引导学生理解和应用这一理念。通过专业讲座、研讨会等形式，教师可以深入研讨理论问题，分享实践经验，提高对改革创新理念的认知水平。培训要侧重于教学方法和手段的创新。教师需要不断更新教学手段，引入创新性的教学方法，使思政课更具有吸引力和启发性。通过参与教学研讨、教学设计竞赛等活动，教师可以分享和借鉴创新的教学经验，不断提高自身的教学水平。培训还应关注教师跨学科知识的提升。为了更好地实现高校思政课"改革创新理念"，教师需要具备跨学科的知识背景，能够将不同学科领域的知识有机结合在思政课程中。培训可以通过组织跨学科研修、邀请专业学者授课等方式，提升教师的跨学科综合素养。培训还应强调教师的实践能力培养。教师不仅需要理论水平高，更需要能够将理论知识转化为实际的教学行动。培训可以通过组织实践活动、校外实习等方式，让教师亲身经历改革创新的实践过程，从而更好地将理论融入到实际教学中。在培训的过程中，还需要注重提高教师对社会问题的敏感度。改革创新理念要求教师深刻理解社会发展的脉搏，把握社会热点问题，使思政课更具有针对性和实际性。培训可以通过组织社会实践、座谈交流等方式，使教师更好地关注和理解当代社会的发展趋势。持续教师培训需要建立有效的评价和反馈机制。通过定期的培训评估，了解教师在培训过程中的学习情况和实际应用情况，及时调整培训方案，确保培训效果。同时，鼓励教师在培训后进行教学实践总结，形成经验分享和教学反思，推动教师个体和整体水平的提高。持续教师培训是实现高校思政课"改革创新理念"教育理念的关键路径之一。通过加强对改革创新理念的理解、提升教学方法和手段的创新、培养跨学科知识和实践能力，教师能够更好地引领学生适应时代的需求，推动思政课在高校教育中的不断发展和创新。

第三节 全面发展理念

一、新时代人全面发展的新内涵

党的十八大以来，我国在教育领域全面加强党的领导，以培养什么人、怎样培养人、为谁培养人为核心问题，深入推进教育改革，全面提升人民群众的获得感。在新时代，人的全面发展的新内涵成为教育的关键目标，立德树人、思想政治工作的加强以及对教育改革的深入推进，使我国教育事业呈现出更加鲜明的中国特色。党的领导地位在教育中得到全面强化。党的领导是我国教育事业的根本保障，是确保教育工作正确方向的重要保证。党的十八大以来，我国明确提出要全面加强党对教育工作的领导，通过加强党组织在学校的建设，确保党的意识形态在教育中的主导地位，使党在教育工作中的领导更加有力，确保了教育事业朝着正确的方向前进。立德树人成为教育的核心理念。在新时代，培养什么样的人成为首要问题。习近平总书记明确提出，要培养担当民族复兴大任的时代新人，这就要求立德树人成为教育的核心任务。立德树人不仅仅是灌输知识，更是要注重培养学生的思想道德品质，使其具备正确的价值观和行为准则。这为新时代人的全面发展提供了深刻的思想引领和实践指导。思想政治工作得到加强。在加强党的领导的同时，我国更加强调在学校进行思想政治工作。通过开展各类思政活动，使学生在学业的同时，更深刻地理解党的指导思想，增强对社会主义核心价值观的认同。思想政治工作的强化有助于培养学生的爱国主义情怀和正确的社会观念，为他们成为合格建设者和可靠接班人奠定了坚实的思想基础。教育改革不断推进，短板得到迅速弥补。党的领导、立德树人、思想政治工作的强化，都在推动我国教育改革向前迈进。特别是在习近平总书记提出的新时代六个方面的要求中，明确了新时代教育的任务。在坚定理想信念、厚植爱国主义情怀、加强品德修养、增长知识见识、培养奋斗精神、增强综合素质六个方面下功夫，为新时代人的全面发展明确了具体要求①。这些方面的全面推进，使教育改革在全国范围内得到更为深入的实施，从而弥补了教育短板，提高了教育质量。在新时代，教育必须适应时代的发展需求，在全面培养人的过程中，要注重坚定理想信念，培养爱国主义情怀，加强品德修养，增长知识见识，培养奋斗精神，增强综合素质。这六个方面的要求为新时代人的全面发展提供

---

① 吕伶俐．社会热点新闻在高校思政教育中的融合应用路径研究［J］．新闻研究导刊，2023，14（23）：80-82.

了具体的指导和标准。在教育工作中，我们要不断总结经验，创新方法手段，确保新时代人的全面发展成为教育工作的鲜明特色，为国家的繁荣和发展提供坚实的人才支持。

二、新时代思想政治教育中人全面发展存在的问题

（一）社会主要矛盾的变化与人全面发展目标的矛盾

新时代思想政治教育中，人的全面发展面临一系列问题，其中之一是社会主要矛盾的变化与人的全面发展目标之间的矛盾。社会主要矛盾的转变对高校思想政治教育提出了新的要求，同时也使得人的全面发展目标面临一些矛盾和挑战。社会主要矛盾的变化要求高校思想政治教育顺应社会需求，满足大学生对美好生活的需要。新时代社会主要矛盾的变化表现为人民日益增长的美好生活需要和不平衡不充分的发展之间的矛盾。高校思想政治教育作为培养时代新人的重要途径之一，应当根据社会主要矛盾的新特点，调整教育内容和方法，更好地满足大学生对美好生活的向往，使其更好地适应社会的发展需求。社会主要矛盾的变化也带来了高校思想政治教育领域其他矛盾的变化。在满足大学生对美好生活需求的同时，思想政治教育还需要关注学生的思想政治道德发展，确保培养出担当民族复兴大任的时代新人。这涉及到人的全面发展目标的矛盾，即如何在满足社会需求的同时，保持对学生思想政治道德素养的培养和引导，实现人的全面发展。高校大学生思想政治教育面临的主要矛盾即是如何促进人的全面发展，特别是在培养担当民族复兴大任的时代新人的过程中，如何解决学生思想政治道德发展不平衡、不充分的问题。这需要更加深入地思考和探讨，以更科学的方法和更灵活的手段来促进大学生的全面发展。在解决这一矛盾的过程中，高校思想政治教育可以通过创新教育内容和方式，使其更贴近学生的实际需求。通过引入更具时代特色和社会关切的内容，使学生更容易理解和接受。同时，要注重培养学生的综合素质，不仅关注专业知识的传授，还要注重培养学生的创新能力、团队协作精神等，使其更好地适应社会的多样性和复杂性。加强师资队伍建设也是解决这一矛盾的重要途径。教师需要具备全面发展的理念，关注学生个体差异，采取灵活的教育方法，引导学生积极参与社会实践和实践活动，促使其在实践中更好地实现全面发展。社会主要矛盾的变化与人的全面发展目标之间存在一定矛盾，但也为高校思想政治教育提供了新的发展机遇。通过深化教育内容和方式的改革，加强师资队伍建设，使思想政治教育更好地适应新时代的要求，促进学生更好地实现全面发展，成为时代新人。

（二）大学生对理想信念的认知偏差导致人全面发展精神动力缺失

新时代思想政治教育中，人的全面发展面临着诸多问题，其中之一是大学生对理想信念的认知偏差导致人的全面发展精神动力缺失。此外，还存在一些异化现象，如"唯分数、唯升学、唯文凭、唯论文、唯帽子"的教育评价现象，这都对大学生的全面发展产生负面影响。理想信念的认知偏差可能导致大学生在全面发展过程中缺乏精神动力。习近平总书记在全国高校思想政治工作会议上明确指出，要引导学生正确认识世界和中国发展大势，树立为共产主义远大理想和中国特色社会主义共同理想而奋斗的信念和信心。理想信念的确立对于大学生的全面发展至关重要，它是促使大学生积极投身社会主义现代化建设的内在动力。然而，受到西方错误思想和理念的冲击，部分大学生可能出现理想信念的模糊化、功利化倾向，影响其在全面发展中的积极性和动力。教育评价中的异化现象也威胁着大学生的全面发展。党和国家对高校思想政治教育提出了促进人的全面发展的要求，强调将立德树人作为高校思想政治教育的根本任务。然而，在实际的教育评价中，却出现了一些异化现象，即"唯分数、唯升学、唯文凭、唯论文、唯帽子"的评价倾向。这种单一指标的强调可能导致对学生全面素质的忽视，使得大学生过度追求分数、升学、论文等，而忽略了道德品质、创新能力、团队协作等方面的培养，从而阻碍了其全面发展的实现。解决这些问题的关键在于加强思想政治教育，引导大学生正确认识世界、理解中国发展大势，坚定理想信念。首先，加强理论宣讲和思想引领，通过系统的思政课程，引导学生深入理解中国特色社会主义历史发展和伟大实践，坚定为实现中华民族伟大复兴而奋斗的信念。其次，建设科学的教育评价体系，不仅注重学科知识和学术成就，还要更全面地考量学生的品德、创新能力、团队协作等素质，确保评价更符合人的全面发展的要求。同时，通过深化教育内容和方法的改革，使其更贴近学生的实际需求，引导学生更好地适应社会的发展需求。解决大学生对理想信念的认知偏差和教育评价的异化问题，需要教育部门、学校和教师们共同努力，通过系统而科学的教育手段，引导大学生形成正确的理想信念，确保他们在全面发展中具备更为坚实的精神动力。

三、新时代思想政治教育促进人全面发展的策略

（一）不忘教育初心，增强理想信念，促进人的全面发展

在新时代思想政治教育促进人的全面发展的策略中，不忘教育初心、增强理想信念是

至关重要的一环。当前，高校大学生正面临全新的时代背景，作为全面发展的人才，他们需要树立正确的理想信念，引领自己的前进方向。在这一背景下，高校思政教育需要深入进行社会主义核心价值观的引导和培育，通过多维度的教育活动，激发学生对社会主义核心价值观的认同，从而推动他们全面发展。不忘教育初心意味着高校思政教育要将培养学生成为社会主义事业合格建设者和可靠接班人作为首要任务。这要求引导大学生深刻认识中国特色社会主义事业的伟大意义，明确自身作为新时代人的责任和使命。通过开展主题教育活动、座谈讲座等形式，让学生深入了解社会主义核心价值观的内涵，明确自身的历史使命，形成积极向上的精神面貌。增强理想信念是培养学生成为全面发展人才的内在要求。高校思政教育应通过精心设计的课程和实践活动，引导学生树立正确的理想信念，明确个人的人生目标与国家和社会的发展目标相统一。借助先进事迹、模范人物的宣讲，激发学生对社会主义核心价值观的信仰，培养他们对伟大事业的追求和热爱。思政教育要深入挖掘中国梦的内涵，将之与学生的个人理想相结合，使其理想信念真正与时代要求相契合。通过多样化的教育形式，如文艺创作、社会实践等，激发学生对于中国梦的深刻理解，培养他们对中华民族伟大复兴的责任感和使命感。在不忘教育初心、增强理想信念的引领下，高校思政教育将为大学生的全面发展奠定坚实基础，使其在思想观念、精神风貌和实际行动中成为新时代的时代新人。通过积极引导，培养具备坚定理想信念、积极向上精神面貌的大学生，为实现中华民族伟大复兴的中国梦贡献力量。

（二）强化中国梦，提高理论水平，促进人的全面发展

新时代思想政治教育要促进人的全面发展，策略之一是强化中国梦，提高理论水平，引导大学生将个人价值的实现与国家理想相结合。这一策略可以通过以下几个方面的努力来实现：中国梦是中华民族伟大复兴的形象表达，是国家富强、民族振兴、人民幸福的本质。高校思想政治教育应当将中国梦融入大学生思想政治教育的始终，贯穿于课程的各个环节。通过系统的思政课程，引导大学生深刻理解中国梦的内涵和意义，使其形成对国家理想的认同和自觉。同时，通过举办论坛、讲座等活动，让大学生更全面地了解中国梦，明确自身在实现国家梦想中的责任和使命。中国梦关乎每个中国人的梦想，而新时代大学生作为实现中国梦中的中坚力量，需要具备较高的理论水平。因此，高校思想政治教育要强调对马克思主义理论的学习，以及对中国国情和实践的深刻理解。通过更新马克思主义与中国国情结合的课程，联合宣讲等方式，使大学生明确"两个一百年"奋斗目标，提高他们的理论水平，为实现中国梦提供坚实的理论支持。高校思想政治教育要通过多样化的教育手段，使大学生能够全面理解和认同中国梦。这包括组织各类活动如论坛、讲座、研

讨会等，让大学生更深入地了解中国梦的真正内涵。同时，通过开展实践活动，使大学生能够亲身感受国家发展的过程，增强他们对中国梦的亲情感和责任感。这样的全方位教育将有助于激发大学生的主人翁精神，使其在实现中国梦的过程中能够发挥更大的作用。通过强化中国梦的教育，提高大学生的理论水平，高校思想政治教育可以引导大学生更深入地融入国家发展大局，明确自己在其中的角色和责任，从而促进他们在全面发展中实现更为积极向上的进步。这样的努力既有助于培养更有担当和责任感的时代新人，也为中国梦的实现贡献了有力的支持。

（三）完善教育理念，构建一体化育人理念

新时代高校思想政治教育在适应新时代人的全面发展需求时，需完善教育理念，构建一体化育人理念。这一策略包含了树立全员育人、全过程育人、全方位育人的理念。树立全员育人的教育理念是关键之一。这理念旨在解决高校思想政治教育中部分主体缺位的问题，形成育人合力，使各教育工作者回归本位，担负起培养时代新人的责任。高校应引导思政课教师充分认识思政理论课的重要地位，发挥他们在学生答疑解惑和价值引领方面的关键作用。辅导员要接受思想政治教育、心理健康教育、创业就业教育等方面的指导和培训，成为学生的知心朋友，关注学生心理健康状态，组织校园文化活动。此外，专业课教师应贯彻"课程思政"的教学理念，围绕全面发展展开教育工作，将思想政治教育的理念贯穿于专业课程中。学校团委、学生处等职能部门也需要加快转变育人理念，通过多彩的活动强化思想政治教育。树立全过程育人的教育理念强调将立德树人任务贯穿于大学生学习、日常生活、升学就业的整个过程中。首先，要明确全过程育人的工作标准，确保各教育过程之间协同配合，达到"1+1>2"的效果。如果出现"1+1＝2"甚至"1+1<2"的效果，应全面了解各个教育过程的实际开展与融合情况，进行具体问题具体分析。在大学生入学之日起，要贯彻立德树人的任务，使之成为大学生学习、生活、就业等各方面的内在驱动力。通过全过程育人理念，高校可实现对大学生全面发展的更好引导。新时代高校思想政治教育需要在完善教育理念的同时，构建一体化育人理念。全员育人、全过程育人的理念将有助于高校实现对大学生全面发展的全方位引导，使其成为担当民族复兴大任的时代新人。

（四）深化教育体制改革，创立多元教育评价体系

深化教育体制改革、创立多元教育评价体系是新时代思想政治教育促进人的全面发展的重要策略。这一战略的实施旨在适应时代的发展需要，更好地培养具备创新精神、综合

素养和社会责任感的时代新人。深化教育体制改革是促进人的全面发展的迫切需要。教育体制改革应当以培养学生的全面素质为核心，打破传统的教育体制壁垒，创造更为灵活、多样化的教育环境。改革可以涉及教学方法、课程设置、学科结构等多个方面。针对思政教育，应当通过深化改革，使其更加符合学生个性发展需求，引导学生形成正确的价值观和思想观念。此外，加强学科交叉、拓宽知识领域，为学生提供更全面的学科知识和综合素质培养。创立多元教育评价体系是全面发展的保障。传统的教育评价体系过于侧重考试成绩，忽略了学生其他方面的潜能和发展。多元教育评价体系应当包括学业成绩、社会实践、创新能力、团队协作等多个维度，全面了解学生的发展状况。这样的评价体系可以更好地反映学生的个性特长和全面素质，为学生提供更加公正、全面的发展机会。同时，引入综合素质评价，加强对学生创新能力、批判性思维、领导力等方面的评价，使评价更加贴近实际需求，激发学生的发展动力。在推进教育体制改革和多元教育评价体系的过程中，应当注重教育资源的优化配置，加强师资队伍建设，培养更具国际竞争力的人才。此外，政府、学校和社会各界应当加强沟通合作，形成共同努力的良好合力，共同致力于打造更为适应时代需求的思政教育体系。通过这一系列的改革举措，新时代思想政治教育将更好地发挥促进人的全面发展的作用，培养更具有创新力和社会责任感的时代新人。

第四章　高校思想政治的教育体系

第一节　高校思政课程的性质与定位

一、高校思政课程的性质

（一）思想政治性质

高校思政课程具有深厚的思想政治性质，它不仅是一门学科，更是一种育人的过程。思政课程在高校教育中扮演着重要的角色，其性质体现在多个方面。高校思政课程具有塑造学生思想观念的使命。这门课程的目标之一是引导学生正确理解和对待社会、国家、人生等重要问题。通过学习思政课，学生能够接触到各种思想理论，了解不同文化背景下的价值观念，从而形成更为完善、深刻的思想体系。这有助于培养学生积极向上的人生观和价值观，使其在未来的成长过程中具备正确的道德观念和社会责任感。高校思政课程在传承和发扬社会主义核心价值观方面发挥着重要作用。在中国的高校中，思政课程紧密围绕社会主义核心价值观展开，通过对社会主义核心价值观的深入解读和学习，培养学生热爱祖国、忠诚党和人民的情感，引导他们树立正确的社会观念和道德观。这有助于在学生心中植根社会主义核心价值观，使其在面对社会风险和价值冲突时能够坚定信仰，保持思想的稳定性①。高校思政课程还在培养学生社会责任感和担当精神方面发挥着独特作用。通过引导学生关注社会热点问题、参与社会实践活动，思政课程帮助学生认识到个体与社会的紧密联系，激发他们对社会发展和民族复兴的责任感。这有助于培养学生积极进取、乐于奉献的品质，使其在社会中具备更强的责任心和担当精神。高校思政课程的性质既包含了学科性质，又涵盖了育人性质。它不仅是一门传授知识的学科，更是一种引导学生正确

---

① 林玉华，孔艺凝．协同论视域下红色文化融入高校思政教育的路径探索［J］．辽宁警察学院学报，2024，26（01）：122-128.

价值取向、培养社会责任感的教育过程。通过思政课程的学习，学生能够在思想观念、价值观念和社会责任感等方面得到全面发展，为其成为具有家国情怀、社会责任感的新时代青年奠定坚实基础。

（二）社会性质

高校思政课程具有深刻的社会性质，其在塑造学生社会观、引导社会行为规范以及培养社会责任感等方面发挥着重要作用。这门课程旨在帮助学生更好地理解社会现象、把握社会发展趋势，从而更好地适应社会环境、参与社会实践。高校思政课程在引导学生理解社会结构和运行机制方面具有显著的社会性质。通过介绍社会学、政治学等相关知识，学生能够深入了解社会的组织结构、权力分布、利益格局等方面的基本原理。这有助于学生建立对社会系统的全面认识，使其能够更好地理解社会中不同群体之间的关系、社会问题的根源及其解决途径。高校思政课程在引导学生树立正确社会观念方面发挥着重要作用。通过对社会主义核心价值观、民主法治观念等的深入讲解，思政课程帮助学生形成积极向上、开放包容的社会观。这有助于培养学生在社会中更好地融入、协作，并在面对社会多元化、复杂性时能够保持理性思考和平和心态。高校思政课程在培养学生社会责任感和公民意识方面具有独特价值。通过引导学生关注社会问题、参与公益活动，思政课程使学生深刻认识到个体与社会的互动关系。培养学生具备独立思考、主动承担社会责任的品质，使其在未来成为具有社会担当的公民。高校思政课程的社会性质在于它不仅关注学科知识的传授，更注重培养学生在社会中的认知、行为和责任。通过这门课程的学习，学生能够更好地理解社会的本质、塑造积极向上的社会观，为将来更好地融入社会、参与社会建设打下坚实基础。这种社会性质使得思政课程在高校教育中具有不可替代的地位和重要作用。

（三）创新性质

高校思政课程具有显著的创新性质，通过引导学生思考、激发创造力、培养创新能力，推动学生在知识结构、思维方式和实践能力等方面实现全面创新。高校思政课程在知识结构方面具有创新性。除了传授传统的思想政治理论，思政课程还注重引入最新的社会科学研究成果、前沿理论，帮助学生获取更广泛、更深入的知识体系。通过学习新颖的理论观点、分析方法，学生能够拓展自己的认知边界，培养独立思考的能力，从而在知识层面实现创新。高校思政课程在思维方式方面强调创新。这门课程鼓励学生跳出传统的思考框架，勇于挑战传统观念，培养批判性思维和创造性思维。通过讨论社会热点问题、提出自己独特见解，学生能够锻炼自己的思辨能力，培养解决问题的创新思路。高校思政课程在实践能力培养方面也具有创新性。通过组织社会实践、参与公益活动，学生能够将抽象的思想理论与实际问题相结合，锤炼实际解决问题的能力。思政课程鼓励学生将所学知识应用于实际情境中，促使他们形成创新性的实践思维。高校思政课程的创新性质在于它不仅注重传统思想政治理论的传承，更强调学生在知识、思维和实践方面的创新。通过培养学生全面的创新素养，思政课程为他们未来的发展提供了强大的动力和基础。这种创新性质使得思政课程在高校教育中具有独特而重要的地位，为培养具有创新能力的人才做出了积极的贡献。

（四）综合性质

高校思政课程具有综合性质，既包括思想政治性质，又涵盖社会性质和创新性质。这门课程不仅是一门学科，更是一种育人的过程，其性质体现在多个方面，为学生提供全面素养的培养。高校思政课程在思想政治性质方面扮演着重要角色。通过传授马克思主义基本原理、党的路线方针政策等基本理论，思政课程引导学生正确理解社会历史、社会现象，培养正确的思想观念。这有助于学生形成健康的人生观、价值观，增强对社会责任的认知，为其未来的发展打下坚实的思想基础。高校思政课程在社会性质方面具有深刻内涵。通过社会学、政治学等相关知识的传授，学生能够更全面地认知社会结构、社会组织和社会发展规律。这有助于培养学生对社会的敏感性，使其能够更好地融入社会、理解社会，从而具备更强的社会适应能力和社会责任感。高校思政课程在创新性质方面也发挥着独特作用。通过引导学生独立思考、挑战传统观念，思政课程培养学生的创新意识和创新能力。这有助于学生更好地适应社会变革、解决实际问题，为社会发展提供新思路和新动力。高校思政课程的综合性质在于它不仅关注学科知识的传授，更注重培养学生在思想、社会和创新等方面的全面素养。通过这门课程的学习，学生能够在多个维度得到全面发展，为其未来的成长和社会参与提供了坚实的基础。这种综合性质使得思政课程在高校教育中具有不可替代的地位，成为培养全面发展人才的关键环节。

（五）实践性质

高校思政课程具有显著的实践性质，强调将理论知识与实际应用相结合，通过社会实践、参与公益活动等形式，培养学生的实际能力和社会责任感，使其能够在面对真实问题时能够运用所学知识进行分析和解决。高校思政课程注重通过社会实践来深化学生对理论知识的理解。通过组织学生参与社区服务、社会调研等实践活动，思政课程使学生能够将抽象的理论转化为实际行动，理解社会问题的本质。这有助于弥补理论与实践之间的鸿沟，使学生在实际中更好地理解和应用所学知识。高校思政课程在培养学生社会责任感方面具有显著实践性。通过引导学生参与公益活动、社会志愿服务等实践项目，思政课程使学生深刻认识到个体与社会的关系，激发他们对社会问题的关切和解决问题的责任感。这有助于培养学生具备独立解决问题、参与社会建设的实际能力。高校思政课程强调在实际中培养学生的创新精神。通过组织创业实践、社会创新项目等活动，思政课程鼓励学生将所学知识应用于实际情境，锻炼他们的实际问题解决能力。这有助于培养学生敢于创新、勇于实践的品质，使其在未来的职业发展中更具竞争力。高校思政课程的实践性质在于它不仅注重理论知识的传授，更强调学生在实际中的运用和实践。通过这门课程的学习，学生能够在实际问题中运用所学知识，培养实际解决问题的能力，同时树立正确的社会责任感。这种实践性质使得思政课程在高校教育中具有独特而重要的地位，为培养具有实际能力和社会担当的新时代青年提供了有力支持。

二、高校思政课程的定位

（一）思想政治引领

高校思政课程的定位，凝聚在思想政治引领的核心理念上，旨在通过深入学习与思考，培养学生正确的世界观、人生观、价值观，提升其政治觉悟和思想品德水平。这一定位不仅体现了对国家政治任务的响应，更是对青年学子个体成长和社会责任的深刻关照。思政课程的定位，首先体现在其对思想政治引领的重视。作为高校学科体系的重要组成部分，思政课程不仅是知识的传递者，更是思想的引导者。其目的在于通过系统的教学体系，引导学生树立积极向上的人生观，树立正确的社会价值观，形成良好的行为道德规范。这正是思政课程在大学教育中的独特价值所在，其不仅仅是为了传授知识，更是为了培养学生的思想品德，使其在今后的生活与事业中成为有思想、有责任感的公民。思政课程的定位表现为对学生全面素质培养的强调。通过思政课程，学生不仅仅是在专业领域获得知识，更是在政治、文化、社会等多个领域进行全面素质的提升。课程内容涵盖政治学、哲学、法学、经济学、历史学等多个学科，促使学生能够全面理解社会和人文知识，培养跨学科的综合素质。这种全面素质的培养，使得学生在各个方面都能够胜任未来社会与职业的挑战，成为更具综合素养的社会人才。在思政课程的定位中，创新精神的培养也是一项重要任务。作为当代大学生，要适应社会快速变化的需求，培养创新能力成为不可或缺的一部分。思政课程通过引入创新教学方法，激发学生的主动学习兴趣，通过实践活动和项目研究，让学生在实际中感受创新的过程。这种培养方式有助于学生形成积极的创新思维和实践能力，为他们未来的职业发展提供了强有力的支持。思政课程的定位不仅强调学科知识的传授，更关注学生的社会责任感。通过思政课程，学生被引导关注社会问题，培养对国家和社会的责任感。这是对青年学子成为社会建设者和参与者的期望，使他们具备为社会做出贡献的能力与意愿。在这一过程中，学生逐渐认识到个体与社会的紧密联系，激发了他们积极参与社会事务的愿望。思政课程的定位，同时强调个性化辅导和导师制度。在大学阶段，学生正处于人生规划和发展的关键时期，思政课程通过导师制度或其他形式，为学生提供个性化的学业、生涯规划和思想引导。这有助于学生更好地了解自己，明确发展方向，提高自我管理和领导能力。思政课程的定位可以概括为培养具有正确思想政治观念、全面素质、创新精神和社会责任感的国家公民。通过对这一定位的实现，思政课程将为学生提供更为丰富、深刻的人文教育，引领他们成为具有社会责任感、理想信念和创新能力的新时代青年。

（二）综合素质培养

高校思政课程的定位在于综合素质培养，它不仅仅是一门传授知识的学科，更是学生全面成长的引领者。通过思政课程的学习，学生在政治觉悟、思想品德、文化修养、社会责任等多个方面都得到全面提升，形成良好的综合素质。思政课程通过政治觉悟的培养，使学生对国家政治体制、社会发展趋势有更深刻的理解。学生在课程中接触到国家政策、法律法规等内容，培养对国家大事的关注和了解，提高政治参与的积极性。这有助于学生在未来成为负责任的公民时，具备正确的政治方向和价值取向。思政课程注重思想品德的培养，强调道德伦理观念的树立。通过讨论伦理道德问题、分析社会现象，培养学生正确的价值观和道德标准。思政课程通过引导学生思考人生意义、价值取向，使他们在面对人生抉择时能够坚守道德底线，成为有担当的社会成员。在文化修养方面，思政课程强调对中华传统文化、世界文明的了解。学生通过学习中国古代文学、哲学、历史等方面的知识，形成对传统文化的尊重和热爱。同时，思政课程还关注当代文化，使学生对世界多元文明有更全面的认知。这种文化修养的培养有助于学生成为具有国际视野的综合型人才。社会责任感是思政课程综合素质培养的重要方面。通过学习社会问题、参与社区服务等方式，学生逐渐认识到自己与社会的紧密联系，形成对社会问题的关注和解决问题的责任心。思政课程在培养社会责任感的过程中，鼓励学生通过实际行动，为社会做出积极的贡献，成为社会建设的参与者。综合素质培养还包括对创新能力的培养。思政课程强调培养学生的创新精神，通过讨论创新案例、参与实践项目等方式，激发学生的创造性思维。思政课程使学生在面对未知挑战时能够灵活运用所学知识，具备创新解决问题的能力。思政课程的定位还涉及到个性化辅导和导师制度。在学生成长的关键时期，思政课程通过导师制度，为学生提供个性化的学业、生涯规划和思想引导。这有助于学生更好地了解自己，明确个人发展方向，促使个体化的素质培养。高校思政课程的定位在于综合素质培养，通过政治觉悟、思想品德、文化修养、社会责任、创新能力等多个方面的培养，引导学生全面成长，使他们在未来社会和职业中更好地发挥作用。这一定位不仅符合高校培养复合型人才的需求，更是对新时代青年的全面要求的体现。

（三）社会责任感培养

高校思政课程的定位在于社会责任感的培养，通过深刻的思想政治引领，引导学生形成对社会的责任心和担当精神。这一定位体现了对大学生全面素质的关切，强调了他们在未来社会中承担责任、为社会做出积极贡献的重要性。

思政课程通过政治觉悟的培养，使学生认识到作为公民应当对社会产生积极影响的责任。学生通过学习国家政策、法律法规等内容，了解国家社会的发展方向和政策导向。这有助于激发学生对国家和社会的责任感，使他们在面对社会问题时能够站在更高的政治视野上，更加积极地参与社会事务。思政课程注重对道德伦理观念的培养，强调社会责任感的形成与道德品质的提升密切相关。通过讨论伦理道德问题、分析社会现象，培养学生正确的价值观和道德标准。思政课程通过引导学生思考人生意义、价值取向，使他们在社会责任上更有深刻的认识，成为有担当的社会成员。在文化修养方面，思政课程通过对中华传统文化、世界文明的了解，使学生认识到个体与社会、文化传统的关系。这有助于培养学生对社会的认同感和文化自信心，激发他们对社会的责任感和对文化传承的热爱。社会责任感的培养还涉及到对社会问题的关注。思政课程通过引导学生关注社会问题、参与社区服务等方式，使他们逐渐认识到社会问题对个体与整个社会的影响。这有助于激发学生对社会不公正现象的敏感性，形成积极参与社会问题解决的意愿。思政课程通过培养创新能力，使学生能够更有力地回应社会的需求。通过讨论创新案例、参与实践项目等方式，激发学生的创造性思维，使他们在面对社会问题时能够提出新颖的解决方案，更好地履行社会责任。在个性化辅导和导师制度方面，思政课程为学生提供个性化的学业、生涯规划和思想引导。通过与导师的深入交流，学生可以更好地理解自己的兴趣和优势，更加明确未来的发展方向，使个体化的社会责任感得到更好的培养。高校思政课程的社会责任感培养定位是通过政治觉悟、道德伦理培养、文化修养、关注社会问题、创新能力培养以及个性化辅导等多方面的努力，引导学生形成积极的社会责任感，使他们在未来的社会生活中能够成为有担当、有情怀的社会建设者和参与者。这一定位不仅强调了大学生在社会中的责任，更关注了其作为公民的社会担当。

（四）国家公民素质培养

高校思政课程的定位在于国家公民素质的培养，强调通过思想政治引领，培养学生成为具有社会主义核心价值观的国家公民。这一定位体现了对学生在思想政治、文化、道德等方面全面发展的期望，强调了他们在未来国家建设中承担责任、为社会进步贡献力量的重要性。思政课程通过政治觉悟的培养，使学生能够更好地理解国家的政治体制、发展战略和政策导向。学生通过学习国家政策、法律法规等内容，了解国家的制度和法治建设，提高对国家大事的关注和了解。这有助于激发学生对国家的认同感和对社会主义核心价值观的坚定信仰，形成积极向上的政治态度。思政课程注重对道德伦理观念的培养，强调国家公民素质的形成与道德品质的提升密切相关。通过讨论伦理道德问题、分析社会现象，培养学生正确的价值观和道德标准。思政课程通过引导学生思考人生意义、价值取向，使他们在社会责任和道德底线上更有深刻的认识，成为品德高尚的国家公民。在文化修养方面，思政课程通过对中华传统文化、世界文明的了解，使学生认识到自身文化的独特性以及中西文化的融合。这有助于培养学生对国家文化传统的尊重和传承，激发他们对中华文化的自豪感和文化自信心。这样的文化修养不仅有益于国家公民素质的提升，也为他们更好地为国家文化事业贡献力量打下基础。国家公民素质培养还包括对社会责任感的培养。思政课程通过引导学生关注社会问题、参与社区服务等方式，使他们逐渐认识到自己与社会的紧密联系，形成对社会问题的关注和解决问题的责任心。这有助于激发学生对国家社会事务的热情参与，成为积极的社会建设者和参与者。思政课程通过培养创新能力，使学生能够更有力地为国家的发展做出贡献。通过讨论创新案例、参与实践项目等方式，激发学生的创造性思维，使他们在面对国家发展问题时能够提出创新性的解决方案，更好地履行为国家公民的责任。在个性化辅导和导师制度方面，思政课程为学生提供个性化的学业、生涯规划和思想引导。通过与导师的深入交流，学生可以更好地了解自己的兴趣和优势，明确个人发展方向，使个体化的国家公民素质得到更好的培养。高校思政课程的国家公民素质培养定位是通过政治觉悟、道德伦理培养、文化修养、社会责任、创新能力培养以及个性化辅导等多方面的努力，引导学生形成积极的国家公民素质，使他们在未来的国家建设中能够成为有担当、有情怀的国家建设者和参与者。这一定位不仅关注了个体的全面发展，更注重了其对国家社会的积极贡献。

（五）学科交叉与跨专业性

高校思政课程的定位在于学科交叉与跨专业性，旨在通过综合性的教学内容，促使学生在不同学科领域中形成全面的知识结构，提升他们的综合素养和跨学科思维能力。这一定位体现了对学生全面发展的期望，强调了他们在未来应对复杂社会问题时所需的跨学科综合能力。思政课程通过政治觉悟的培养，使学生对国家政治、法治等方面有深刻的理解。这为学生在学习其他学科时提供了政治观念的引领，使其在专业领域内更好地理解国家与社会的关系，形成更全面的学科视野。思政课程注重道德伦理观念的培养，强调学生在不同学科领域中的道德素养。通过讨论伦理道德问题、分析社会现象，培养学生正确的价值观和道德标准。这有助于在学科学习中形成正确的伦理意识，提高专业人才的道德修养。在文化修养方面，思政课程通过对中华传统文化、世界文明的了解，使学生具备更广阔的文化视野。这有助于培养学生在跨学科合作中更好地理解不同文化背景下的学科问题，促使他们更好地应对复杂的文化交流和合作情境。社会责任感的培养也是思政课程跨学科性的表现之一。通过引导学生关注社会问题、参与社区服务等方式，使他们逐渐认识到专业学科与社会问题的紧密联系。这有助于在学科研究中更好地反映社会需求，将专业知识应用于社会实践中。思政课程通过培养创新能力，使学生能够更灵活地应对跨学科的挑战。通过讨论创新案例、参与实践项目等方式，激发学生的创造性思维，使他们在跨学科研究中能够提出创新性的解决方案，更好地履行在不同学科领域中的责任。在个性化辅导和导师制度方面，思政课程为学生提供个性化的学业、生涯规划和思想引导。通过与导师的深入交流，学生可以更好地了解自己的兴趣和优势，明确未来的发展方向，使个体化的跨学科发展得到更好的培养。高校思政课程的学科交叉与跨专业性定位是通过政治觉悟、道德伦理培养、文化修养、社会责任、创新能力培养以及个性化辅导等多方面的努力，引导学生在不同学科领域中形成全面的知识结构，培养其跨学科思维和合作能力，使其更好地适应复杂多变的社会环境。这一定位不仅关注了学科知识的广度，更注重了学科间的有机融合，为学生综合素质的提升提供了有力支持。

第二节 高校思政课程的科学内涵

一、政治觉悟的培养

高校思政课程的科学内涵之一是政治觉悟的培养。政治觉悟是指个体对政治事务的理性认知、对国家社会制度的理解以及对个人在政治生活中应尽的责任的自觉认识。思政课程通过多层次、多角度的教学设计，旨在激发学生对政治事务的关注，使其在学习过程中逐步形成正确的政治观念和高度的政治敏感性。政治觉悟的培养要求学生具备对国家制度和政策的理性认知。在思政课堂上，学生将学习国家政治制度的演变、相关法律法规的制定与实施，以及国家政策的背后逻辑和目标。通过深入的政治学习，学生能够更全面、深刻地理解国家政治的运作机制，形成对国家发展方向的理性看法。政治觉悟的培养还涉及对社会现象的深入分析和思考。思政课程通过讨论社会热点问题、分析时事新闻，引导学生从政治的角度去理解和解读社会现象。这有助于学生形成辩证思维和独立见解，使其在面对复杂的社会问题时能够从政治的角度进行深入思考。在国际政治方面，思政课程也致力于培养学生对国际事务的敏感性。通过学习国际关系理论、了解国际组织和国际合作等内容，使学生能够更好地把握国际政治的动态，提高他们对国际事务的关注度，培养全球视野。政治觉悟的培养要求学生在政治参与方面有更积极的态度。思政课程通过组织模拟政治活动、引导学生参与社会实践等方式，鼓励学生亲身体验政治参与的过程。这有助于学生更好地理解公民的政治责任，提高他们参与政治事务的积极性。在个人责任感方面，政治觉悟的培养还包括对个体在社会政治生活中的责任的自觉认识。思政课程通过讨论公民义务、法治精神等内容，引导学生认识到个体在社会中有一定的责任和义务。这有助于激发学生对个人责任的认识，使其在社会中能够担当更多的责任。高校思政课程通过政治觉悟的培养，旨在使学生在思想上更加理性、深刻地认识国家和社会，提高其对政治事务的敏感性和对个人责任的自觉认识。这一过程不仅为学生的综合素质提升提供了有力支持，更使其在未来的社会生活中成为具有高度政治觉悟的公民。

二、道德伦理观念的培养

高校思政课程的科学内涵之一是道德伦理观念的培养。道德伦理观念是指对善恶、对人生价值和行为准则的认识和判断，涵盖了个体在社会交往中应当遵循的道德规范。思政课程通过深入的伦理道德教育，旨在引导学生形成积极向上的价值观，提升其道德素养，使其在各种社会情境中都能正确行为、正义处事。道德伦理观念的培养涉及到学生对伦理基本理念的理解①。在思政课程中，学生将学习伦理学的基本概念、伦理思想的演变历程，

---

① 种艳敏. 新媒体时代高校思政教育工作的创新与实践［C］//百色学院马克思主义学院. 2023年高等教育科研论坛桂林分论坛论文集. 青岛恒星科技学院;, 2023: 2.

了解不同伦理理论的观点和论证。通过这一过程，学生能够形成对伦理基础的深刻理解，为其道德观念的建构提供坚实的理论支持。道德伦理观念的培养强调在社会实践中的道德选择与责任担当。思政课程通过讨论真实的伦理难题、分析社会现象，引导学生深入思考道德决策的过程，使其在实际生活中能够做出符合道德规范的选择。通过参与社区服务、志愿活动等形式，培养学生的社会责任感，使其在实践中更好地体现出道德观念。在职业伦理方面，思政课程注重培养学生在专业领域中的道德素养。通过学习相关法规、职业操守等内容，引导学生树立正确的职业伦理观念，使其在未来的职业生涯中能够遵循职业道德，做到公正、守信、廉洁，为社会贡献积极正能量。文化伦理观念也是道德伦理观念的一部分。思政课程通过对中华传统文化、世界文明的介绍，使学生深刻理解文化对道德观念的影响。通过对文学、艺术、历史的研究，培养学生对优秀文化传统的认同和传承，形成积极向上的文化伦理观念。思政课程还强调对多元伦理观念的尊重与理解。通过了解不同文化、宗教、价值体系中的伦理观念，培养学生具备跨文化、跨领域的伦理敏感性，使其能够更好地在复杂多变的社会环境中进行伦理判断和决策。高校思政课程通过道德伦理观念的培养，旨在使学生在道德认知、伦理思考和实际行为中形成积极向上的品德，为其全面发展和社会参与提供道德支持。这一过程不仅有助于学生个体品质的提升，更有利于构建和谐、公正、文明的社会伦理风貌。

三、文化修养的提升

高校思政课程的科学内涵之一是文化修养的提升。文化修养是指个体在日常生活中对文化的认知、理解和体验，包括对传统文化、现代文明以及多元文化的尊重和欣赏。思政课程通过深入的文化教育，旨在引导学生形成广泛的文化视野，培养他们具备高度的文化素养，使其在不同文化环境中更好地适应和融入。文化修养的提升涉及对中华传统文化的深入了解。思政课程通过讲授中国古代文学、历史、哲学等方面的知识，引导学生了解中华传统文化的博大精深。学生将深入学习经典著作、古代文学作品，领悟中华传统文化的核心价值观，形成对传统文化的尊重和热爱。文化修养的提升还包括对世界文明的了解。思政课程通过介绍世界各国的历史、文化、宗教等内容，使学生具备更为广泛的文化背景。通过比较研究，学生能够更好地理解世界文明的多样性，培养跨文化交流和合作的能力。在现代文明方面，思政课程致力于使学生对科技、艺术、社会制度等现代元素有更深刻的认知。通过学习现代文明的发展历程、主要成就以及对社会的影响，学生能够更好地理解当代社会的复杂性和多样性，增强对现代文明的敏感性。文化修养的提升还包括对多元文化的尊重与包容。思政课程通过引导学生了解不同文化、宗教、民族的历史与传统，培养他们对多元文化的包容心态。学生将学会在多元文化交汇的环境中保持开放的思维，增强社会融合和和谐发展的能力。思政课程通过文学艺术欣赏、审美教育等方式，培养学生的审美情感和艺术鉴赏能力。学生将通过学习文学、音乐、绘画等艺术形式，提高自身的艺术修养，增强对美的感知和理解。在实践中，思政课程通过组织文化活动、参与社区文化建设等形式，使学生在实践中感受文化的魅力，增强对文化的亲身体验。这有助于将文化修养转化为实际生活中的素养，使学生在社会交往中展现更好的文化素质。高校思政课程通过文化修养的提升，旨在使学生具备深刻的文化底蕴，培养他们对传统文化的热爱、对世界文明的理解、对现代文明的敏感以及对多元文化的包容心态。这一过程不仅有助于学生综合素质的提升，更为他们未来的学业和社会生活提供了坚实的文化基础。

四、跨学科思维的培养

高校思政课程的科学内涵之一是跨学科思维的培养。跨学科思维是指个体能够在多个学科领域中运用知识、方法和概念，解决跨领域问题的能力。思政课程通过综合性的教学设计，旨在培养学生具备跨学科思维的能力，使其在解决复杂问题、应对全球性挑战时能够有更为综合的视角和思考方式。跨学科思维的培养要求学生具备多学科知识的基础。思政课程通过引导学生学习政治学、伦理学、文化学等多个学科的知识，使其建立起对不同学科领域的基础认知。这有助于学生形成综合性的学科结构，为跨学科思维的形成提供基础。跨学科思维的培养要求学生能够将不同学科的知识相互关联起来。思政课程通过组织跨学科讨论、案例分析等教学活动，引导学生将政治、伦理、文化等学科领域的知识进行整合。这有助于学生形成对学科之间关系的深刻认识，培养他们在解决问题时能够从多个角度出发。在实践中，跨学科思维的培养注重学生在实际问题解决中的能力。思政课程通过组织实践项目、案例研究等实践性活动，使学生能够运用不同学科的知识解决实际问题。这有助于培养学生将学科知识应用于实际情境的能力，提高他们解决复杂问题的实际能力。跨学科思维的培养还包括对复杂问题的系统思考。思政课程通过引导学生研究全球性、综合性的问题，使其能够在思考问题时考虑多个因素，形成系统性的观点和解决方案。这有助于学生在面对社会复杂性问题时，不仅能够从一个学科的角度出发，更能够形成全面的思考。在团队协作中，跨学科思维的培养也得到体现。思政课程通过组织团队项目、小组讨论等方式，促使学生在团队中学会倾听不同学科背景的意见，形成综合性的解决方案。这有助于培养学生与其他领域专业人士有效沟通、合作的能力。高校思政课程通过跨学科思维的培养，旨在使学生具备在不同学科领域中运用知识解决问题的能力。这一过程不仅为学生的学科素养提供了深刻拓展，更为其未来面对复杂社会问题时提供了更为全面的思维和解决工具。跨学科思维的培养使学生在学术研究、职业发展以及社会参与中更具竞争力。

五、综合素质的培养

高校思政课程的科学内涵之一是综合素质的培养。综合素质是指个体在多个方面的能力、品质和潜能的综合表现，包括认知、情感、道德、社会交往等多个层面。思政课程通过全面的教育设计，旨在培养学生在思想、文化、社会、实践等多个方面的综合素质，使其能够全面发展，适应未来复杂多变的社会环境。思政课程注重认知素质的培养。通过政治学、伦理学、文化学等学科的学习，使学生形成对社会、政治、文化等方面的深刻认知。学生将在课程中培养批判性思维、创新思维等认知能力，形成对复杂问题的理性分析和判断。情感素质的培养也是思政课程的重要任务。通过文学艺术欣赏、伦理道德讨论等形式，使学生培养情感表达、同理心等情感素质。这有助于学生形成积极向上的情感态度，提高情感智慧，更好地应对生活中的各种情境。在道德素质方面，思政课程通过伦理道德教育、社会实践等方式，引导学生形成正确的道德观念和行为准则。培养学生具备独立的伦理判断和担当社会责任的勇气，使其在面对各种伦理挑战时能够做出明智的选择。社会交往素质也是综合素质的重要组成部分。思政课程通过小组讨论、团队项目等形式，培养学生的沟通、合作、领导等社会交往能力。这有助于学生更好地融入团队、理解他人，形成积极的社会交往方式。实践素质的培养是思政课程关注的另一方面。通过社会实践项目、实习机会等，学生能够将学到的理论知识应用于实际问题解决，培养实践能力和创新能力。这有助于学生更好地适应社会的需求，成为能够解决实际问题的综合型人才。在思维方式上，思政课程通过鼓励学生跨学科思维、系统思考等方式，培养学生的创造性思维和批判性思维，使其能够灵活运用知识，解决复杂问题。高校思政课程通过认知、情感、道德、社会交往、实践等多个层面的培养，旨在使学生在各个方面都能够全面发展，成为具备高度综合素质的社会人才。这一过程不仅为学生个体的发展提供了全面的支持，更为社会培养了更具综合素质的新一代人才，为社会的可持续发展提供了坚实基础。

第三节　高校思政课程的内容与特色

一、高校思政课程的内容

（一）政治理论

高校思政课程的内容之一是政治理论。政治理论是研究政治现象和政治关系的理论体系，旨在揭示政治的本质、规律和发展方向。在高校思政课程中，政治理论的学习不仅有助于学生深入理解国家政治体制、社会政治发展，更能够培养学生对政治现象进行理性分析和思考的能力。政治理论的学习包括对国家政治体制的深入了解。学生将通过学习政治学理论，了解不同国家政治体制的演变过程、机构设置以及权力分配等内容。这有助于学生建立对国家政治运作机制的全面认知，形成对不同政治体制的比较研究能力。政治理论的学习涉及对政治权力的分析。学生将研究政治权力的来源、行使方式、制衡机制等方面的理论，深入了解权力对社会的影响以及其在政治体系中的作用。这有助于学生形成对权力运行规律的敏感性，提高其政治觉悟和分析问题的深度。在国际政治方面，政治理论的学习还包括对国际关系理论的研究。学生将了解不同国际关系理论对国际体系、国家行为的解释和预测，理解国际事务的复杂性和多变性。这有助于学生形成全球视野，提高对国际政治的敏感性和理解能力。政治哲学是政治理论的重要分支，通过学习政治哲学理论，学生将深入思考政治的本质、价值和理想社会的构想。政治哲学的学习有助于培养学生独立思考、道德判断和社会责任感。政治理论的学习还涉及到对政治经济学理论的研究[①]。学生将了解政治与经济的相互关系，理解不同经济制度对政治的影响，形成对经济发展与政治制度相互作用的认知。在思政课程中，政治理论的学习不仅限于理论框架，更注重将理论知识与实际问题相结合。通过案例分析、实际问题讨论等方式，学生将学到的政治理论知识应用于具体的社会现象和政治事件，培养学生运用理论解决实际问题的能力。高校思政课程中的政治理论学习旨在使学生深刻理解政治现象、国家政治体制、国际关系等方面的理论知识，培养学生独立思考、分析问题的能力，提高政治觉悟和社会责任感。政治理论的学习为学生的综合素质提供了重要支持，使其能够更好地参与社会事务，为未来的职业和社会生活做好充分准备。

---

① 张兰 . 从"两个结合"中探寻高校思政教育的实施路径 [J] . 高教学刊，2023，9（36）：181-184.

（二）社会主义核心价值观

高校思政课程的内容之一是社会主义核心价值观。社会主义核心价值观是中国特色社会主义事业的精神支柱和价值导向，涵盖了富强、民主、文明、和谐、自由、平等、公正、法治、爱国、敬业、诚信、友善十二个方面。思政课程通过深入讲授和引导学生思考，旨在使学生深刻理解社会主义核心价值观的内涵，树立正确的价值取向，培养具有社会责任感和创新精神的新时代青年。社会主义核心价值观的学习涉及对十二个价值理念的深入解读。学生将学习富强、民主、文明、和谐、自由、平等、公正、法治、爱国、敬业、诚信、友善等方面的核心价值，理解这些价值对社会发展和个人品质的重要意义。通过深刻的理解，学生能够形成对社会主义核心价值观的全面把握，认识到这是社会主义建设和发展的基本价值导向。思政课程通过案例分析、讨论等方式，引导学生将社会主义核心价值观与实际生活相结合，理解这些价值在日常行为、社交互动、职业发展等方面的具体体现。通过实际案例，学生能够更好地理解核心价值观在实际生活中的应用，形成正确的行为准则和社会处世原则。社会主义核心价值观的学习还包括对其历史渊源和演变过程的了解。学生将通过学习相关历史文献、党的文件等材料，了解社会主义核心价值观的形成背景、历史渊源以及在不同历史时期的演变。这有助于学生深刻认识核心价值观的历史渊源，更好地理解其在新时代的时代内涵和要求。在社会主义核心价值观的学习中，思政课程注重培养学生的社会责任感。通过讨论社会问题、参与社会实践等方式，学生能够深入思考如何通过个人的努力为社会做出更多的贡献，体现核心价值观中的爱国、敬业、诚信、友善等理念。思政课程还通过引导学生了解和思考不同文化、宗教、价值观之间的关系，培养学生具有开放包容的思维方式，使其能够更好地理解多元社会中的不同价值观，增强跨文化交流的能力。高校思政课程通过社会主义核心价值观的学习，旨在使学生深刻领会新时代的核心价值观，形成正确的人生观、价值观，培养具有社会责任感、爱国情怀、创新意识的新时代青年。这一过程不仅有助于学生的全面发展，更为社会培养了更具有社会责任感的公民，为建设社会主义现代化国家提供了坚实的思想基础。

（三）社会科学知识

高校思政课程的内容之一是社会科学知识。社会科学涵盖了政治学、经济学、社会学、心理学、法学等多个学科领域，旨在通过科学方法探究社会现象、社会规律，为理解社会、推动社会进步提供理论和实证支持。思政课程通过引导学生学习社会科学知识，培养学生科学思维、批判性思维，使其更好地理解社会运行机制、参与社会实践，提高社会责任感和公民素养。社会科学知识的学习包括政治学方面的内容。学生将深入了解政治学的基本概念、政治体制、政治行为等方面的知识，从而对国家政治运行机制有深刻理解。通过政治学的学习，学生能够掌握社会政治结构、权力运行规律，提高对国家政治发展的敏感性。社会科学知识涉及到经济学方面的学科内容。学生将学习经济学的基本理论、经济体制、市场机制等知识，了解经济运行规律、社会发展动态。通过经济学的学习，学生能够更好地理解经济发展与社会进步的关系，具备分析经济问题和参与经济活动的能力。社会学是社会科学中的另一个重要学科，学生将通过学习社会学的理论体系、研究方法，深入了解社会结构、社会变迁、社会问题等方面的知识。社会学的学习有助于学生理解社会的组织结构、社会关系的复杂性，培养对社会现象深入剖析的能力。社会科学知识还包括心理学方面的内容。学生将学习心理学的基本理论、心理健康知识，了解个体心理发展、心理问题防治等方面的知识。通过心理学的学习，学生能够更好地理解自己和他人的心理状态，提高对社会成员的关心与理解。法学是社会科学中关注法律制度、法治理念的学科，学生将通过学习法学的基本概念、法律体系等内容，了解法治国家建设的理论与实践。法学的学习有助于学生形成法治观念，增强法治素养，增强法律意识和法治能力。在思政课程中，社会科学知识的学习不仅侧重于理论框架，更注重将理论知识与实际问题相结合。通过案例分析、社会调查等方式，学生将学到的社会科学知识应用于具体的社会实践，培养学生解决实际问题的能力。高校思政课程通过社会科学知识的学习，旨在培养学生具备科学思维、批判性思维的能力，使其更好地理解社会运行机制、参与社会实践，提高社会责任感和公民素养。社会科学知识的学习为学生提供了认知社会、理解人类行为和社会发展的科学工具，为其未来的学业和社会生活提供了坚实的知识基础。

（四）时事政治

高校思政课程的内容之一是时事政治。时事政治是指与当前社会、国家相关的政治事件、政策、问题等，通过关注时事政治，学生能够深入了解社会热点、政治动态，培养对时事的敏感性和批判性思维。思政课程通过引导学生学习和讨论时事政治，旨在使其更好地了解时局、形成独立的政治观点，增强社会责任感和公民素养。时事政治的学习涉及到对国家政策的关注。学生将学习国家制定的政策、法规，了解政府在经济、社会、文化等领域的决策与措施。通过对国家政策的学习，学生能够更好地理解国家的发展方向、政府的施政理念，形成对国家政策的理性分析和评价。时事政治的学习包括对国际事务的关注。学生将关注国际上的重大事件、国际组织的动态、国际关系的发展趋势等。通过对国际事务的学习，学生能够更好地了解国际形势、国与国之间的合作与竞争，培养跨文化交流的能力。在国内社会问题方面，时事政治的学习还包括对社会问题的关切。学生将关注社会热点、民生问题、社会动态等，通过对社会问题的学习，增强学生对社会矛盾和问题的敏感性，培养关心社会民生的责任感。时事政治的学习不仅仅是对具体事件的了解，更是培养学生对时局的敏感性和批判性思维。思政课程通过引导学生阅读时事新闻、参与时事讨论，培养学生对事件的多角度思考和独立见解的形成。思政课程还注重通过案例分析、实地调研等方式，将抽象的政治理论与具体的时事事件相结合，使学生能够将理论知识应用于实际问题的解决，培养学生解决社会问题的实际能力。在思政课程中，学生还将参与模拟联合国、辩论赛等实践性活动，通过这些实践，培养学生团队协作、表达能力，使其更好地将学到的时事政治知识运用于社会实践。高校思政课程通过时事政治的学习，旨在培养学生对社会、国家时事的关注和理解，使其形成独立的政治观点和批判性思维，增强社会责任感和公民素养。时事政治的学习为学生提供了理解社会变化、参与社会实践的重要途径，为其未来的职业和社会生活提供了坚实的知识基础。

二、高校思政课程的特色

（一）科学性

高校思政课程的特色之一是科学性。科学性体现在思政课程的知识传授、教学方法、学科体系等多个方面，旨在确保思政教育与时俱进、科学严谨，为学生提供科学性的社会科学知识，培养他们具备科学思维和批判性思考的能力。思政课程注重科学性的知识传授。教师在思政课堂上通过引导学生学习政治学、经济学、社会学等多个社会科学领域的知识，使学生能够系统地掌握社会科学理论框架，理解社会的本质和规律。通过科学性的知识传授，学生能够建立起对社会结构、政治制度、经济运行等方面的科学认知。思政课程强调科学性的教学方法。教师通过案例分析、实地调研、小组讨论等方式，引导学生深入思考社会问题、政治现象，培养他们具备科学研究和问题解决的能力。采用科学性的教学方法，有助于学生理解抽象理论，并将其应用于实际问题的解决。在学科体系建设上，思政课程倡导构建科学的学科体系。通过整合政治学、经济学、社会学、法学等多个学科的知识，形成系统完整的学科体系，使学生在思政课程中能够全面理解社会问题，建立起科学的社会科学思维模式。科学性还表现在思政课程的时事教育中。通过引导学生关注热点、深度解读时事政治，教师能够使学生理解复杂的社会现象，形成科学的政治观点。这有助于培养学生具备对时局的敏感性和对时事的批判性思考。在实践性教学中，思政课程注重科学性的社会实践。通过组织实践项目、参与社区服务等活动，学生能够将学到的理论知识应用于实际问题解决，培养科学实践和创新能力。科学性的评估机制也是思政课程的一项特色。通过科学性的考核方式，如论文写作、课堂表现、团队项目等，对学生的学科知识水平、分析问题的能力、实践实践能力进行科学、全面的评估，确保评价过程公正、客观。高校思政课程的科学性体现在知识传授、教学方法、学科体系建设、时事教育、实践性教学、评估机制等多个层面。科学性的思政课程不仅有助于学生理解社会科学的科学性质，更为他们提供了具备科学思维和批判性思考的理论和方法，为其未来的学业和社会生活提供了坚实的基础。

（二）实践性

高校思政课程的特色之一是实践性。实践性是指思政课程通过组织实践活动、社会实践、实地考察等方式，使学生将理论知识应用于实际问题，培养他们解决实际问题的能力，提高社会责任感和实际应用能力。实践性表现在思政课程的社会实践活动中。通过组织学生参与社区服务、社会调研、志愿活动等实践项目，学生能够将学到的理论知识应用于实际生活中，增强他们对社会问题的敏感性和解决问题的能力。这有助于将抽象的理论知识与实际问题相结合，培养学生的实际动手能力。实践性体现在思政课程的案例分析和实际问题解决中。教师通过引导学生分析实际社会案例，讨论解决方案，使学生在理论学习的基础上能够运用知识解决现实中的问题。这种实际问题解决的过程有助于培养学生独立思考、创新实践的能力。实践性还表现在模拟实践活动中，如模拟联合国、模拟法庭等。这些模拟活动使学生在模拟的环境中扮演不同的角色，通过实际操作来理解国际事务、法律问题等，增强学生的实际应用能力，培养团队协作和沟通能力。在社会调查和实地考察方面，思政课程通过组织学生深入社会、了解社会现象，促使他们对社会问题有更为深刻的认识。实地考察不仅是对理论知识的延伸，更是对学生社会观察力和实际问题解决能力的锻炼。实践性教学也包括实践性的论文写作。学生通过选题、实地调研、撰写论文等环节，将理论知识应用于实际问题的深入研究，培养他们的学术写作和研究能力。实践性还表现在思政课程的职业生涯规划中。通过引导学生了解不同职业领域、实习机会等，使他们在大学时期就能够对未来职业发展有清晰的规划和方向。实践性是高校思政课程的重要特色，通过实际活动、案例分析、模拟实践、实地考察等方式，使学生在理论学习的同时能够具备解决实际问题的实际应用能力。这有助于培养学生全面素质，使其更好地适应社会的需求，为未来的职业和社会生活做好充分准备。

（三）突出中国特色

高校思政课程的特色之一是突出中国特色。这体现在思政课程的教学内容、理论体系、实践活动等多个方面，旨在引导学生深刻理解中国的历史、文化、社会制度，培养他们树立正确的国家观念和文化认同，增强对中国特色社会主义的理解和支持。思政课程在教学内容上突出中国特色。通过深入讲解中国特色社会主义理论体系，包括中国共产党领导的多党合作与政治协商制度、社会主义市场经济、社会主义法治、社会主义核心价值观等内容，使学生全面了解中国特色社会主义的基本理念和实践路径。通过对中国特色社会主义的深入解读，培养学生对国家制度和社会制度的深刻认识，形成对中国社会主义建设的认同和支持。思政课程在理论体系建设上突出中国特色。强调中国特色社会主义理论体系是当代中国马克思主义的集中体现，具有鲜明的时代特征、中国特色和世界意义。教师通过系统讲解这一理论体系，使学生能够深入理解中国特色社会主义理论的丰富内涵，认识到这一理论是对马克思列宁主义、毛泽东思想的继承和发展，有助于学生形成对中国发展方向的正确认知。在实践活动方面，思政课程注重引导学生深入了解中国的社会发展现状、经济建设成就、文化传统等，通过社会实践、参与志愿服务、走访社区等方式，使学生深切感受中国特色社会主义的具体实践成果。通过亲身体验，学生更能体会到中国特色社会主义制度的独特性和可行性，增强对中国特色的认同感。思政课程还注重通过学习中国近现代史、中国文化传统等课程，使学生了解中国的历史沿革、文化传统，培养对中华民族优秀传统文化的热爱和传承。通过对中华文明的深入学习，学生能够更好地理解中国特色社会主义的历史渊源和文化基础。思政课程强调培养学生的中国情怀和爱国情感。通过引导学生认识到中国特色社会主义的独特优势，感受国家的振兴和民族的复兴，培养学生深厚的爱国情感和对国家命运的责任感。高校思政课程突出中国特色，通过深入教学、理论体系建设、实践活动等多方面的努力，使学生深刻理解中国特色社会主义的理念和实践，形成正确的国家观念和文化认同，为培养具有中国情怀、爱国情感的新时代青年打下坚实的思想基础。

（四）注重创新

高校思政课程的特色之一是注重创新。在教学内容、教学方法、实践活动等方面，思政课程致力于引入创新元素，旨在激发学生的创新思维、培养创新能力，使其在思政教育中更好地适应时代发展的需求。思政课程在教学内容上注重创新。不仅传授经典理论和基础知识，还引入最新的研究成果、社会问题、前沿议题等，使学生能够紧跟时代脉搏，了解社会最新动态。这种内容的创新有助于激发学生学科兴趣，培养他们对时事的敏感性和批判性思维。思政课程注重创新的教学方法。教师通过采用互动式教学、案例教学、小组讨论、实践项目等多样化的教学手段，激发学生的思考和创造力。引入多媒体技术、在线学习平台等现代化教育工具，使课堂更加生动活泼，提升学生的学习体验。在实践活动方面，思政课程鼓励学生参与创新性的社会实践项目。通过组织创客比赛、社会调研、创业实践等活动，学生能够将理论知识应用于实际问题，培养解决问题的实际能力。这样的实践活动不仅锻炼学生的创新能力，同时也促使他们更好地理解和认同社会主义核心价值观。在思政课程的评估体系中，也注重引入创新元素。通过设计创新性的课程作业、项目评估、创意论文等方式，鼓励学生在学习过程中表现出独立思考和创新思维。这样的评估机制有助于培养学生的创新素养，推动他们在学科领域中取得更好的成绩。思政课程还注重在学科交叉中培养创新意识。通过引导学生了解不同学科领域的知识，促使他们形成跨学科的思维方式，培养解决复杂问题的能力。这有助于学生更全面地理解社会现象，推动思维的跨界融合。高校思政课程注重创新，通过创新的教学内容、方法、实践活动等多方面的举措，激发学生的创新意识和创造能力，培养具有创新精神的新时代青年。这种创新性的思政教育旨在使学生更好地适应社会变革、展现个人潜能，为他们未来的职业和社会生活提供更广阔的发展空间。

第四节　高校思政课程的价值与意蕴

一、高校思政课程的价值

（一）有助于培养学生的社会责任和公民意识

高校思政课程具有重要的价值，其中之一就是有助于培养学生的社会责任和公民意识。这一方面涵盖了学生在个人层面上对社会的责任担当，另一方面涉及了他们对公民权利和义务的认知。在高校思政课程的教学中，注重培养学生的社会责任和公民意识是十分重要的目标。首先，思政课程通过深入的政治理论学习和实践教育，引导学生认识到每个公民在社会中都有着独特的责任。这并不仅仅是对个体的责任感，更是对整个社会和国家的责任担当。通过学习国家发展战略、社会问题与挑战等内容，学生能够深刻理解自身行为与社会发展之间的关系，从而激发起对社会责任的认知。高校思政课程注重培养学生的社会参与意识。通过引导学生参与社会实践、社区服务等活动，使他们亲身体验社会问题，深刻了解社会的多样性和复杂性[①]。这种参与式的教育能够唤起学生的社会责任感，让他们认识到自身的力量和影响，从而更加积极地参与社会事务，为社会进步贡献自己的一份力量。思政课程还通过教学内容和案例分析，引导学生认识公民的权利与义务。在法治国家的框架下，学生应当明确自己享有的权利，同时也要理解这些权利的行使应伴随着相应的义务。通过深入讨论公民的法律责任、社会责任以及参与公共事务的义务，培养学生在个体行为中充分考虑社会和他人利益的意识，形成积极的公民行为习惯。高校思政课程还应当引导学生关注社会公正与公平的问题，激发他们对社会不公现象的敏感性。通过对社会阶层、性别、种族等议题的深入讨论，让学生认识到社会中存在的不平等问题，从而引导他们在未来的职业生涯和社会活动中关注并改善这些不公。在综合素质培养的大背景下，高校思政课程通过培养学生的社会责任和公民意识，不仅为个体的全面发展提供了保障，更为构建和谐社会、推动国家发展提供了重要的人才支持。培养具有社会责任感和公民意识的学生，有助于形成积极向上的社会风尚，推动社会进步和文明的不断提升。因此，高校思政课程在塑造学生成为具有社会责任感和公民意识的新时代公民方面具有重要的价值。

（二）培养学生批判性思维、独立思考的能力，提高学生的思辨水平

高校思政课程的价值之一在于其致力于培养学生的批判性思维、独立思考的能力，以提高学生的思辨水平。这不仅是对学生综合素质的全面提升，更是培养具有创新精神和解决问题能力的现代人才的必然要求。高校思政课程通过深入的政治理论学习，激发学生对不同观点和思想的敏感性。通过对社会、政治、文化等方面的理论研究，学生将不仅仅被灌输某一特定的观念，更是在课堂上学会对不同观点进行分析和比较。这种对多元思想的接触和理解，培养了学生在面对复杂社会现象时能够保持客观、理性的态度，形成独立思考的基础。高校思政课程注重在教学中引导学生运用批判性思维分析社会问题。通过对社会热点、历史事件等案例的深入讨论，学生被鼓励对问题进行深入思考，并提出合理的分析和解决方案。这有助于培养学生的问题意识和解决问题的能力，使其在面对现实挑战时能够运用批判性思维进行准确判断，为社会的发展和进步贡献独立见解。高校思政课程通过开展专题研讨、小组讨论等活动，培养学生在团队中运用批判性思维的能力。在集体学习的过程中，学生需要倾听不同声音、学习借鉴他人的见解，并在这个过程中不断提升自

---

① 张驰，杨帆.大思政背景下以宿舍为阵地开展高校思政教育研究［J］.肇庆学院学报，2024，45（01）：32-36.

已的批判性思维水平。这样的团队合作，有助于学生形成辩证的思考模式，理解团队成员的多元性，从而在集体中形成更为全面的判断和决策。高校思政课程注重在教学中培养学生对信息的辨别和批判性思考的能力。在信息时代，学生面对海量的信息需要具备辨别信息真伪、分析信息来源和价值的能力。通过培养学生对信息的批判性思考，使其在获取知识的过程中更具深度和广度，不轻信一切信息，形成独立的信息分析能力。高校思政课程致力于培养学生的批判性思维、独立思考的能力，以提高学生的思辨水平。通过多元思想的引导、社会问题的深度分析、团队协作的锻炼以及对信息的辨别，学生能够形成独立、全面、辩证的思考模式，为他们未来的学术研究、职业发展和社会参与提供了坚实的认知基础。这种培养方式不仅有助于学生成为更具创新力和批判性思考能力的人才，也为社会的发展提供了积极的智力支持。

（三）有助于培养学生对国家的认同和爱国情怀

高校思政课程的重要价值之一在于其有助于培养学生对国家的认同和爱国情怀。这不仅是对国家社会主义核心价值观的传承，更是对国家文化、历史和发展的深刻理解，激发学生的爱国热情，使其成为具有家国情怀的时代新人。高校思政课程通过深入的政治理论学习，引导学生深刻认识国家的制度、发展方向和核心价值观。通过对国家发展战略、社会主义核心价值观等方面的理论学习，学生能够更好地理解国家的基本国情，形成对国家现状的客观认知。这有助于培养学生对国家政治制度和社会体系的认同感，激发他们对国家未来发展的责任心和使命感。高校思政课程通过历史文化的传承，引导学生对国家历史的深刻理解。通过深入研究国家的历史文化，学生能够更好地把握国家的发展脉络，认识到国家在历史长河中所经历的风风雨雨。这种历史认知有助于学生形成对国家传统文化的尊重和热爱，培养他们对国家历史沿革的自豪感和认同感。另一方面，高校思政课程通过国际视野的拓展，引导学生在全球化背景下更好地理解国家的地位和责任。通过对国际政治、国际经济等方面的学习，学生能够更全面地认识到国家在国际社会中的地位和使命。这有助于培养学生具有国际视野的国家认同感，使他们在全球化时代更加自信地扮演着国际社会中的角色。高校思政课程还注重通过社会实践、参与公共事务等方式，让学生亲身体验国家发展的现状和需求。通过参与社会实践活动，学生能够更深刻地感受到国家发展中的挑战和机遇，增强对国家发展的实际认同。这有助于激发学生的爱国情怀，使他们在实际行动中更加积极地为国家的繁荣和稳定贡献力量。高校思政课程通过多方面的教学手段和内容设置，有助于培养学生对国家的认同和爱国情怀。通过政治理论的学习、历史文化的传承、国际视野的拓展以及实践活动的参与，学生能够形成对国家的全面认知，从而在思想观念、价值取向、行为意识等方面建立起深厚的国家认同感和爱国情怀。这种培养方式不仅有助于学生成为具有家国情怀的时代新人，也为国家的长治久安提供了坚实的思想基础和人才支持。

（四）有助于培养学生关心社会、关爱他人的品质，增强社会的和谐性

高校思政课程的价值之一在于其有助于培养学生关心社会、关爱他人的品质，以增强社会的和谐性。这不仅是对社会主义核心价值观的践行，更是培养学生成为有社会责任感和爱心的时代新人的必然要求。高校思政课程通过深入的政治理论学习，引导学生认识到社会的多元性和复杂性。通过对社会结构、社会问题、社会矛盾等方面的理论研究，学生能够更全面地认知社会的各个层面。这有助于激发学生对社会现象的关注，引导他们从整体和系统的角度去思考社会的发展和问题解决，培养学生关心社会、积极参与社会事务的意识。高校思政课程通过社会实践和志愿服务等活动，让学生亲身体验社会问题和他人需求。通过参与社区服务、环保活动、扶贫助学等实践，学生能够更深刻地感受到社会中存在的不公平、困难和需要帮助的群体。这种亲身体验有助于激发学生的爱心和同情心，使他们愿意关心他人、乐于奉献，从而增强社会的和谐性。高校思政课程注重在教学中培养学生的团队协作和沟通能力。通过开展小组讨论、团队项目等合作活动，学生能够更好地理解他人的观点，学会倾听和尊重他人意见。这种团队合作培养了学生的合作精神和团队协作能力，使他们更容易与他人和谐相处，促进社会关系的融洽发展。高校思政课程通过道德伦理观念的培养，引导学生树立正确的价值观。通过对社会主义核心价值观的深入学习和理解，学生能够形成积极向上的人生观和价值观。这有助于激发学生对社会的责任感，使他们在行为中表现出对社会的贡献和对他人的关爱，从而促进社会的和谐与稳定。高校思政课程通过多方面的教学手段和内容设置，有助于培养学生关心社会、关爱他人的品质，以增强社会的和谐性。通过政治理论的学习、社会实践和志愿服务的参与、团队协作和沟通能力的培养，学生能够逐渐形成积极向上的社会观念和价值观，从而在社会中发挥更为积极的作用，为社会的和谐与稳定贡献自己的力量。这种培养方式不仅有助于学生成为有社会责任感和爱心的时代新人，也为社会的可持续发展提供了积极的人才支持。

二、高校思政课程的价值意蕴

（一）课程思政具有鲜明的政治性、思想性、价值性

课程思政在高校教育中具有深刻的价值意蕴，习近平总书记指出，高校的立身之本在

于立德树人。只有通过培养一流人才，高校才能够成为世界一流大学。课程思政作为高校思想政治教育工作的改革创新，是构建全员全过程全方位育人体系的重要抓手，对于高校实现立德树人根本任务、塑造学生人格、增长学生才干，培养德才兼备、全面发展的时代新人，实现中华民族伟大复兴，具有重大现实意义和深远历史意义。课程思政具有鲜明的政治性、思想性和价值性。党的二十大报告强调教育的根本问题是"为谁培养人、培养什么人、怎样培养人"，而课程思政正是贯彻这一要求的关键环节。新修订的《中华人民共和国教育法》明确规定教育必须为社会主义现代化建设服务、为人民服务，与生产劳动和社会实践相结合，培养全面发展的社会主义建设者和接班人。课程思政通过政治性的教学内容，引导学生正确理解国家的政治制度和社会制度，培养他们对社会主义核心价值观的认同和支持，使其具备坚定的政治信仰。课程思政强调培养学生的德智体美劳全面发展。根据教育法，教育的根本目标是培养全面发展的社会主义建设者和接班人。课程思政通过传授国家的政治理论、思想文化传统，引导学生在思考政治问题的同时，培养他们的思想品德，塑造全面发展的个体。此外，课程思政注重将理论知识与实际问题相结合，通过社会实践、志愿服务等活动，培养学生的实际能力和动手能力，使其具备全面素质。课程思政具有深刻的时代意义，习近平总书记强调，要培养德才兼备、全面发展的时代新人，增强学生的道路自信、理论自信、制度自信和文化自信。在当前复杂多变的国际国内形势下，培养学生对社会发展趋势的理解和判断，使他们在面对挑战时能够保持自信心，是课程思政的使命所在。通过深入的政治性、思想性和价值性教育，课程思政有助于学生树立正确的时代观，增强对中国特色社会主义的信仰，为中华民族伟大复兴提供有力的人才支持。课程思政在高校教育中的价值意蕴是多方面的，包括政治性、全面发展、时代性等方面，为培养德才兼备的时代新人提供了重要支持。通过深刻认识课程思政的价值，可以更好地推动高校思想政治教育的改革创新，为培养社会主义建设者和接班人作出更大的贡献。

（二）课程思政有利于理论与实践相结合，增强课程的知识性、趣味性、吸引力、亲和力

课程思政的深刻认识与其价值意蕴密切相关，其中之一体现在其有利于理论与实践相结合，增强课程的知识性、趣味性、吸引力、亲和力。传统的思政课往往偏向理论教学，采用说教式和灌输式的教学方式，与实践结合不够紧密，导致课程的亲和力和吸引力不够，使思想政治教育的效果不尽如人意。因此，课程思政的建设迫切要求与专业、实际、学生更为贴近，教师应在教学过程中根据每个学科、每门课程的特点，结合专业实践和具

体案例进行教学，将思政元素巧妙地融入其中，以丰富的教学内容提升课程的质量。课程思政的实施能够有效改变传统思政课的困境。传统的思政理论课教学效果较低，存在着教育空泛、乏力、生硬、理论与实践脱节等问题。而引入课程思政，将思想政治元素自然地融入到专业课程中，可以使得思想政治教育更为贴近学科实际，为学生提供更具针对性和实用性的知识，增加学科内容的丰富性。课程思政的建设相对于传统思政理论课具有投入少、见效快、效果大的特点。通过巧妙地将思政教育元素融入专业课程，可以在不增加额外投入的情况下，使学生更加自然地接触到思想政治教育的内容。这样的实施方式更容易获得学生的认同和支持，达到思政教育的效果。课程思政有助于增强课程的知识性、趣味性、吸引力、亲和力。通过将思政元素巧妙融入专业课程，教师可以更有针对性地设计具有趣味性的教学内容，使学生在学习过程中更容易产生兴趣。同时，增加课程的亲和力，使得学生更愿意参与讨论、积极参与课堂活动，提高了思政教育的实际效果。最重要的是，课程思政的实施能够使思想政治教育更具深度、温度、力度。将思政元素融入专业课程，不仅能够让学生在专业学科中感受到思政教育的深刻内涵，还能够在情感共鸣中产生更为深刻的理解。这样的方式使得思政教育更有温度，更具人文关怀，更有力地推动学生的德智体美劳全面发展。深刻认识课程思政的价值意蕴，特别是其有利于理论与实践相结合，可以为高校思想政治教育的改革提供新的思路。通过将思政元素融入专业课程，实现理论与实践的紧密结合，不仅能够增强教育的针对性和实用性，还能够提升教学的亲和力和吸引力，为培养更为全面发展的时代新人奠定坚实基础。

（三）课程思政有利于学生科学思维的培养，强化学生的辩证唯物主义和历史唯物主义思维

深刻认识课程思政的价值意蕴中，其重要方面之一在于其有利于学生科学思维的培养，并强化学生的辩证唯物主义和历史唯物主义思维。人才培养是高校的核心工作，而全面提高人才培养能力成为至关重要的任务。课程思政通过帮助学生树立正确的世界观、人生观、价值观，以及培养马克思主义的立场、观点和方法，使学生能够更科学地认识问题、分析问题和解决问题，从而在培养科学思维能力方面发挥着不可替代的作用。课程思政有助于培养学生的科学思维能力。通过引导学生用马克思主义的观点和方法认识、分析、解决问题，课程思政能够帮助学生建立系统的科学思维体系。例如，在专业基础课程中深度挖掘其中蕴含的思政教育素材和资源，结合学习、观察、实践进行思考，使学生更好地理解其中的科学理论，培养他们正确认识问题、分析问题和解决问题的能力。这有助于学生形成辩证、系统、科学的思维方式，提升他们在专业领域的综合素养。课程思政强

化学生的辩证唯物主义和历史唯物主义思维。通过深入挖掘各学科专业的特点，结合专业理论知识和实践案例，使学生在学习过程中逐渐形成辩证思维、系统思维和创新思维的意识和习惯。以专业课程中的例子为例，如"测量学"中蕴含着丰富的科学思维和方法论，学生在理解测量学基本理论的同时，也在实际教学实践中培养了辩证思维、科学思维、逻辑思维和创新思维。这样的训练有助于学生形成全局意识、整体意识和系统思维，使其具备更高层次的科学素养。课程思政还能够使学生培养马克思主义的世界观、方法论，使其在专业领域更好地运用科学的方法进行思考和实践。通过专业理论与实践相结合的教学方式，课程思政有助于学生在专业领域中深入理解马克思主义的思想，将其应用于具体问题的分析和解决，培养学生正确看待问题的观点和方法，形成科学严谨的学术态度。课程思政对于学生科学思维的培养和辩证唯物主义、历史唯物主义思维的强化起到了积极的作用。通过将思政元素融入专业课程，帮助学生在学科学习中建立科学思维的体系，形成辩证、系统、科学的思维方式，为其未来的学术研究和职业发展提供了坚实的基础。这种培养方式使得学生更好地理解和应用马克思主义的观点和方法，推动他们在专业领域中更为深入的思考和创新。

（四）课程思政有利于开阔学生的视野，激发学生的学习热情和求知欲，增长学生知识见识

深刻认识课程思政的价值意蕴之一在于其有利于开阔学生的视野，激发学生的学习热情和求知欲，增长学生的知识见识。在人才培养的重要任务中，综合素养的培养被认为是至关重要的，而课程思政的建设有助于实现这一任务。通过改变传统封闭的教学内容和教学模式，采取更加开放的育人模式，丰富课程内容中的思政元素，课程思政能够在课程设计和教学过程中促使学生更全面、更开阔地发展。通过优化课程内容，将人文知识、世界前沿知识、社会应用知识等纳入工科类专业的课程设计，能够使学生在学习专业知识的同时，拓展了他们的知识广度。这种开放的教学方式有助于学生形成更为全面的知识结构，提高他们对不同领域的理解和认知。例如，将专业知识与自然科学、人文社会科学、党的创新理论等结合起来，既满足了专业学科的要求，又拓展了学生的学科视野，使其更具综合素养。深入实施课程思政有助于引导学生把握时代的发展方向和发展大势，了解世情国情党情，增强他们的家国情怀和使命感、责任感。通过将课程内容与时代发展紧密结合，使学生更好地把握时代脉搏，了解国家和社会的发展需求，培养学生积极向上的人生态度。这种教学方式能够激发学生的爱国情感，使其更深刻地认识到自己所学专业与国家发展的紧密关系。课程思政能够让学生了解最新最前沿的专业知识和前瞻性问题，从而拓展

了他们的知识面和专业视野。通过将思政元素融入专业课程，使学生能够更深入地了解专业领域的前沿动态，提高他们对学科的研究兴趣。这有助于激发学生的学习热情和求知欲，使其更加主动地投入到专业学习中，提升了他们的能力素质。课程思政有利于开阔学生的视野，激发学生的学习热情和求知欲，增长学生的知识见识。通过开放式的课程设计和教学方式，将思政元素有机融入专业课程，促使学生在专业学科中更全面、更深入地发展，为他们的未来发展打下坚实的基础。这种教学模式提升了课堂教学水平和育人效果，为高校人才培养目标的实现做出了积极贡献。

第五章　高校思想政治教学创新

第一节　高校思政理论课程与日常思政教育

一、我国高校思想政治课程教育的发展

（一）我国思想政治教育的渊源

1. 原始社会的德育内容

我国高校思想政治课程教育的发展源远流长，自古以来，我国一直是礼仪之邦，对思想政治教育的重视可以追溯到原始社会。我国与西方各国在思想品德教育方面有一定的相似之处，但在我国的历史渊源中，尤其受到了中国传统文化和社会制度的影响。在原始社会的德育内容方面，人类从自然界中区别于动物，开始使用工具进行劳动。随着集体生活的展开，人类的意识、情感、智慧逐渐觉醒，形成了天生具备的集体生活意识和相互依存的集体精神。这种原始朴素的德育内容可以被描述为"生活式的德育"，是人类在集体生活中形成的道德观念。我国自古以来一直注重礼仪道德，尤其在中国共产党的领导下，对思想政治素养的培育更是得到了高校的十分重视[①]。高校思想政治课程教育的发展融入了传统文化的精髓，强调了集体主义和社会责任感等价值观。随着社会的发展和时代的变迁，思想政治教育在高校中的地位不断凸显。在这一过程中，教学目标不仅仅是学生人格全面发展，更是为了满足我国时代发展的需要。高校思政课程教育旨在培养学生的社会责任感、公民意识，使其具备正确的人生观、世界观和价值观。我国高校思想政治课程教育的渊源根植于中国传统文化和社会制度，融合了原始社会的德育内容，并在现代社会的背景下不断发展和完善。这一教育体系在引导学生成为具有社会责任感和良好道德品质的时

---

① 王淑芳．新媒体时代高校思政教育工作方法优化研究［J］．淮南职业技术学院学报，2023，23（06）：44-46.

代新人方面发挥着重要作用。

2. 古代社会的思想教育

我国高校思想政治课程教育的发展源远流长，古代社会对德育的内容主要体现在品德教育和道德教育两个方面。在品德教育方面，古代中国德育的内容与政治紧密相连。思想教育、道德教育、政治教育与君权统治存在紧密的联系。一个典型的例子是古代德育中非常重要的"忠君报国"观念，这反映了古代思想政治教育的一大特点，即服务于政治统治。在古代社会中，培养学生的政治觉悟和对国家的忠诚成为德育的主要目标，这体现了中国古代社会的政治性德育。在道德教育方面，古代思想政治教育的内容逐渐趋向繁荣。在先秦时期，"百家争鸣"是一种文化现象，展现了非常丰富的道德教育内容。各种思想流派如法家的"法制"教育、道家的"寻道"思想等都为中国古代思想政治教育史留下了灿烂的色彩。这些思想不仅在当时对社会产生了深远的影响，而且对现代的发展也有着极大的研究意义。古代社会的思想政治教育在内容上与现代有相似之处，注重培养学生的政治觉悟、道德品质，并将这些观念融入到教育体系中。这为我国思想政治课程教育的发展奠定了深厚的文化基础，使其不仅承载了古代传统的政治性德育，还吸收了丰富的道德教育内容。这种传统对于塑造学生正确的价值观、思想观念具有积极的意义。

3. 近现代社会的思政教育

近现代社会的思想政治教育在我国呈现出明显的学科化特点。在清朝末期，受到资产阶级自由、平等、民主思想的影响，中国传统道德观念逐渐受到挑战，社会思潮开始变得多元。随着帝制的推翻和民国的建立，公民教育逐渐兴起，出现了"公民"课的设立。在此时期，北京师范大学附中等学校开始设置"公民"科，为思想政治教育的学科化奠定了基础。真正意义上的思想政治课程是在中华人民共和国成立之后逐渐产生的。这一时期经历了复杂的创立发展与改革创新过程。思想政治教育成为我国学校德育的主要途径，也是我国精神文明建设的基础和主要形式。思想政治教育的主要目标在于培养学生高尚的道德品质，促进学生良好行为习惯的养成，以及培养全面发展的人才。它在服务于我国精神文明建设的同时，也成为推动思想建设工作的关键力量。在近现代社会，思想政治教育逐渐融入学科体系，为学生提供系统化、有机化的思想政治学习。这种学科化特点有助于更好地传承和发展我国传统文化，同时也使得思想政治教育更具有时代性和现代性。在学科化的过程中，我国思想政治教育得到了更加系统和全面的发展，为学生提供了更加深入的理论学习和实践指导。

（二）我国高校思想政治课程教育取得的成绩

1. 建立了学科建制

我国高校思想政治课程教育在建立学科建制方面取得了显著的成就，其中学科知识体系的完善是一个重要方面。学科知识体系得到了全面的完善。在学科建制的过程中，思想政治教育的逻辑范畴逐渐形成，涉及基本原理与马克思主义理论的关系、教育内容与临近学科知识的关系、专业知识与社会应用的关系等方面。这些关系的相互协调使得思政教育的知识体系更为系统和完整。这些基本原理不仅在理论上有了更清晰的界定，而且在实践中能够更好地指导教学。知识体系成为高校思政教育的基石。当前，我国高校已经形成了相对明确的思想政治教育专业知识结构。主干学科与分支学科相互促进、互为依托，构建了一个日渐成熟的思政教育知识体系。在学科建设的三十余年里，虽然面临一些疑难问题的阻碍，但高校思政教育学科的专业化取得了突破性进展，成为有目共睹的事实。这一成就的背后反映了思政教育在理论研究和知识结构上的不断深化与完善。建立了学科建制为思政教育提供了理论和实践的有力支持，使得思政课程更加科学、系统，有力地推动了思政教育的专业发展。这对培养学生的全面素养，提高他们的社会责任感和国际视野，都具有深远的意义。学科建制的建立为我国高校思政课程教育奠定了坚实的基础，使得思政教育更好地适应时代发展的需要，为学生的综合素养提供了全面支持。

我国高校思想政治课程教育在学科建制的基础上取得了显著的成绩，尤其是学科社会建制的发展方面，呈现出积极的发展态势。在学科社会建制方面，外在社会建制是学科的社会组织与分工机制，代表一种稳定的社会模式和安排。在高校思想政治教育领域，实体机构主要包括理论研究系统和实际工作系统。理论研究系统由全国各高校的思想政治教育教研室构成，承担学术研究的重大责任，近年来取得了显著的成果。思想政治教育包括党政系统、军队系统和高校系统三个子系统，其中高校系统在促进学生思想转变和开展学术研究方面起到了关键作用。在新时期，高校思想政治教育的机构进行了结构化调整，为进一步推动科学化进程提供了更为有力的支持。在制度建设方面，中共中央国务院发布的《关于进一步加强和改进大学生思想政治教育的意见》（即第 16 号文件）标志着高校思想政治教育发展的战略部署。该文件明确了推进高校思政教育科学化的方向和目标，为思政教育的质的飞跃奠定了坚实基础。这一文件及相关规定的贯彻切实实施，使得高校思政教育内部权责部门各司其职，初步建立了科学化进程的制度体系。这为高校思政教育的规范化运作提供了有力支持，使其更加科学、有效地开展工作。我国高校思想政治课程教育在建立学科建制的基础上，通过发展学科社会建制，取得了显著的成绩。这一系列的成就为高校思政课程的规范发展、科学实施提供了有力保障，为培养具有坚定理想信念、社会责任感和国际视野的新时代青年奠定了坚实基础。

2. 思政教育研究方法取得进步

我国高校思想政治课程教育在思政教育研究方法方面取得了显著的进步，这体现在对历史材料和经验的积累、整理与研究方法的不断提升。恩格斯的科学形成理论为思政教育研究提供了重要启示。他认为科学的形成经历两个阶段，即材料的积累和材料的整理。在几千年的历史发展中，人类对思想的发展积累了丰富的历史材料和宝贵经验。中国共产党自成立以来一直致力于带领人民创造社会历史，积累了大量历史材料，并将其整合成为实际经验。这一理论启示使得对思政教育研究更加注重历史材料的挖掘、积累和整理，从而为思政教育提供了历史的积极经验。中共中央国务院发布的第 16 号文件为高校思政教育的研究活动指明了方向。该文件的下发使得高校思政教育的研究进入了归纳整理材料的新阶段。研究工作分为学术取向和行动取向的两类，其中学术取向的研究更注重理论体系的建设和概念范畴的确立。在现代辩证唯物主义方法论的指导下，高校思政教育形成了自身相对独立的话语系统，确定了基本概念范畴，建立了初步完备的理论体系。我国高校思想政治课程教育在思政教育研究方法的取得进步方面，通过对历史材料的积累和整理，以及学术研究方法的不断提升，为思政教育提供了更为系统和科学的理论支持。这一进步为高校思政教育的发展提供了更加坚实的基础，使得思政课程更具有实际指导意义和理论深度。

3. 教育方法得到改进

我国高校思想政治课程教育在教育方法方面取得了显著的改进，其中切实贯彻因材施教的理念是一项重要的举措，旨在科学有效地适应学生的身心发展规律，突破传统教育手段的限制，深入理解新时期学生的性格特征，以更为个性化的方式进行思政教育。当前高校思想政治教育队伍呈现年轻化趋势，年龄差异逐渐缩小，教育者更能全面把握学生的性格成因，妥善处理统一教学与因材施教的关系。教育主体面临的学生群体以"95 后"和"00 后"为主，这一代学生的性格特征与以往的不同，对传统灌输式教学方法的认同度较低。因此，贯彻因材施教的理念成为应对这一特殊学生群体需求的重要方式。教育者通过深入了解学生的个性和需求，采取更为灵活、创新的教学方法，使教育更贴近学生的实际情况，更具吸引力和感染力。"95 后"和"00 后"学生的特殊性要求思政课程教育创新发展。这一代学生崇尚新颖、创意，对于传统教学方式提出了更高的期望。因此，促进了教育手段的正向发展。高校思政课程在满足学科知识传递的基础上，更注重运用多媒体技术、案例分析、小组讨论等灵活多样的教学手段，以激发学生的兴趣，培养他们的批判性思维和问题解决能力。这种教学创新不仅使思政课程更具吸引力，也更好地迎合了学生群体的需求，使思政教育更具时代性和实用性。切实贯彻因材施教的理念是我国高校思政课程教育在教育方法方面的重要改进之一。通过深入理解学生的性格特征，倡导灵活创新的教学方式，使思政教育更加贴近学生，更具针对性和实效性，为学生成长提供了更为有效的引导和支持。

我国高校思想政治课程教育在教育方法方面取得了显著的改进，其中初步实现信息化教学是一项重要的进步。新媒体的出现加速了信息的传播，为学生提供了更加便捷和广泛的获取知识的途径。在信息化进程不断加速的今天，高校思政教育主体已经初步实现在高校思政课堂之外有效利用微博、微信等客户端对学生进行信息引导，使得思政教育更具时代性和实用性。新媒体的出现加速了信息的群际传播，使得个体间的交流互动更加密切。社交软件和新闻客户端成为学生获取知识的重要渠道，每一条时政要闻都可以成为学生理解知识的案例。这为思政课程提供了更多的教育素材，使得教学内容更为贴近学生实际，更易于引起学生的兴趣和关注。高校思想政治教育主体在信息化教学方面已经初步实现了在高校思政课堂之外的有效引导。许多高校和院系已经开设官方微博、微信公众号等公共平台，通过这些平台向学生推送时政信息，解决实际疑难问题，关心学生的学习和日常生活。这种做法表明教育者已经意识到隐性教育这种教育手段的重要性。通过新媒体平台，思政教育主体能够更及时、更全面地了解学生的需求和反馈，更好地进行个性化指导和关怀，从而提高思政教育的实效性。初步实现信息化教学是我国高校思想政治课程教育在教育方法方面的一项重要改进。通过充分利用新媒体平台，思政教育主体能够更好地与学生进行互动，提供更丰富的教育资源，使思政课程更加贴近学生的实际需求，更具吸引力和实效性。这为高校思政教育的未来发展提供了更为广阔的空间和可能性。

4. 教育人员素质得到提升

我国高校思想政治课程教育在教育人员素质方面取得了显著的提升，主要表现在学科建设的完备、教材的改进、教育者队伍的年轻化和高学历化等方面。自 1984 年第一批思想政治教育专业本科生入学以来，经过二十余年的学科建设，我国形成了三级完备的思想政治教育学科体系，学科建设初步实现了系统化。在此期间，针对本科生和研究生的思想政治理论课系列教材得到了较大的改进，领域内涌现出不少高质量的著作。此外，国内已有 234 个思想政治教育本科专业、324 个硕士学位授予点和 75 个博士学位授予点，形成了庞大而完善的学科体系。这一学科建设的成果为思政课程的教育提供了坚实的理论基础和学科支持。国家高度重视对教育者的选拔和培养。专职人员作为承担高校思想政治教育任务的核心团队，得到了充分的重视。教育者队伍整体呈现年轻化、高学历化的态势，这为思政课程的教学注入了新的活力。此外，兼职人员包括优秀的高年级党员或研究生中甄选出的学生辅导员，他们与学生的距离较近，能够更好地利用自身的年龄优势帮助学生树立正确的学习观。这种专兼结合的模式不仅丰富了教育队伍的多样性，更能够在实际工作中发挥更大的作用，形成了一个结构合理、精干高效的教育团队。我国高校思想政治课程教育在教育人员素质方面取得了显著的提升。学科建设的完备和教育者队伍的年轻化、高学历化为思政课程提供了坚实的学科和人才基础，为培养新时代青年的思想政治素质奠定了更为牢固的基础。

二、高校日常思政教育

（一）日常的政治学习

高校日常思政教育中，日常的政治学习是一项重要的任务。这一学习内容广泛而丰富，旨在让学生及时了解国内外形势，关心我国社会主义现代化建设，培养基本的政治观念和政治意识。日常政治学习内容根据国内形势和学校工作重点而确定，主要包括时事政治、党和政府一定时期内的重要文件和精神，以及学生普遍关心的政治问题。这种学习具有时效性和经常性，旨在及时地并经常地将党的路线、方针、政策贯彻到学生中去，具有以下主要特点：时事政治是日常政治学习的重要组成部分。通过及时了解国内外的时事政治，学生可以更全面地把握社会动态，了解各种政治事件的发展和影响。这有助于激发学生的关注社会、参与社会的热情，培养学生对时事问题的敏感性和判断力。学习党和政府一定时期内的重要文件和精神是日常政治学习的重要内容之一。这种学习有助于学生深入了解国家的政策方向和发展思路，把握党的主张和领导层的决策部署，为学生提供正确的政治引导，培养学生的党性观念和政治责任感。针对学生普遍关心的政治问题进行的教育也是日常政治学习的重要组成部分。通过回应学生的疑问、解答学生的困惑，教育者可以更好地引导学生树立正确的思想观念，解决学生在政治理论认识上的问题，推动学生的政治思想觉悟提升。高校日常思政教育中的日常政治学习，以时事政治、重要文件和精神的学习以及对学生普遍关心的政治问题的解答为主要内容，具有时效性和经常性。通过这种学习方式，高校能够更好地将党的路线、方针、政策贯彻到学生中去，促使学生在日常学习和生活中保持对政治的关注和理解。

（二）党团组织生活教育

高校日常思政教育中的党团组织生活教育是一项重要内容，旨在教育学生树立共产主义信念，培养良好的党团生活习惯和组织纪律，帮助学生健康成长。这一教育主要分为不同层次，形式多样，包括业余团校、团内组织生活、党章学习小组、业余党校、党组织生活等多个方面。业余团校主要面向积极要求加入团组织的青年学生，进行团的基础知识、团的章程和团员的权利与义务等教育活动。这有助于创造条件，争取早日加入团组织，培养学生对团组织的认同感和归属感。团内组织生活通过各种活动促进教育，培养团员集体主义观念和纪律观念。这种形式下，通过团内组织生活和民主生活等活动，学生能够更好地理解团组织的原则和要求，同时进行马克思主义基本理论和党的基本知识的学习，推动学生的政治思想觉悟提升。党章学习小组的方式主要是组织积极要求入党的学生进行党的基本知识和党章的学习。业余党校则针对积极要求入党的优秀团员进行系统的党的纲领、章程和基本理论知识的学习和培训。党组织生活主要通过系统的马克思主义理论、党的理论和建设的学习、培训，通过党内组织发展、民主生活等活动，培养学生树立坚定的共产主义信念，为共产主义事业而努力学习和工作。另外，在高校思政教育中，还涉及到个别学生的思想教育。针对个别学生随时出现的思想矛盾和问题，有针对性地进行疏导，采取谈心式、咨询式和奖罚式等方式。谈心式教育通过及时发现问题苗头，进行个别谈心，予以适当引导，解开疑窦，消除误会。咨询式教育尤其包括心理咨询，通过心理咨询使学生有了心理矛盾和困惑后，有一个诉说的地方，咨询教师则可以通过开导、解答达到教育的目的。奖罚式教育则通过奖励和处罚，对学生思想行为进行激励和规范，以事实教育方式推动学生思想的积极向上发展。高校学生的思政教育主要包括政治理论课教育、思政教育课以及日常思政教育。政治理论课教育解决学生人生观、世界观和思想深层次的理论问题，思政教育课主要是对学生普遍关心和存在的一系列理论和实际问题进行系统的理论教育和思想教育。而日常思政教育则主要针对学生思想认识进行个别的、深入的思政教育工作。这三个方面内容相互关联，各自肩负着学生德育的不同方面，构成高校德育系统的主体内容，为培养德智体全面发展的社会主义建设者和接班人奠定基础。

（三）个别学生思想教育

高校日常思政教育中的个别学生思想教育是一项重要而复杂的工作。针对个别学生随时可能出现的思想矛盾和问题，开展有针对性的疏导，采取谈心式、咨询式和奖罚式等多种方式，旨在引导学生正确认识问题、树立正确的世界观和人生观，推动其思想的积极向上发展。谈心式教育是日常思政工作中的一种重要手段。通过及时发现问题苗头，进行个别谈心，教育者可以予以适当引导，解开学生内心的疑虑，消除误会。这种教育方式基于亲近而平等的沟通，帮助学生更好地理解自己的思想状况，从而更容易接受正确的引导。谈心式教育旨在促进教育者与学生之间的深入交流，建立起相互信任的关系，为学生提供心灵上的支持和指导。咨询式思政教育强调心理咨询的作用。在现代高校，学生面临各种生活和学业的压力，可能会产生不同程度的心理矛盾和困惑。通过设立心理咨询服务，学生可以有一个诉说的空间，咨询教师则能够通过开导、解答等方式达到教育的目的。这种方式有助于学生排解内心的困扰，增进心理健康，培养学生更好地应对生活压力和面对困难的能力。奖罚式教育是日常思政工作的重要组成部分。通过奖励和处罚，教育者对学生思想行为进行激励和规范，以事实教育方式推动学生思想的积极向上发展。奖励可以是针对学生表现良好、积极向上的思想行为，给予肯定和鼓励；而处罚则是对于思想行为偏差或违反校规的学生采取适当的惩戒措施，以达到规范行为的效果。在实施个别学生思想教育的过程中，教育者需要充分了解学生的个性特点、生活状况和心理状态，因材施教，采取灵活多样的方式进行引导。同时，要关注学生的成长环境、家庭背景等因素，全面把握学生的情况，有针对性地进行思想疏导和引导。高校日常思政教育中的个别学生思想教育是一项综合性、系统性的工作，要充分发挥教育者的引导作用，关注学生的个体差异，通过亲近、理解、关怀，引导学生树立正确的人生观和价值观，培养其积极向上的思想品质。这种个别学生思想教育的工作不仅有助于学生个体的成长，也有利于整个高校思政教育的全面发展。

第二节　高校思政教学模式改革与探究

一、引入多元化教学手段

高校思政教学模式的改革与探究是为了更好地适应时代的发展和学生的需求，其中引入多元化教学手段是一项关键性的举措。传统的思政教学往往以课堂讲授为主，而随着科技的飞速发展，多元化教学手段的引入为思政教学注入了新的活力。引入多媒体技术，如PPT、视频、音频等，可以更生动地呈现思政教学内容，使学生在课堂上更容易理解抽象概念。通过多媒体的应用，教师可以用图文并茂的方式解释理论知识，提高学生的学习兴趣，使思政课堂更具吸引力。建设在线教育平台，使学生可以随时随地进行学习，充分利用信息技术的便利性。通过在线教育平台，学生可以获取更多的学习资源，进行在线讨论，与教师和同学互动，实现异地学习和交流，提高学生的学习效果①。引入虚拟实验和模拟教学，使学生能够在虚拟环境中进行实践操作，增强他们的实际动手能力。通过虚拟实验，可以模拟真实情境，提供更多实际案例，培养学生解决实际问题的能力。利用线上互动学习平台，开展讨论、辩论、小组活动等形式，促使学生在虚拟空间中展开深入交流和合作。这有助于培养学生的团队协作精神、交流能力和批判性思维，提升他们的学术素养。教师可以通过社交媒体平台与学生进行互动，发布学术资讯、引导学术讨论，激发学生的学科兴趣。社交媒体的广泛应用有助于拓展教学的传播途径，使思政教育更贴近学生的日常生活。创新评估方式，引入科技手段，通过在线考试、作业批改等方式，实现对学生学习情况的及时监控。在线评估可以更全面地了解学生的学术水平和学科素养，为个性化辅导提供数据支持。针对数字时代学生的特点，设计网络素养课程，培养学生在信息时代中的信息获取、分析、判断和利用的能力。这有助于提高学生的综合素质，更好地适应社会的发展。在思政课程中引入跨学科元素，与其他学科进行有机融合。通过与文学、历史、艺术等学科的结合，拓展学生的思维广度，提高综合素养。建设数字化思政课程资源库，集成丰富的教学资源，为教师提供更多教学素材和案例。学生可以通过自主学习，深入了解思政知识，提高自主学习的能力。引入多元化教学手段不仅可以满足学生的个性化学习需求，提高思政教学的灵活性和实效性，同时也有助于推动思政教育朝着更加创新和有活力的方向发展。这种改革是适应时代潮流的需要，有望为高校思政教学注入新的活力，促进学生全面发展。

二、设置学生参与性的教学活动

高校思政教学模式改革中，设置学生参与性的教学活动是一项关键举措。这一改革旨在激发学生的学习兴趣，提高他们的思辨能力和团队协作精神。通过引入各种互动性强的教学活动，学生能够更深入地理解思政内容，培养批判性思维，提升综合素养。在这一改革背景下，学生参与性的教学活动采用多样化的形式，包括小组合作学习、问题式讨论课、角色扮演和模拟活动、实地考察与社会实践、学科竞赛和项目制作等。这些活动不仅增加了教学的趣味性，更重要的是激发了学生的主动学习意愿，使他们更加积极地参与到课程中来。小组合作学习是其中一项重要的实践方式。通过小组内的互动和合作，学生能

---

① 崔海燕，秦海丽．高校思政教育大师资体系的构建［J］．学园，2024，17（04）：4-6.

够在探讨中深化对思政知识的理解。问题式讨论课则通过引入社会热点问题，激发学生对时事的关注，并引导他们就伦理、道德等方面展开深入的思考。角色扮演和模拟活动为学生提供了身临其境的体验，使抽象的理论知识更具体化，增强了学生的实践感受。实地考察与社会实践则将课堂延伸到社会生活，让学生亲身参与，增加了教育的真实性和实用性。学科竞赛和项目制作培养了学生的创造力和团队协作能力。通过参与竞赛和制作项目，学生能够将所学知识运用到实际中，形成对思政知识的更为深刻的理解。在线平台与新媒体的运用构建了学习社区，为学生提供了更广泛的互动机会。通过在线讨论、博客分享、短视频展示等形式，学生在虚拟空间中交流，拓宽了学习的视野。个性化学习与自主探究支持学生根据个人兴趣和需求定制学习路径，培养了他们的独立思考和学习动力。学科交叉与跨界合作促进了思政课程与其他学科的有机结合，使学生形成更为综合的知识结构。反馈机制与评价体系建立了多层次的评价手段，更好地收集学生的学习反馈。这有助于及时调整教学策略，提高教学的有效性。通过这些学生参与性的教学活动，高校思政教学模式得到了有益的拓展。学生在积极参与中不仅获得了知识，更培养了批判性思维、团队协作等综合素养，为其全面发展打下了坚实基础。这一系列改革旨在构建更为富有活力和深度的思政教育体系，使其更好地适应当代大学生的成长需求。

三、建立学科交叉的思政课程

高校思政教学模式的改革中，建立学科交叉的思政课程是一项重要的探索。这一改革旨在打破传统学科壁垒，促使思政课程与其他学科形成有机融合，以提高教学的实效性和吸引力。在学科交叉的思政课程中，不同学科的知识与思政内容相互渗透、相互贯通。通过将思政元素巧妙地融入到各类学科中，学生能够更直观地感受到思政与专业知识之间的内在联系。例如，在理工科类的专业中引入伦理学、科技与社会的关系等思政内容，使学生在学习专业知识的同时，加深对社会责任和伦理规范的认识。这种交叉融合的思政课程设计不仅突破了传统课程框架，更为学生提供了更为综合和全面的学习体验。通过结合专业知识和思政元素，学生能够更好地理解学科内涵，形成系统性的知识结构。同时，这也有助于激发学生对学科的兴趣，使其更主动地参与学科学习。学科交叉的思政课程还促进了不同学科领域之间的跨界合作。教师们在课程设计和教学实践中需要加强跨学科的合作，共同探讨如何将思政元素有机地融入到各自学科中。这样的合作有助于形成更为丰富和多维的思政课程内容，为学生提供更广泛的知识视野。学科交叉的思政课程也使学生更好地理解学科与社会的关系。通过将专业知识与社会现实相结合，学生能够更深刻地认识到自己所学专业的社会影响和责任。这种认识不仅有助于培养学生的社会责任感,还使其更好地理解专业知识的价值和意义。建立学科交叉的思政课程是高校思政教学模式改革的一项有益尝试。通过打破学科界限,促进学科融合,这一改革有望为学生提供更为全面、实用和深入的学习体验,培养更具综合素养的人才。这种模式的推行有助于思政教育更好地适应当代大学生的学科需求和社会发展的要求。

四、建设思政课程在线学习平台

建设思政课程在线学习平台是高校思政教学模式改革的一项重要举措。随着信息技术的迅猛发展,借助在线学习平台为思政课程提供更灵活、便捷的学习方式,已成为推动高校思政教学进步的关键措施。通过建设思政课程在线学习平台,学生可以实现跨时空的学习,充分利用碎片化时间进行思政知识的学习。这种灵活性不仅满足了学生多样化学习需求,也有助于提高学习的主动性和积极性。学生可以通过平台随时随地获取课程内容、参与讨论、完成作业,实现个性化学习路径,促进学习兴趣的培养。在线学习平台还提供了多媒体资源、互动工具等丰富的教学手段,丰富了思政课程的教学形式。教师可以通过上传教学视频、图文资料等方式呈现思政知识,提高教学的生动性和趣味性。同时,学生可以通过在线讨论、答题互动等方式参与课程,促进知识的深度理解和应用。建设在线学习平台还有利于思政课程的资源共享和开放性。不同高校、不同教师可以共享优质的教学资源,提高教学质量和水平。学生可以获取更广泛、更深入的思政知识,丰富了学科内容,培养了更全面的综合素养。在线学习平台还提供了数据分析和评估功能,帮助教师更好地了解学生学习状况,进行个性化的教学指导。通过数据分析,教师可以及时发现学生的学习困难,进行针对性的辅导和引导,提高教学效果。建设思政课程在线学习平台是高校思政教学模式改革的一项创新性举措。这种模式不仅符合当代大学生学习的特点,更有助于提高思政课程的教学质量,培养更具综合素养的人才。这一举措不仅推动了思政教学的现代化,也为高校思政教育的发展提供了新的路径和方向。

五、个性化辅导和评估

个性化辅导和评估是高校思政教学模式改革的重要组成部分,通过对每位学生个体差异的关注和针对性的辅导与评估,有助于更好地满足学生的学习需求,促进其全面发展。在个性化辅导方面,教师可以通过深入了解学生的学习兴趣、潜力、困难等方面的特点,制定个性化的教学计划。通过与学生的交流和互动,教师可以了解学生对思政课程的理解程度、兴趣点以及存在的问题，有针对性地进行个性化教学。这种辅导方式能够激发学生的学习兴趣，提高学习主动性，促使其更好地理解和应用思政知识。个性化评估是对学生学业和发展进行全面、细致的分析和评价，有助于更科学地了解学生的学业水平和潜力。通过对学生学术表现、综合素质、思想政治素养等方面进行个性化评估，可以为学生提供更具体、更精准的发展建议。这种评估方式不仅有利于教师更好地指导学生，也为学生提供了更有针对性的发展方向，更好地发挥其个体优势。在实施个性化辅导和评估时，可以结合现代技术手段，利用教育信息化平台，建立学生个性化档案，记录学生的学习历程、兴趣爱好、自主学习情况等方面的信息。通过大数据分析，教师可以更全面地了解学生的发展轨迹，及时发现问题，进行有针对性的指导。个性化辅导和评估还可以通过导师制度的建立得以实现。教师担任学生的导师，通过一对一的交流和指导，深入了解学生的学习和发展情况，为其提供更个性化的辅导和评估。个性化辅导和评估是高校思政教学模式改革的一项创新性措施。通过关注每个学生的个体差异，更好地满足其学习需求，促进其全面发展，有助于提高思政教学的实效性和针对性。这一改革势必推动高校思政教育朝着更加人性化、科学化的方向迈进。

第三节　高校思政教师队伍的建设

一、强基固本：高校思政课教师队伍建设的价值意蕴

（一）推动高校思想政治教育工作发展的时代要求

高校思政课教师队伍的建设不仅是对当前时代需求的响应，更是为了推动高校思想政治教育工作更好地适应时代变革、服务党和国家事业的迫切要求。这一建设的价值意蕴体现在以下几个方面。

（1）时代背景下的使命担当：当今信息技术迅速发展、全球文化交流不断深化，这为高校思政课提出了更高的时代使命。构建政治素养高、思政水平深厚的教师队伍，是适应时代变革、更好履行教育使命的迫切需要。思政课教师应当具备应对时代挑战的能力，引领学生适应和参与国家发展、社会变革的过程。

（2）新时代思政课发展的新要求：高校思政课在目标、内容、方法等方面呈现出新的发展态势。面对新时代的发展需求，思政课教师队伍建设要顺应新形势，加强理论学习，

不断提升教育教学水平，为学生提供更为全面、深刻的思想政治教育。只有建设高水平的教师队伍，思政课才能更好地发挥引领和引导学生的作用，推动教育事业取得更大成就。

（3）立德树人的根本任务：高校思政课教师队伍建设的核心目标是以立德树人为导向。培养德智体美全面发展的社会主义建设者和接班人，要求思政课教师不仅具备政治素养，还需要具备较高的人文素养、道德品质和专业水平。思政课教师的思想道德水平和教育能力是立德树人的基石，通过队伍建设确保高校思政教育能够真正贯彻立德树人的根本任务。

（4）服务中心工作的关键环节：思政课教师在服务党和国家中起到关键的引导和培养作用。建设高水平的思政课教师队伍，有助于更好地服务中心工作，传承和弘扬社会主义核心价值观，引导学生树立正确的世界观、人生观、价值观。思政课教师要深刻理解中心工作的要求，通过自身的建设推动党和国家事业的发展。在时代潮流和新时代教育发展需求的推动下，高校思政课教师队伍建设承载着更加丰富而深刻的价值意蕴。这一建设不仅是适应时代变革、服务国家事业的内在需要，更是对教育事业高质量发展的有力支撑和保障。通过强基固本，高校思政课教师队伍将更好地发挥引领、引导学生成长的重要作用，为培养德智体美全面发展的社会主义建设者和接班人作出更大贡献。

（二）保障高校思政课教学质量的关键环节

高校思政课教师队伍的建设是保障高校思政课教学质量的关键环节。在全球化进程中，世界文化的交汇与融合使得学生精神需求更加多元，高校思政课的质量直接关系到培养学生的综合素质和社会责任感。因此，强化高校思政课教师队伍建设，以立德树人为导向，提高质量为标准，成为新时代推动高校思政课高质量发展的重要举措。

（1）理想信念的坚定：思政课教师要拥有坚定的理想信念，这是他们引领学生的核心动力。理想信念的坚定不仅体现在政治理论水平上，更要通过实际行动为学生树立正确的世界观、人生观、价值观。为此，可通过加强党性教育、组织教师党员参与各项党建活动，使思政课教师在理论与实践中更加深刻理解党的指导思想。

（2）理论功底的深厚：高校思政课教师要具备深厚的理论功底，能够准确把握时事政治，把党和国家的最新政策传达给学生。在教师队伍建设中，可以通过定期组织专题学习、开展理论研讨等形式，提高教师的理论水平，使其能够更好地引导学生理解和思考社会发展的现实问题。

（3）业务技术的精湛：思政课教师不仅要有丰富的政治理论知识，还需要具备精湛的教学技巧。通过丰富多样的教学手段，如案例分析、小组讨论、互动式教学等，使思政课变得生动有趣，提高学生的学习积极性。此外，可通过定期的教学评估与反馈，引导教师不断改进教学方法，提高业务水平。

（4）立德树人的导向：以立德树人为导向是高校思政课教师队伍建设的根本目标。通过强调德育工作，推动教师深入了解学生，关注其全面成长，引导其正确处理学业与人生、理论与实践的关系。建设一支以立德树人为核心的思政课教师队伍，有助于培养更多社会主义建设者和接班人。

（5）政策措施的出台：为了更有实效地推进高校思政课教师队伍建设，新时代需要出台具体的政策措施。这包括设立专门的思政课教师培训机构，定期组织教师参与国内外重大学术研讨活动，鼓励教师参与课程研发，提高教学水平。同时，建立完善的激励机制，对在思政课教学中取得显著成绩的教师进行奖励，激发积极性。通过以上关键环节的全面加强，可以有效推动高校思政课教师队伍建设，为保障高校思政课教学质量提供有力支持。这一过程不仅有助于引导学生树立正确的人生观，更能够使思政课真正成为培养社会主义建设者和接班人的独特平台。

（三）提升高校思政课教师综合素质的内在需求

高校思政课教师队伍建设的价值意蕴之一在于提升高校思政课教师的综合素质，这是推进高校思政课教师队伍高质量发展的内在需求。在社会思潮多元化、交融交锋激烈的当今时代，高校思政课教师的工作面临着更加复杂的情境，因此，强调思政课教师的综合素质提升成为建设高质量队伍的关键。

（1）国际视野的培养：高校思政课教师需要具备较高的国际视野，能够更好地理解国际社会的发展动态，以便更好地引导学生对国际事务的理解。为此，可以通过开设国际政治课程、组织教师参与国际学术交流等方式，拓宽思政课教师的国际视野。

（2）责任意识与担当：提升高校思政课教师的责任意识和担当精神是关键。在培养学生成长的过程中，思政课教师需要承担起更大的责任，引导学生树立正确的价值观，培养社会责任感。通过加强教育实践、社会服务等环节，激发教师责任心，提高应对复杂问题的能力。

（3）专业知识结构的完善：思政课教师需要具备全面的专业知识结构，涵盖政治学、哲学、法学等多个领域。高校应通过持续的培训和学科研究，帮助教师不断深化专业知识，保持学科前沿的敏感性，使其在教学中更具深度和广度。

（4）实践能力的增强：高校思政课教师不仅仅是理论传授者，更应是实践引导者。通过将实际案例融入教学、组织学生参与社会实践活动，提升思政课教师的实际操作能力，使其更好地将理论知识与实际问题相结合。

（5）文化素养与创新能力：文化素养是思政课教师必备的素质，通过广泛阅读、参与文化艺术活动等方式提升文化修养。同时，创新能力也是不可或缺的，鼓励思政课教师在教学中不断尝试新的教学方法、借助现代技术手段提升教学效果。

通过明确以上内在需求，高校可以通过制定相关政策，加强师资培训，搭建学术交流平台等方式，提升高校思政课教师的综合素质。这不仅有助于适应当代高校思政工作的复杂性，也更好地服务于学生成长成才的过程。思政课教师队伍建设的内在需求旨在培养更为全面、素质更高的高校思政课教师，为高质量思政课的发展提供坚实支撑。

二、现实羁绊：高校思政课教师队伍建设的问题

（一）高校思政课教师队伍建设的全局思维有待提高

自党的十八大以来，国家对高校思政课教师队伍建设提出了一系列政策文件，推动了思政课教师队伍的发展。然而，实际的建设过程中存在一些问题，主要表现在全局思维不够高度，对思政课教师队伍的定位缺乏全面考量，出现了重视不够、发展理念滞后和缺乏系统性战略规划等方面的现象。部分高校在思政课教师队伍建设上存在对当下需求的重视，但缺乏对长远发展的全局思考。有些高校未能根据实际情况合理配置思政课教师，导致队伍建设状况不能令人满意，这表明高校在思政课教师队伍规划上存在局限性，未能实现整体性推进。一些高校囿于"唯用论"理性工具思维，过度关注形式，轻视实效。未能充分关注高校思政课教师队伍建设在新时代所面临的实际情况，缺乏对发展理念的更新，导致在实际推进中可能产生短视的现象。这使得思政课教师队伍建设难以产生持续的驱动力。部分高校在思政课教师队伍建设上缺乏系统性和可操作性的战略规划。未能有效整合和利用思政课教师队伍建设的资源，导致教师队伍过于分散，各自为战，未形成合力。这反映出高校在思政课教师队伍建设方面需要更加科学的规划和整合。关键问题在于未能真正将高校思政课教师队伍建设融入高校思想政治教育建设中。这使得思政课教师队伍建设与学校立德树人的总体目标脱节，影响了思政课教师队伍建设的整体性推进。为解决这些问题，高校可以采取以下措施：明确全局定位，根据长远发展需求科学配置思政课教师队伍；更新发展理念，关注实效，形成更具前瞻性的建设理念；制定系统性战略规划，整合资源，形成协同合作；将思政课教师队伍建设与学校思想政治教育建设相结合，实现整体推进。通过这些努力，高校思政课教师队伍建设可以更好地适应新时代的要求，为学校思

想政治教育的质量提供更强有力的支持。

（二）高校思政课教师队伍建设的结构布局有待改善

当前，高校思政课教师队伍的结构布局存在一些问题，包括区域空间分布不均、专业化程度不高以及年龄结构不合理。这些问题制约了思政课教师队伍的整体质量和发展，需要进行合理优化和改善。在高校思政课教师队伍的分布中，存在中、东、西部之间的差异，以及一些相对贫困落后地区从事思政课教学的人员相对缺乏的情况。特别是在西部地区，兼职教师较多，这已成为限制高校思政课教师队伍建设的重要因素。为了解决这一问题，需要加强对西部地区的支持，提高该地区思政课教师的数量和水平，实现区域间的均衡发展。部分高校思政课教师队伍中，存在专业能力不足、学术影响力低的情况。高水平、具有复合型能力素质的专业化思政课教师相对稀缺，难以满足提升思政课质量的需求。因此，需要通过提升教师的专业水平，加强他们的学术研究和实践经验，培养更多具备高水平专业素养的思政课教师。目前高校思政课教师队伍中，高层次人才的年龄偏大，中青年骨干数量偏少，导致人才断层现象。年轻一代的骨干力量不足，难以继续推动思政课教学的创新和发展。因此，需要通过引入更多年轻且有潜力的思政课教师，优化年龄结构，确保队伍的可持续发展。

（三）高校思政课教师队伍建设的社会环境有待优化

近年来，尽管国家对高校思政课教师队伍建设出台了一系列政策和措施，但在实际执行中仍存在一些问题。社会环境的不足限制了这些政策和措施的充分发挥。主要体现在资金投入较窄、教师待遇亟待提高、收入分配机制需要完善等方面。尽管国家逐年增加高校思政课建设资金，但专项资金投入仍然不足，使得高校思政课教师队伍建设难以得到充分支持。为了优化社会环境，需要增加专项资金投入，确保高校思政课教师队伍建设的经费充足。高校思政课教师工作强度大，竞争压力大，但薪酬待遇相对较低，这导致高校思政课教师引进和留任都面临困难。改善社会环境的一个关键点是提高高校思政课教师的待遇，使其获得更好的收入和福利，从而激发其积极性和创造力。一些地方仍然采用平均主义的分配模式，这可能导致高校思政课教师的工作积极性、主动性和创新性受到挫伤。优化社会环境的一个关键举措是完善高校思政课教师的收入分配机制，更加合理地考虑其工作贡献和表现。

（四）高校思政课教师队伍建设的管理制度有待完善

目前，高校思政课教师队伍建设的管理制度存在一些不足，主要表现在粗放式管理制度、内容缺乏针对性、绩效考评不完善等方面。这些问题导致高校思政课教师队伍建设的推进受限，需要进一步完善管理制度，提高工作效能。在宏观层面，高校思政课教师队伍建设的管理制度相对粗放，缺乏系统性和创新性。这使得思政课教师队伍建设的内容显得单一，缺乏针对性，无法适应新时代对思政课的要求。为了优化管理制度，需要在宏观层面上进行深入改革，建立更加科学、灵活、创新的管理机制。在微观层面，高校思政课教师队伍建设的绩效考评制度存在问题。绩效考评结果的权威性和可信度不高，考评标准导向作用不明显。这影响了对思政课教师实际工作贡献的公正评价。为了提高绩效考评的有效性，需要建立更加科学、客观、全面的考评制度，并明确考评标准和权重。另外，高校思政课教师队伍建设的配套支持政策也相对不足。缺乏系统性的政策支持，使得思政课教师队伍在建设过程中面临一些困难。完善配套支持政策，包括资金支持、培训机会、职称晋升等方面的政策，有助于形成有力的政策保障体系。

三、纾解之策：新时代高校思政课教师队伍建设的实践进路

（一）强化顶层设计，提升高校思政课教师队伍建设的科学化水平

在新时代背景下，为了更好地满足时代发展的要求，高校思政课教师队伍建设需要强化顶层设计，实现科学化的发展水平。以下是一些纾解之策，以提升高校思政课教师队伍建设的实践进路。高校思政课教师队伍建设应始终坚持党管人才的原则，确保教师队伍的建设与党和国家发展大局相一致。顶层设计要明确党对高校思政课教师队伍建设的领导地位，将其纳入整体发展规划，推动高校思政课教师队伍建设与中国特色社会主义事业的发展相协调。顶层设计应以立德树人为导向，使思政课教师队伍建设更好地服务中国特色社会主义事业。通过顶层设计，确保思政课教师队伍建设在开放、有序、多元、高效的方向上稳步发展，适应新时代的要求。顶层设计要主动对接国家重大战略，将解决高校思政课教师队伍建设的现实问题作为切入点。通过调研，了解实际问题，从而制定更为切实可行的顶层设计方案，以促进思政课教师队伍的全面发展。强调在顶层设计中将制度建设放在重要位置，优化内部治理，为思政课教师队伍建设提供更为清晰的制度保障。特别是在政策性瓶颈方面进行解决，通过建立倾斜政策，鼓励专业水平高的教师下沉到中西部偏远地

区从事思政课教学，提高教育资源的均衡配置。在顶层设计中要注重对基层思政课教师队伍的倾斜政策，确保他们能够获得足够的支持和关注。加大对中西部偏远地区高校思政课教师队伍建设的资金扶持力度，使教育资源更好地服务于这些地区。通过强化顶层设计，高校思政课教师队伍建设将更好地适应新时代的需求，确保思政课教师队伍在服务党和国家中发挥更为重要的作用。这将促进思政课教育水平的不断提高，为培养德智体美全面发展的社会主义建设者和接班人作出积极贡献。

（二）坚持多措并举，增强高校思政课教师的综合素质

提升高校思政课教师的综合素质是巩固高校思政课教师队伍建设的关键之举。在当前社会飞速发展、学生精神需求多元的背景下，高校思政课教师需要通过多措并举的方式不断增强其政治素质、业务能力、育人水平。确立高校思政课教师队伍教育基地的发展定位和功能，加大对这些基地的投入力度。通过建立多层次、广覆盖的高校思政课教师队伍教育基地网络，提供全方位的培训和学习机会，使思政课教师能够深化理论学习、更新知识储备。针对高校思政课教师队伍的专业需求，开发适合其成长的课程。不仅要关注理论知识的提升，还要加强实践技能培养。通过完善教育内容的供给，使思政课教师建立更为全面的专业知识结构，提升专业素养，更好地满足学生多元化的精神需求。结合社会发展需求，按照分类分层的管理要求，制定统一的高校思政课教师队伍的继续教育规划和教育考核指标。通过定期的继续教育，全面提升思政课教师的教学能力和水平，使其更好地适应新时代思政课教育的要求。通过这些措施的实施，高校思政课教师队伍将能够更好地适应当前社会的发展趋势，不断提升其综合素质。这有助于巩固和加强高校思政课教师队伍建设，为培养德智体美全面发展的社会主义建设者和接班人提供更为有力的支持。

（三）优化社会环境，构筑高校思政课教师队伍建设的资源平台

高校思政课教师队伍建设不仅需要政府部门的关注与支持，更需要全社会的积极参与和协同努力。为此，可以通过以下途径来优化社会环境，构筑高校思政课教师队伍建设的资源平台。在高校思政课教师队伍建设中，政府部门应将其置于突出的位置，并在政策层面明确高校思政课教师队伍建设的战略目标。通过具体的政策和措施，引导思政课教师队伍建设从观念层面向操作层面转化，形成系统化的建设框架。鼓励政府、高校、企业、社会等多方参与思政课教师队伍建设，形成多元主体协同推进的机制。通过整合各方资源，包括财政支持、专业培训、科研项目等，建立资源共享的平台，提高建设效率。通过媒体等渠道，改变社会对思政课教师的偏颇性固化认知。加强对思政课教师的正面宣传，展示

其在培养学生德智体美全面发展方面的重要贡献。提高思政课教师的社会认同度，有助于提升其社会地位。在激励机制方面，政府可以提供相应的资金扶持，鼓励高校、企业等向思政课教师队伍建设提供支持。确保资金的合理分配和使用，形成宽松和谐的人文生态环境，为思政课教师队伍提供更好的发展条件。通过以上举措，可以在社会层面为高校思政课教师队伍建设搭建一个良好的资源平台。这有助于形成全社会的共同合力，推动高校思政课教师队伍建设取得更为显著的成果，为培养具有中国特色社会主义核心价值观的新时代人才提供坚实支撑。

（四）坚持问题导向，建立健全高校思政课教师队伍建设的管理体系

完善的管理体系是高校思政课教师队伍建设的基本保障。在新时代，为满足社会发展对思政课教师的更高要求，高校思政课教师队伍建设需要坚持问题导向，积极探索多层次、全流程的管理体系，以解决机制现存的结构性矛盾。要完善高校思政课教师的需求分析和预测管理系统。通过建立系统的需求分析和预测机制，能够准确把握高校思政课教师队伍的需求变化。此外，坚持"按需引进、竞争上岗、择优聘任"的原则，制定操作性强、灵活性高的高校思政课教师弹性引进和聘任机制，以实现人才的最佳配置。建立健全高校思政课教师动态考核评估机制。构建以"德能勤绩廉"为内容的高校思政课教师工作绩效评价标准，综合考虑德育、学科能力、教学质量、科研业绩等多个方面。同时，实行定性考核和定量考核相结合的高校思政课教师队伍竞争机制，激发教师的创新力和积极性。完善多维质量评价机制和监控体系。建立对高校思政课教师队伍建设成效的多维度质量评价机制，包括教育教学质量、学科影响力、社会服务等方面的评估。通过动态跟踪，及时发现和解决高校思政课教师队伍建设中的新情况、新问题，确保高校思政课教师队伍高质量发展。通过以上措施，可以建立起健全的高校思政课教师队伍建设的管理体系，有助于更好地引导和推动高校思政课教师队伍建设的深入开展，为思政课教育的高质量发展提供有力支撑。

第六章　高校院校思政课程与教学模式

第一节　高校思政课程教育现状

一、学生视角下的高校课程思政教育现状分析

（一）课程思政认同度整体较高，但仍有可提升的空间

学生视角下的高校课程思政教育现状呈现出认同度整体较高的特征，然而，仍存在一些可提升的空间。从正面角度看，许多学生对课程思政表示认同，认为它是培养综合素质、塑造健全人格的重要途径。在新时代，高校积极推动课程思政，致力于培养学生的社会责任感、家国情怀和创新能力，这受到了广大大学生的认可。要全面了解高校课程思政教育的现状，也需要关注其存在的一些问题。首先，一些学生认为课程思政的理论性较强，难以贴近实际生活，缺乏与时代脉搏相契合的元素，导致学生产生疏离感。其次，一些学生反映在课程思政中，教学方式相对单一，缺乏足够的互动和启发，使得学生的参与度和主动性不够。此外，课程思政内容的设置也需要更灵活多样，以满足学生不同层次、兴趣和需求的特点。为了提升高校课程思政教育的效果，可以采取一系列策略。首先，注重理论与实践的结合，使课程思政更具实用性，更贴近学生的日常生活和社会实际。其次，多样化教学手段，引入互动性强的教学模式，激发学生的兴趣和积极性。同时，要关注课程思政的个性化发展，根据学生的特点和需求，提供更加个性化的教学内容和方法，以更好地引导学生成长。学生视角下的高校课程思政教育整体上取得了认同度较高的成绩，但在更深层次的理论与实践结合、教学手段多样化、内容个性化等方面仍存在提升的空间。通过不断改进和创新，高校可以更好地满足学生的需求，使课程思政教育更具有吸引力和实效性。

（二）课程思政实施方式日趋多元化，但内容仍有欠缺

学生视角下的高校课程思政教育在实施方式上呈现出日趋多元化的趋势，然而，尽管实施方式多元，仍存在一些内容上的欠缺。课程思政的实施方式多元化主要体现在教学手段和形式上。许多高校采用了线上线下结合的授课方式，借助现代技术手段如在线平台、多媒体展示等，使得课程更加灵活多样，适应了学生的学习习惯。尽管实施方式在形式上更加多元，一些学生反映在内容方面仍存在一些欠缺。一方面，部分学生认为课程思政的理论内容较为抽象，与实际生活脱节，难以引起浓厚的兴趣。另一方面，一些学生反映课程思政在热点问题、社会现象等方面的更新不够及时，缺乏对当下社会变化和问题的深入思考。因此，实施方式多元化的同时，高校仍需要更加关注课程思政的内容质量，使之更好地契合学生的需求。为了解决这一问题，高校可以采取一系列策略。更新课程内容，及时反映社会热点和新兴问题，使得学生在课程中能够获取最新的社会信息和理论知识。注重课程思政与实际生活的结合，引导学生将所学理论运用到实际中，增强课程的实用性和可操作性。建立多层次的课程思政评估体系，从学生角度收集反馈，及时调整和改进教学内容和方式，以确保课程思政教育在实施方式和内容上都能够取得更好的效果。高校课程思政教育在实施方式上的多元化为学生提供了更为灵活和便捷的学习途径，但仍需要关注内容的丰富性和质量。通过不断改进和创新，高校可以更好地满足学生的需求，使课程思政教育更加丰富深入，具有更强的吸引力和实效性。

（三）课程思政实施效果日渐明显，但融会贯通方面略显薄弱

学生视角下的高校课程思政教育在实施效果方面呈现出日渐明显的趋势，然而，融会贯通方面存在一些略显薄弱的问题。首先，课程思政的实施效果得到了学生的普遍认同。学生普遍感觉到在课程思政中，更好地理解了党的理论和方针政策，增进了对社会主义核心价值观的认同，提高了思想政治觉悟。尽管实施效果显著，一些学生对融会贯通方面提出了一些看法。学生反映，在具体学科知识与思政内容的融合上，存在一定的困难。有的学生认为，在专业学科中，课程思政的渗透较少，导致思政内容难以与专业知识形成有机联系。此外，一些学生认为课程思政的实施偏向于灌输性，缺乏与实际问题的深度融合，使得思政教育在启发性和引导性方面有所不足。为了解决这一问题，高校可以采取一系列策略。强化跨学科融合，鼓励教师在教学中将课程思政与具体专业知识结合起来，使学生在学科学习中更好地理解和运用思政内容。推动问题导向的思政教育，引导学生通过解决实际问题的方式来体现思政内容，提高学生的实际运用能力。加强教师培训，提升教师的

跨学科教育水平，使其更好地在专业知识和思政内容之间建立有机联系。高校课程思政教育在实施效果上取得了显著成果，但需要更加注重与专业知识的融合，使思政内容更好地融会贯通于学科学习之中。通过不断改进和创新，高校可以提高课程思政教育的实际效果，培养更具有全面素质的优秀人才。

（四）课程思政评价整体较好，但教学内容仍需完善

学生视角下的高校课程思政教育评价整体较好，然而，在教学内容方面仍存在一些需要完善的问题。学生对课程思政的整体认同度相对较高。许多学生表示，在课程思政中，他们更深刻地理解了党的理论和方针政策，提高了对社会主义核心价值观的认同度。这表明课程思政在引导学生思考、树立正确的价值观念方面取得了一定的成效。学生普遍认为在教学内容方面仍有一些需要改进和完善的地方。一方面，一些学生反映思政课程内容相对抽象，缺乏与实际生活和社会问题的深度融合。这使得一些学生难以将抽象的理论知识与实际生活联系起来，降低了思政教育的实际效果。另一方面，一些学生表示，在思政课中缺乏一些前沿、热点的社会问题的深入讨论，使得思政课程内容相对滞后，未能及时回应社会发展的新变化。为解决这些问题，高校可以采取一系列策略。注重实际生活和社会问题的融入，使思政课程内容更具体、更贴近学生的实际需求。通过引入一些具体案例、实际问题的分析，帮助学生更好地理解和应用所学的思政知识。更新和丰富教学内容，引入一些前沿热点问题，使思政课程保持与时俱进。这可以通过教师的不断学术更新和社会研究来实现，确保思政课程内容紧跟社会发展的步伐。学生对高校课程思政教育的评价整体较好，但教学内容仍需不断完善。通过改进课程内容，高校可以更好地满足学生的学科需求，提高思政教育的实际效果，培养更加全面发展的优秀人才。

二、教师视角下的高校课程思政教育现状分析

（一）认识不够，水平偏低

从教师视角来看，高校课程思政教育现状存在认识不够、水平偏低的问题。一些教师在认识上存在一定程度的模糊性，对于课程思政的深层次内涵和实施路径理解不够透彻。这可能导致教师在实际教学中难以贯彻党的教育方针，影响课程思政教育的深入开展。教师队伍整体水平相对偏低。一方面，一些教师在专业知识储备和理论功底上存在不足，难以深入学科领域展开思政教育。另一方面，部分教师缺乏与学生沟通的有效手段，无法将

理论知识生动有趣地传递给学生，导致思政教育缺乏吸引力和感染力。针对这一问题，高校可以通过加强对教师的培训和学习机会，提高他们对课程思政内涵和实施方法的认识水平。培训内容应当注重理论知识的深度挖掘，使教师能够更好地理解和贯彻党的教育理念。高校应鼓励教师参与学科研究，提高他们的专业水平。通过支持教师进行学术研究，促使他们深入学科领域，提升专业水平，更好地为思政教育提供有力支持。高校还可以建立起师德师风评价机制，明确教师在思政教育中的表现标准，通过激励机制，引导教师更加重视思政教育，提高思政课程的教学质量。从教师视角看，高校课程思政教育现状中存在认识不够、水平偏低的问题，通过培训、学科研究和评价机制的建立，可以有效提升教师队伍的整体素质，促进课程思政教育更好地开展。

（二）内容陈旧，方式不当

在教师视角下，高校课程思政教育现状存在内容陈旧、方式不当的问题。一些课程内容较为陈旧，未能及时更新与社会发展同步。这导致一些思政教育内容脱离了学生的实际需求和时代背景，难以引起学生的浓厚兴趣。部分高校在思政教育的方式上较为单一，缺乏灵活性和多样性。传统的讲授方式过于呆板，难以激发学生的主动性和参与性，使得思政教育流于形式，难以产生实质性的影响。为解决这一问题，高校可以通过多方面的努力来改善。首先，需要建立健全的课程更新机制，及时调整和更新思政教育内容。通过引入新的理论研究成果、社会热点问题等内容，使课程更具时代性和实用性，更好地满足学生的学科需求。高校应当鼓励教师在思政教育中运用多元化的教学方式。可以采用案例分析、小组讨论、互动式教学等方式，提高课程的灵活性和趣味性，让学生在参与中更好地理解和接受思政教育。高校还可以推动信息技术在思政教育中的应用，通过在线教育平台、多媒体教学手段等方式，增加教学手段的多样性，提高思政教育的吸引力。从教师视角看，高校课程思政教育现状中存在内容陈旧、方式不当的问题，通过及时更新课程内容、采用多元化的教学方式，可以使思政教育更好地适应时代发展和学生需求。

（三）缺乏沟通，忽视心育

在教师视角下，高校课程思政教育现状中普遍存在缺乏沟通、忽视心育的问题。首先，部分高校在思政教育中存在教师与学生之间沟通不畅的情况。有的教师过分强调知识传递，忽视与学生的交流互动，导致学生难以主动参与、理解和接受思政教育。一些高校在课程设计中偏重理论知识传授，而忽视了对学生情感、态度、价值观等方面的培养，缺乏对学生内心世界的关注。这使得思政教育过于功利，难以实现真正的思想政治效果。为解决这一问题，高校可以采取一系列措施。鼓励教师与学生建立更加紧密的沟通渠道。通过定期的学术讲座、座谈会、互动式教学等方式，促使教师与学生形成更加平等、开放的交流氛围，增强学生的参与感和思政教育的互动性。高校应当注重心理健康教育，将情感关怀融入到思政教育中。通过专门的心理健康辅导、心理学知识普及等方式，关注学生的心理需求，引导学生树立正确的人生观、价值观，实现全面素质的培养。高校还可以引入心理咨询服务，为学生提供心理健康的支持和指导。通过建立健全的心理健康服务体系，使学生在思政教育中得到更全面的关注和培养。从教师视角看，高校课程思政教育现状中存在缺乏沟通、忽视心育的问题。通过促进教师与学生之间的沟通、加强心理健康教育，可以更好地实现思政教育的目标。

第二节　高校思政课程的教育体系

一、高校思政课程的教育体系内涵

高校思政课程的教育体系内涵丰富，旨在全面培养学生的思想政治觉悟、道德情操、社会责任感和创新能力。该体系涵盖多个方面，如思想政治理论教育、社会实践、道德伦理教育等，构建了一个有机统一的教育框架，以满足新时代高校学生全面素质发展的需求[①]。教育体系的核心是思想政治理论教育，通过深入浅出的方式，系统阐述马克思主义基本原理、中国特色社会主义理论体系，引导学生树立正确的世界观、人生观、价值观。强调理论联系实际，使学生能够理解社会历史发展的规律，认知国家发展的战略方向。通过实地调研、社会服务、实习实践等形式，将理论知识与实际情况相结合，让学生深入社会，感知社会发展的脉搏。社会实践教育旨在培养学生独立思考和解决问题的能力，使其更好地适应未来社会的发展。强调培养学生的良好道德品质和伦理观念，注重道德规范的培养和实践，引导学生树立正确的人生价值观和社会责任感。通过案例分析、伦理讨论等方式，激发学生的道德情操，使其具备正确的行为准则。教育体系注重培养学生的创新意识和创新能力，通过开设创新创业类课程、组织创业实践活动等方式，激发学生的创新潜能，培养他们面对未知挑战时的应变和创新能力。教育体系致力于学生全面素质的提升，包括语言表达能力、团队协作能力、领导力等。通过演讲比赛、团队项目等形式，培养学

---

① 曾华平．数字化时代高校思政教育创新［J］．宁德师范学院学报（哲学社会科学版），2023，（04）：116-120.

生在各个方面的综合素质，使其具备更强的综合能力。教育体系鼓励学生拓展国际视野，通过国际交流、国际课程等方式，使学生更好地理解世界，增强国际意识和国际竞争力。教育体系强调全员参与的教育治理，包括师资队伍建设、课程体系更新、教学评价体系等多个层面。通过教育治理，促使高校思政课程更好地服务于学生成长。高校思政课程的教育体系内涵丰富多元，注重全面素质培养，旨在培养德智体美劳全面发展的社会主义建设者和接班人。

二、高校思政课程的教育体系特点

（一）全面性

高校思政课程的教育体系具有全面性的特点，表现在多个方面：教育体系的核心是思想政治理论教育，全面贯穿于高校思政课程的各个层次和环节。通过系统性的教学，学生接触到马克思主义基本原理、中国特色社会主义理论体系等，使其在思想上建立坚实的理论基础。教育体系强调全面培养学生，社会实践成为必不可少的一环。通过实地调研、社会服务、实习实践等多样化形式，学生能够深入社会，感知社会发展的脉搏，培养实际解决问题的能力。高校思政课程关注学生的道德品质和伦理观念的培养，通过道德伦理教育的贯穿，学生在课程中接触到实际生活中的伦理问题，引导他们形成正确的人生观和价值观。教育体系注重培养学生的创新意识和创新能力，通过设立创新创业类课程、组织创业实践等方式，激发学生的创新潜能，使其具备面对未知挑战时的应变和创新能力。教育体系致力于提升学生的全面素质，包括语言表达能力、团队协作能力、领导力等方面。通过多样的培养活动，学生在思政课程中得以全面发展。教育体系鼓励学生拓展国际视野，通过国际交流、国际课程等方式，使学生更好地理解世界，增强国际意识和国际竞争力。高校思政课程的教育体系具有全面性，旨在通过多方位、多层次的教学和培养活动，培养学生德智体美劳全面发展的社会主义建设者和接班人。

（二）系统性

高校思政课程的教育体系特点之一是其系统性。这一特点体现在多个方面，形成了一个有机结构、内外相贯通的系统化教育框架。高校思政课程以马克思主义理论为指导，通过系统的教学内容，包括马克思主义基本原理、中国特色社会主义理论体系等，为学生提供了一系列有机相连、系统有序的理论知识。这有助于学生建立坚实的思想理论基础。教育体系通过构建多层次的课程结构，涵盖了国家政治、经济、文化、社会等多个方面的内容。学生在系统学习中，能够全方位地了解国家和社会的运行机制，形成对国家全局的综合把握。高校思政课程强调理论联系实际，通过组织学生参与社会实践活动，将理论知识与实践相结合，使学生能够在实际中更好地理解和应用所学的理论知识，增强实践能力。高校思政课程的系统性表现在全面覆盖德育、智育、体育、美育等多个层面。通过全方位的教育内容，促使学生在思政课程中全面发展，实现德智体美劳全面培养。教育体系倡导开放、多元、国际化的教育理念，通过引入国际课程、开展国际学术交流等方式，拓宽学生的国际视野，使其在全球化背景下更好地适应未来社会的发展趋势。高校思政课程的教育体系特点在于其系统性，通过有机构建的教学框架，使理论、实践、全面素质等各个方面相互贯通，形成了一个全面、多层次、有机统一的思政课程体系。

（三）创新性

高校思政课程的教育体系特点之一是其创新性。这一特点体现在课程内容、教学方法和实践活动等多个方面，使得思政课程在培养学生创新精神、独立思考能力和实际应用能力方面具有独特的教育价值。高校思政课程注重引导学生进行创新性思考，通过引入新理念、新观点、新理论，激发学生对问题的独立见解和创造性思考。课程内容不仅涵盖传统的理论知识，还紧密关联当代社会发展，培养学生具备解决实际问题的创新思维。高校思政课程在教学方法上追求创新，不拘泥于传统的讲授模式，而是倡导互动、合作、实践的教学方式。通过小组讨论、案例分析、角色扮演等活动，激发学生的参与热情，培养他们分析问题和解决问题的能力。高校思政课程通过组织社会实践、调查研究等实践活动，使学生在实际操作中培养创新思维和实践能力。这种实践活动不仅是对理论知识的延伸和应用，更是培养学生创新性精神的有效途径。高校思政课程体系创新地引入一系列选修课程，包括创业创新、社会创新、科技创新等，为有志于发展创新能力的学生提供更为广泛的学科选择。这种创新性选修课程的设置有助于满足学生多样化的发展需求。高校思政课程体系注重学科之间的交叉融合，引入跨学科的知识和观念，促使学生形成综合性的认知和创新思维。这有助于拓宽学生的学科视野，培养综合应用知识解决问题的能力。高校思政课程的教育体系在创新性方面的努力，通过内容创新、教学方法创新、实践活动创新、选修课程创新等多个方面的实践，使得思政课程更好地适应了当代高校教育的发展需求，为学生成为具有创新精神的综合型人才提供了理论与实践的有机结合。

第三节　高校思政课程的教学实践

一、化学课程思政教学实践

（一）普通化学课程特点和课程思政建设方向

化学课程在大学一年级开设，旨在向非化学类专业的学生传授化学的基本概念、理论原理和方法，使他们能够理解化学热力学和动力学基本原理，并将这些原理与科学技术、生产生活以及土木工程专业联系起来。教材选用《普通化学》（第7版），包含多个章节，涉及热化学、化学反应、电化学、物质结构等知识点，虽然知识体系庞杂，但课程只有有限的学时，导致教师在传授知识时只能采取填鸭式授课和选择性教学。在当前的教学实践中，需要关注普通化学课程的特点以及在课程思政建设中的方向。该课程要求教师结合专业需求，合理安排各章节的时间，将知识传授与价值引领相结合。考虑到课程时间有限，如何通过有限的学时让学生更好地掌握化学基本原理成为研究的重点。同时，教师需要研究如何将课程思政融入教学中，通过案例引导学生树立正确的人生观和价值观。对于教师而言，应当注重课程内容的有机整合，使学生能够理解化学知识在实际生活和专业领域中的应用。通过案例教学，引导学生运用所学的知识解决实际问题，培养他们的实际应用能力。此外，教师还需关注教学方法的多样性，不仅仅限于传统的填鸭式授课，而是采用互动性强、引导性强的教学方式，提高学生的学习主动性。在课程思政建设方面，应当重视引导学生形成正确的人生观和价值观。通过讲解与化学相关的伦理道德问题、环境保护、可持续发展等内容，使学生认识到科技与社会、人与自然的关系。同时，教师还需关注学生的心理健康，通过关怀与引导，帮助他们更好地适应未来的工作和生活。普通化学课程思政建设需要注重整合课程内容，采用多样的教学方法，引导学生形成正确的人生观和价值观。这样的努力将有助于为非化学类专业的学生打下坚实的化学基础，使他们更好地适应未来的挑战。

（二）普通化学课程建设内容

1. 普通化学课程思政建设方向和重点

普通化学课程的建设内容在于贯彻教学理念，将思政教育融入课程教学中，通过创新教学方法和手段，提高师生互动和参与度，以达到更好的教学效果。特别是在大学一年级，学生正在适应新的学习和生活状态，因此，如何引导学生养成良好的学习习惯、形成良好的意识形态、提高个人品德修养、树立正确的价值观和人生观显得至关重要。普通化学课程的教学目标不仅仅是传授专业知识，更要通过梳理专业知识点，深入进行教学研讨，将唯物主义辩证法的重要内容与专业知识相结合，引入具有时代特色和弘扬社会正能量的相关内容。这就要求教师在课程设计中充分考虑思政教育的方向和重点，将专业知识与思想道德教育相有机地结合起来。在这个过程中，大胆尝试结合思政元素，充分发挥该课程在育人方面的重要作用。在思政建设的重点方向上，教师应注重梳理知识培养和品德教育间的共通点和关联点，实现知识和品德的优化整合。通过深化教学内容，引导学生更好地理解唯物主义辩证法的重要原理，培养学生正确的人生观和价值观。此外，教师还应通过创新的教学方法，提高师生互动和参与度，使学生在课程中更积极主动地参与讨论、思考和学习。关注学生的心理健康和人格修养是普通化学课程思政建设的重要环节。通过关怀和引导，帮助学生更好地适应大学生活和成长，培养他们的自我认知和人际交往能力。这样的努力将为学生未来的职业和人生打下坚实的基础，使他们在专业知识的同时，更全面地发展和成长。

2. 课程思政建设目标

普通化学课程的思政建设目标在于培养新工科人才的整体知识结构、能力结构和科学素养。通过对教学目标和课程思政元素的梳理，从个人修养、职业素养、理想信念三个层面凝练出具体的思政目标。这些目标主要通过世界观、价值观的塑造、求真务实的科学态度和科学精神的培养以及社会责任感等内容的有机融入教学全过程中来实现。在知识目标方面，通过该课程教学，学生将掌握化学反应的基本原理和基础知识，认识化学与当今社会的密切联系，学会获取知识的方法步骤，培养创新意识和科学思维品质。在能力培养目标方面，学生将培养对工程中复杂问题进行合理表述和计算的能力，为工程实践提供理论依据；具备终身学习的知识基础，具有技术理解、问题凝练、知识迁移的能力。在素质培养目标方面，思政教育和工程伦理教育将贯穿整个课程，培养学生的工匠精神、工程师意识和社会责任感，促进综合能力和素质全面发展。教学过程中，需要引导学生形成正确的世界观和价值观，提高个人修养。同时，注重职业素养的培养，使学生了解专业前沿的发展趋势和应用领域，提高职业技能和综合素质。此外，指导学生树立理想和信仰，并引导学生在学习和生活中秉持求真务实的科学态度和科学精神，以及实现民族复兴的社会责任感。这些培养目标将在整个教学过程中得到落实和体现，为学生成长为德智体美劳全面发展的新工科人才提供支持。

3. 课程思政建设思路

普通化学课程的思政建设思路应该立足于学校的专业人才培养目标和课程标准，基于

OBE（Outcome-Based Education）教育理念。在整体设计课程的基础上，结合学校人才培养的定位，明确课程思政目标。通过将课程教学内容与国家战略、科学前沿、社会热点、实际应用等方面相结合，搜集素材，提炼思政元素，设计融入方式，形成可执行的课程思政教学方案设计。在整个设计过程中，需要不断完善，确保思政教育和专业教育的有机结合。该设计思路可以确保思政教育的目标与整体教育目标相一致，使其有针对性地服务于学生的全面发展。思政教育的素材搜集需要关注国家战略、科学前沿、社会热点以及实际应用，使得教学内容既有深度又具有现实意义。在设计中，要注重融入方式，确保思政元素能够有机地融入到课程中，而不是简单地附加在教学内容上。整个课程思政教学方案设计的过程需要紧密结合实际情况，不断调整和完善，以适应学校、专业、学生等多方面的需求。通过这样的设计思路，普通化学课程的思政教育将更加有针对性和有效，服务于学生的全面成长。

（三）普通化学课程思政元素

本文聚焦于普通化学课程的思政目标，以专业特点为基础，围绕课程知识点选择符合认知科学要求的资源，并将其潜移默化地融入教学中。为此，构建了一个包括中华传统文化、爱国主义情怀、科学精神和科学方法、马克思主义哲学原理、可持续发展理念和实践等五个方面的课程思政素材库，旨在提高教学效果。具体而言，通过挖掘化学史、身边的化学、学科前沿以及传统文化等素材，为学生提供更全面、更深入的化学教育。这些素材包含了丰富的思政元素，如中华传统文化所体现的道德准则和人文关怀、爱国主义情怀所代表的民族自豪感和责任意识、科学精神和科学方法所显现的探索精神和创新能力、马克思主义哲学原理所支撑的社会主义核心价值观和人类进步信念以及可持续发展理念和实践所表达的环保意识和可持续性发展观念。通过建立课程思政素材库，能够更好地挖掘并应用这些素材，将其在教学中融入，以促进学生的思想道德素质、创新能力和责任意识的提高。这一过程旨在使学生更全面地理解化学知识，同时培养其在面对社会和科技发展时具备的正确的人生观和价值观。

（四）普通化学课程思政教学设计与实施

普通化学课程的思政教学设计与实施是高校教育中的重要一环，旨在通过化学知识的传授和实践活动的引导，培养学生的科学精神、创新意识以及社会责任感。在这一过程中，设计与实施的思政教学应当贯穿整个课程，将思想政治教育与化学知识融合，以促使学生在学科学习中培养全面素质。普通化学课程的思政教学设计应注重理论知识与思想道德的有机结合。通过在课程中融入与化学相关的社会伦理、科研伦理等内容，引导学生深刻理解化学知识的背后所蕴含的价值观和伦理观念。例如，可以通过案例分析等方式，探讨科学家在科研实践中所面临的伦理挑战，引导学生认识到科学研究的同时，应当关注其对社会和人类的影响。思政教学设计应注重实践活动的引导，通过实验、项目等手段促使学生将理论知识与实际问题相结合。在实践活动中，可以设置具有社会关联性的实验，让学生通过实际操作感受科学的力量，并思考科技的发展如何对社会产生深远影响。通过这样的实践，学生能够更好地理解科学与社会的关系，增强其实际应用能力，培养实事求是的科学态度。思政教学设计还应强调开展讨论与辩论，激发学生的思辨能力。通过安排一些有争议性的化学问题，引导学生展开讨论，提高他们对于科学问题的独立思考和判断能力。在辩论过程中，可以引导学生不仅关注事实和理论，更要考虑科学在社会中的作用，培养他们有深度的科学思维。普通化学课程的思政教学设计还应融入跨学科的内容，使之与其他学科相互交叉，促进学生的全面发展。例如，可以将化学与环境科学、经济学等学科相连接，让学生在学习化学的同时，了解其在不同领域中的应用和影响，培养跨学科思维。在思政教学实施中，教师的角色至关重要。教师应具备跨学科的知识视野，善于引导学生思考，激发他们的兴趣。在课堂教学中，可以采用互动式教学方法，鼓励学生提出问题、参与讨论，营造积极的学习氛围。同时，及时反馈学生的学习情况，关注他们的成长过程，促使其形成正确的世界观和价值观。普通化学课程的思政教学设计与实施需要注重理论与实践的结合，强调实际操作和社会关联性，培养学生的科学精神和创新意识。通过这样的教学，可以使学生在化学知识的同时，更全面地发展其思想道德素质，为其未来的科学研究和社会参与打下坚实的基础。

二、课程思政视域下高校陶艺课程的教学实践

（一）陶艺课程教学与课程思政的契合点

1. 内涵相契合

高校陶艺课程的教学实践在课程思政的视域下具有深刻的契合点。首先，课程思政旨在解决大学生思想政治教育的"孤岛"困境，弥合不同课程之间存在的"两张皮"现象。陶艺课程与课程思政的内涵相契合，因为陶艺课程不仅是艺术教育，更是人性的教育。在陶艺课程中，审美教育是培养个体的人性和情感的重要手段，与课程思政的目标相一致。课程思政注重对人的思想意识上的综合改造，而陶艺课程通过情感上的丰富、态度上的端

正、价值观上的重塑，实现了对个体的综合培养。这种培养是同向的，都旨在使学生成为全面发展的人。陶艺课程关注个体的审美提高，通过适当的手段和环境促进个体的自我发展，同时在理性和感性协调统一的前提下促进人与人之间的和谐相处，与课程思政的理念高度契合。在陶艺课程中，课程思政的理念可以融入各个教学活动单元，潜移默化地将思政元素浸润到学生的思想意识中。通过将抽象的、崇高的思政理论以喜闻乐见的方式进行具体化、符号化，陶艺课程可以让学生更容易理解和接受这些理念。这种方式使得那些生硬的理论变成具体的、鲜活的形象，进入学生的精神世界，从而更好地实现了思政教育的目标。高校陶艺课程的立足点是个体的审美提高，这与课程思政的高站位引领相得益彰。通过将课程思政的相关理念融入陶艺课程的多样化实现中，可以更好地引导学生在审美提高的同时，培养其思想政治素养。这种交相呼应使得两者在教育过程中互为补充，共同促进学生全面发展。挖掘高校陶艺课程中的思政元素，将课程思政融入课程教学中，不仅符合现实的需求，更是高校陶艺课程自身发展的时代诉求。通过这种有机的结合，可以使陶艺课程更好地发挥其在思政教育中的作用，为学生提供更为丰富、深刻的人文素养培养。这样的教学实践既满足了大学生思想政治教育的需要，也促进了陶艺课程的全面发展。

2. 功能相契合

在高校陶艺课程的教学实践中，与课程思政的契合点不仅体现在内涵上，更在功能上展现出深刻的相契合。课程思政通过思想政治引领的作用，旨在培养学生的政治认同感、民族自豪感和文化自信心。这一功能的实现需要美育的人文关怀和情感力量的支持，而高校陶艺课程在此方面具有独特的功能，通过现实性和超越性的双重特征，为学生提供了在净化心灵、优化行为的同时提升审美境界的机会。高校陶艺课程在心灵净化方面有着显著的作用，分为人格的塑造和促进健全心智两个层面。首先，陶艺课程通过陶瓷文化的传承，让学生在欣赏传统陶瓷艺术美的同时，深入了解不同时代的文化特征和精神追求。这有助于形成学生的文化自信心，使其对中国陶瓷文化产生认同感，培养民族自豪感。其次，陶艺创作的过程本身就是一次身心受洗的过程，从和泥、揉泥、构思、制作到创意解说，学生在不断的实践中培养审美能力、创造力、耐力等品质。同时，通过个人独立创作和团队合作、个人喜好与集体欣赏与评价等环节，培养学生的团队合作精神、表达能力、交往能力、同理心等，从而形成良好的人格品质。高校陶艺课程教学中蕴含着诸多课程思政的要素。不同的陶艺课程环节提供了学生对陶瓷在文化美、艺术美、技术美等方面的全面认知的机会。通过不断学习，学生得以传承、发扬和创新中国陶瓷文化，实现了对传统文化的传承和发展。这种教学实践不仅满足了课程思政的目标，更是在高校陶艺课程自身发展中拓展了新的时代诉求。高校陶艺课程的教学实践与课程思政的契合点既在于内涵的相契合，又在于功能的相契合。通过陶艺课程，学生不仅能够获得审美的享受，更能够在心灵和人格的双重层面得到塑造和提升。这种综合的教育效果不仅有助于学生个体的全面发展，也为国家和社会培养出具备文化自信、团队协作和创新能力的优秀人才。因此，高校陶艺课程在课程思政的视域下展现出了卓越的教育价值。

（二）高校陶艺课程教学现状

1. 课程设置受限且缺乏系统性

高校陶艺课程在教学现状方面存在一系列问题，其中之一是课程设置受到限制且缺乏系统性。这主要体现在教学场地、教学设备、以及教学材料的不足上。相较于绘画、书法等课程，陶艺课程对于较大的教学场地和各类设备的需求更为严格，包括拉坯机、练泥机、空气压缩机、车模机、窑炉等。由于一些高校缺乏这些必备条件，导致无法开设陶艺课程。这限制了学生在大学阶段接触和学习陶艺的机会。在已经开设陶艺课程的高校中，课程设置也缺乏系统性。大部分高校仅仅是在校内的艺术类、设计类等专业中结合开设一门或几门陶瓷课程。例如，环境艺术设计专业可能开设环境陶艺或者陶瓷陈设品设计，产品设计专业可能涉及陶瓷产品设计，视觉传达专业可能包含陶瓷文创产品设计或陶瓷彩绘，动画专业可能涉及陶塑，服装设计专业可能开设陶瓷首饰设计等。尽管这些课程看似涵盖了多个专业领域，但专业陶瓷艺术人才的培养并不仅仅依赖于一门或者几门课程。景德镇陶瓷大学作为陶瓷艺术专业的典型代表，相较于其他高校拥有更为全面和深入的陶艺课程设置。然而，大多数高校的陶艺课程设置往往只是零散地存在于各个专业中，缺乏系统性，无法提供全面的陶瓷艺术教育。另一个问题是陶艺课程的实践性强，但由于课时不足，授课教师不得不大量精简教学内容，导致教学质量下降。陶艺的制作技术、装饰技术和烧成技术需要长期实践才能掌握，而短缺的课时使得学生无法充分获得必要的实践经验。这影响了学生对陶艺技能的深入理解和熟练掌握，从而影响了其在陶艺领域的专业发展。高校陶艺课程的教学现状存在一系列问题，包括课程设置受限且缺乏系统性，以及实践性强但课时不足导致教学质量下降。这些问题需要高校在陶艺课程的规划和实施过程中认真思考和解决，以提高陶艺教育的质量和深度。

2. 教学内容重技法轻文化

高校陶艺课程教学现状中另一个显著问题是教学内容重技法轻文化。这一问题主要表现在对传统陶瓷文化解读的缺失，导致学生对传统陶瓷文化的认知不够深刻。传统陶瓷文化蕴含着丰富的审美内涵、历史积淀和哲学意识，是培养学生审美意识和文化自信的关键环节。然而，实际教学中，一些高校的陶艺教师因为需要学生在短时间内完成作品，往往会选择跳过对传统陶瓷文化的引领，直接进入临摹制作阶段。有的教师甚至只将具有强烈技法表现力和视觉冲击力的现代陶艺作品作为学生主要学习的对象，使得学生误以为陶艺课程是纯粹的表达个人自由和观念的艺术创作形式。另一方面，一些教师引入立体主义、达达主义、表现主义等西方艺术流派作为案例，用以启发学生的创意思维。然而，这种做法可能让学生在大量临摹和借鉴的过程中陷入对西方现代艺术的盲目崇拜，使他们产生对传统工艺美术的自卑感，误认为中国传统陶艺创作观念相对落后，无法与国际上公认的西方现代艺术接轨。这种教学模式带来的狭隘和片面的感受影响了学生对陶瓷艺术多元性的感知和评价。高校陶艺课程并非仅仅是一门技术性的课程，更不是各类艺术学科简单叠加后的综合体。相反，它具有悠久历史和深厚文化底蕴。如果学生只是单纯掌握了基本技能，而未能理解陶艺的真正魅力，那么这门课程将无法发挥以美育人、以美化人的重要作用。为解决这一问题，高校陶艺课程需要更加注重对传统陶瓷文化的解读和传承。教师应引导学生深入了解传统陶瓷艺术的历史渊源、文化内涵以及技艺传承，使学生能够更全面、深刻地理解陶瓷艺术的多层面价值。同时，应鼓励学生在创作中结合自身对传统文化的理解，形成具有独特个性和文化内涵的陶艺作品。通过加强对传统文化的教育，高校陶艺课程可以更好地发挥其在培养学生综合素养和文化自信方面的作用。

3. 陶艺创作重作品轻创意

高校陶艺课程教学现状中的另一个问题是陶艺创作重作品轻创意。尽管大学生具备较强的创造力和想象力，一旦掌握了一定的陶艺创作技法，他们自然会倾向于迈向艺术创作的阶段。构成高校陶艺课程教学核心的"鉴赏+感受+表现+创作+展示+评价"流程中，陶艺创作作为其中重要的一环，应该受到足够的重视。然而，现实中许多高校对陶艺课程的关注度相对较低，将其仅仅视为艺术课程的辅助而忽略了陶艺课程对学生创作力和想象力的培养。一些教师由于课时不足、设备陈旧、艺术展览活动频繁等原因，认为培养学生的创造力需要较长时间，便将学生创作出作品作为唯一目标。这种片面的观念导致学生在陶艺课程中仅仅停留在对基本技艺的了解和简单作品制作的层面上，而未能通过创作提高学生的创新创意能力。陶艺教育在这样的情境下容易沦为形式，缺乏对学生内在创意潜能的充分挖掘。为解决这一问题，高校陶艺课程需要更加强调创意的培养和引导。教师应认识到陶艺创作是学生个体创意和表达的重要途径，而非简单的作品制作过程。通过提供更多的创意启发和引导，教师可以激发学生的创造激情，引导他们在陶艺创作中体现个性和独特的审美观。同时，学校应提供足够的课时和设备支持，以确保学生有足够的时间和条件去探索、实践和完善自己的陶艺创作。在高校陶艺课程中，注重陶艺创作的过程，更注重学生在创作中的思考和想象力的发挥，可以有效地提高学生的创造性思维和创意水平。通过这种方式，陶艺教育将真正成为培养学生全面发展的艺术人才的有效途径，而非仅仅是完成一定作品的形式化过程。

（三）课程思政融入陶艺课程教学的方式

在陶艺课程教学中融入课程思政元素是一项重要而富有创意的任务。其中，通过陶艺作品鉴赏深度挖掘思政元素是一种有效的方式。陶艺作品蕴含丰富的思政元素，教师可以在鉴赏环节对不同时代的代表性陶艺作品进行分析解读，引导学生认识作品中蕴含的文化、工艺、艺术形式等，促进学生形成美的理想、美的情操、美的品格和美的素养，实现美育的目标。教师可以在陶艺知识的教学中导入思政元素。美育是一种感性教育，陶艺教学作为一种特色鲜明的艺术教育更容易引起学生情感共鸣。在陶艺思维培养的初期阶段，教师可以选择能够激发学生情感共振、坚定信念的素材，如潘超安创作的陶艺作品《铁肩担道义———李大钊》。这样的作品不仅通过艺术手法表达了对革命前辈的敬仰和感恩之情，还能让学生感受艺术家的精神与情怀，激励学生从中感悟真理的力量。在陶艺作品鉴赏环节，教师应深入挖掘思政元素，并结合学生的个体差异和共性需要有机融入思政元素。例如，艺术家皮六炎的陶瓷雕塑作品《慈母》、《福在眼前》表达了艺术家的家国情怀。教师可以从不同角度引导学生主动思考，帮助他们树立正确的艺术观和创作观。通过深度挖掘思政元素，陶艺作品鉴赏可以成为学生了解社会、热爱生命、感悟人生的途径。最后，在融入思政元素时，教师要注重趣味性，符合学生的思考维度，避免过于生硬而使学生失去兴趣。通过对比、讨论、分析、合作探究等方式，让学生自己表达观点和看法。例如，通过对陶艺艺术家朱乐耕的作品《行空的天马》的讨论，引发学生更好地挖掘中华优秀传统文化中的精神品格，并通过陶艺表现出来。在陶艺课程的体验中，浸润思政元素是非常重要的。大学阶段的学生正在逐步增强自我意识和独立意识，因此挖掘陶艺课程中的思政元素可以引导学生更好地了解社会、热爱生命、感悟人生。不仅仅局限于目前开设的常见课程内容，而是努力将中国传统技艺与现代审美相结合，让学生在传统工艺中感悟中华传统艺术之美，从而引领学生了解中国历史变迁的过程。通过陶艺的创作体验，学生能够更深刻地认识到艺术的发展离不开国家的繁荣稳定。

（四）陶艺作品创作中融入思政元素

陶艺作品的创作过程是通过对现实生活的理解和感悟，辅以一定的专业技法，展示作者丰富内心的过程。陶艺作为美育的载体之一，在陶艺课程教学活动中，学生不仅仅是欣赏美，更是能够感受美、体验美并且创造美。在创作过程中，学生需要不断动脑、不断动手，全身心地投入其中，这种体验是无与伦比的美感体验，直指人心。陶艺作品的创作过程中融入思政元素是非常重要的。通过思政元素的引入，可以使陶艺创作更具深度和内涵。在创作的初期，教师可以引导学生选择能够激发斗志、坚定信念、凝聚力量的主题，如通过陶艺作品表达对先烈的敬仰和感恩之情，以及对国家、社会的责任感。这样的创作主题不仅能够激发学生的情感共鸣，还能够引导他们在陶艺创作中体现对社会的关注和思考。在陶艺作品的创作中，教师还可以通过深入挖掘中国传统文化元素，引导学生将传统文化与现代审美相结合。例如，通过创作具有中国传统艺术特色的陶艺作品，学生能够更好地理解中华传统文化的魅力，并在创作中体现出对传统文化的传承与发扬。这不仅有助于学生形成对中华传统文化的自豪感，同时也促进了中国传统文化的传承和创新。在陶艺作品的创作过程中，学生需要通过思考、表达、合作等方式，将自己的思想观念融入到作品中。教师可以通过引导学生开展讨论、分析和合作探究等形式，让学生自己表达对社会、文化、人生的看法，并在创作中将这些思想观念具体呈现出来。这种方式既激发了学生的主动性和创造性，又使陶艺创作真正成为一种表达思想的艺术形式。陶艺作品的创作过程是一个深化思想、感悟美感、体验生活的过程。通过融入思政元素，教师可以引导学生在陶艺创作中表达对社会的关切、对文化的理解、对人生的思考，使陶艺创作不仅仅是技法的展示，更是一种思想的传达和表达。这样的创作过程既促进了学生的思想境界的提升，也使陶艺课程在美育中发挥更为深远的作用。

第四节　高校思政课程教学改革与创新

一、制定问题驱动教学方法

在新媒体时代，高校思政教育需要不断调整教学方法，充分利用新媒体的特点，更好地适应学生的思维和行为特点。其中，制定问题驱动的教学方法成为一种创新的路径。首先，高校思政教师应该深刻理解学生在新媒体背景下的思维方式和行为特点，以更有针对性地开展教学工作。学生在新媒体时代更倾向于碎片化、娱乐化、通俗化的信息传播和接受方式，因此，思政教育需要适应这一趋势，使思政理论知识更易于理解和吸收。问题驱动的教学方法要求教师系统分析当前的思政教学内容，并将其碎片化、浅显化、通俗化，以更好地迎合学生的学习需求。通过新媒体平台，教师可以向学生提出前沿的、新颖的思政问题，引导学生通过碎片化的思政理论知识解决现实问题。为此，思政教师可以借助微信的小程序功能，构建教学资源库，通过微信群提出问题、讨论问题，引导学生深入探究相应的知识点，从而深化对课堂理论知识的理解。在实施问题驱动教学方法时，高校思政教师需要注重教学资源的整合和组织。建设丰富的资源库，包括案例分析、专业文献、学术论文等，为学生提供多样性的素材，使问题更具深度和广度。此外，教师还需要具备在新媒体平台上运用多媒体、图表等形式进行教学的能力，以提高教学的趣味性和生动性[①]。新媒体思政教育与传统的课堂思政教育之间需要保持一种有机的关系。新媒体的碎片化教学方式不能代替传统教学的系统性和完整性，两者应当相互补充，形成一体化的教育体系。在整合新媒体教育资源的同时，高校思政教育需要确保课堂教学的深度，以达到知识的系统传递和学生能力的全面培养。制定问题驱动的教学方法是高校思政教育在新媒体时代的一项重要创新。通过更好地结合新媒体特点，引导学生探究思政问题，高校思政教育可以更好地激发学生的学习兴趣，提高思政理论知识的传递效果，推动学生更好地理解和应用所学知识。

二、构建网络实践教学机制

面对高校思政教育方法实践性相对不足的问题，思政教师应当充分发挥新媒体的灵活性和互动性，提升学生课外实践的质量与效率，使学生在思想政治实践中更好地理解和应用思政理论知识。思政教师应结合学生的认知规律和发展特点，精心筛选具有吸引力的时事政治、社会新闻及历史案例，运用马克思主义辩证法对其进行优化升级，建立起思政理论知识与教学资源的有机联系。在线上教学的过程中，思政教师应将前期筛选的时事政治、社会新闻及历史案例呈现在学生面前，结合材料提出相应的实践任务和要求，以帮助学生更好地利用思政理论知识解决现实问题，提高自身政治素养。这一网络实践教学机制的核心在于思政教师通过新媒体传达时事政治、社会新闻及历史案例，引导学生在网络空间中进行思政实践。在此过程中，教师需要确保前期的筛选工作精准而有深度，以确保学生能够获得充实而有价值的实践材料。随后，教师在线上教学中应结合这些材料，提出具体而有挑战性的实践任务，要求学生通过在线平台提交实践情况和成果。学生需要在规定时间内将实践情况及成果反馈到新媒体中，这一过程将有助于学生更好地理解和掌握相关理论知识。通常来说，思政实践课程涵盖社会调研、参观学习红色文化等多种形式，而在

---

① 陈晓萌. 基于系统思维的新时代高校思政教育研究［J］. 淮南职业技术学院学报，2023，23（06）：29-31.

新媒体背景下，思政教师需要将这些实践形式转移到网络环境中。通过在线方式组织社会调研，设计虚拟参观学习红色文化的过程，使学生能够根据教师提供的教学资料，巩固并深化思政理论知识。思政实践课程的新媒体教学需要教师灵活运用各类网络资源，构建互动性强、有趣生动的网络实践环境，激发学生的参与热情，促使他们更主动地投入到实践活动中。新媒体实践教学机制的建立需要教师具备一定的网络技能和教育技巧，以确保在线教学的有效性和教学质量。思政教师在引导学生进行网络实践时，需要注重教学资源的整合和组织，确保学生能够在网络空间中获得有质量的教育内容。同时，教师还需要关注学生的在线学习情况，通过及时的反馈和指导，帮助学生更好地理解和应用思政理论知识。这样的网络实践教学机制有助于提升高校思政课程的实践性，使学生在网络环境中更全面地发展思政素养。

三、构建动态化思政教育机制

面对网络多元文化对高校思政教育的影响，思政教师需要结合新媒体中西方错误思想、负面言论以及社会多元思潮的特点，重新塑造思政教育形态，形成动态化的思政教育方法机制。高校思政教师应采用问卷调查等方式，全面了解学生在思想上存在的问题以及网络文化、社会思潮、西方言论对高校学生的影响程度。通过构建评价体系，设定评价指标，确定思政教育的方向，使传统静态化的思政教育过程呈现出针对性与动态性的特征。利用新媒体平台，将经过优化、筛选的思政教育内容呈现在学生面前。通过知识竞赛、演讲比赛、网络互动等多种形式，深化学生对该部分知识的认知和理解。例如，思政教师可以将思政内容制作成动画视频，并发布到抖音、快手、火山小视频等新媒体平台中。通过引导学生在潜移默化的过程中，形成对网络多元文化的正确认识。这种形式的思政教育更贴近学生的学习习惯，使教育内容更生动、更有吸引力。利用翻转课堂、混合式教学等方式，检验学生的思想状况，评价思政教育的效果。思政教师可以设计实践性的任务，要求学生在新媒体环境中运用所学知识解决实际问题。通过学生的参与度、表现以及解决问题的能力等方面的评价，全面了解学生对思政教育的理解和掌握情况。这种动态化的评价方式更能反映思政教育的实际效果，为进一步优化教学方法提供有力支持。这一构建动态化思政教育机制的过程中，思政教师需要注重与学生的互动，关注学生的需求和反馈，及时调整教学策略，保持思政教育的活力和前瞻性。通过不断地调整和改进，形成更加适应新媒体时代要求的思政教育体系，提升学生的思政素养。

第七章 高校思政教育的方法

第一节 高校思政教育方法创新的必要性

一、适应时代变革和社会发展

高校思政教育方法创新的必要性在于适应时代变革和社会发展的迫切需求。当前社会正经历着科技、文化、经济等多方面的快速变革，传统的思政教育方法已经难以满足学生的需求和社会的发展要求。因此，创新思政教育方法成为提高教育质量、培养具有时代精神的人才的关键一环。随着时代的不断发展和社会的深刻变革，高校思政教育作为培养学生社会主义核心价值观和思想政治素养的关键环节，必须与时俱进、创新发展。传统的思政教育方法，以其单一的教学手段和较为僵化的内容，已经难以适应当今社会的多元化和复杂性。因此，创新思政教育方法迫在眉睫，其必要性主要体现在适应时代变革和社会发展的方面。时代的变革要求高校思政教育方法更具前瞻性。当前，信息技术、互联网、人工智能等科技的快速发展正在深刻改变着社会生活和人们的认知方式。传统的思政教育方法往往无法有效地与这些科技的发展相结合，使学生在思政课堂中更好地理解并应对时代的挑战。创新思政教育方法需要借助现代科技手段，将新兴科技融入教学过程，例如利用在线平台、虚拟现实技术等，使思政教育更具前瞻性和科技感。通过创新手段的引入，可以使思政教育更好地与时代同步，使学生更深刻地认识到社会的快速变革，从而更好地适应并引领未来的发展。社会的发展要求高校思政教育更关注实际问题。社会问题的复杂性和多样性使得传统的思政教育方法显得较为局限，无法涵盖和解决当今社会面临的众多问题。创新思政教育方法需要更加注重实际问题的引入，通过案例分析、社会调查等方式，使学生更深入地了解社会现状和问题，并通过思政课程引导他们去思考、解决实际问题。例如，可以组织学生参与社会实践活动，让他们深入社区、企业等地方，感受社会的脉搏，从而使思政教育更加贴近社会实际，培养学生的实际解决问题的能力。时代的变革要求高校思政教育更注重个性化需求。传统的思政教育方法往往采取一刀切的方式，忽视了学生个体差异，无法满足不同学生的需求。创新思政教育方法需要更加注重因材施教，根据学生的兴趣、特长、发展需求等方面，设计差异化的教学内容和方式。例如，可以通过多样化的教材、互动式的教学活动、个性化的评价体系等，满足学生个性化的需求，使思政教育更贴近学生的兴趣和实际，激发其学习的主动性和积极性。社会的发展要求高校思政教育更注重综合素养培养。传统的思政教育方法往往局限于理论知识的传授，忽视了学生的实际能力培养。创新思政教育方法需要更加注重学生的综合素养培养，包括创新能力、团队协作能力、实际解决问题的能力等。通过引入创新性的教学手段，如项目实践、实践活动、模拟演练等，使学生在思政教育中不仅能够获取理论知识，更能够运用这些知识解决实际问题，培养学生的创新思维和实际能力，使其更好地适应社会发展的要求。高校思政教育方法创新是适应时代变革和社会发展的迫切需求。通过创新手段的引入，使思政教育更加前瞻、关注实际问题、注重个性化需求和综合素养培养，从而更好地满足学生的需求，培养具有时代精神的人才，推动社会和谐发展。

二、提高教育效果的途径

高校思政教育方法创新是当今时代背景下迫切需要的一项工作。通过创新思政教育方法，可以更好地适应学生的需求，提高教育效果，增强学生的思想政治素养，培养他们适应社会发展的能力。随着社会的发展和变革，高校思政教育作为培养学生社会主义核心价值观和思想政治素养的重要途径，其方法创新显得尤为迫切。传统的思政教育方法在适应当今时代的需求、满足学生多样化的学习风格和深化教育效果方面已经显得相对滞后。因此，创新思政教育方法成为提高教育效果、实现全面育人目标的必由之路。高校思政教育方法创新有助于更好地适应学生的多样性。当代大学生具有不同的文化背景、学科特长和兴趣爱好，传统的一刀切的教育方法难以满足其多样性的需求。因此，创新思政教育方法需要注重因材施教，灵活运用多种教学手段，例如互动讨论、实践活动、新媒体教学等，以满足不同学生的学习习惯和需求，促使思政教育更好地贴近学生生活、引导学生主动参与。创新思政教育方法有助于提高教育效果。随着社会的变革和知识的爆炸性增长，学生的知识获取途径多元，对于传统教育方法的单一性和刻板性已经产生了一定的抗拒。创新思政教育方法可以通过更生动、活泼的教学手段，吸引学生的注意力，激发他们对思政课程的兴趣。例如，运用现代科技手段，设计生动有趣的教学内容，增加互动环节，使学生在参与中更好地理解和吸收思政理论知识，提高教育效果。创新思政教育方法有助于培养学生的创新精神和实践能力。传统的思政教育方法往往过于注重理论灌输，缺乏对学生实际动手能力的培养。通过引入创新教学手段，如项目实践、社会调查、实地考察等，可以让学生在实际操作中更好地理解思政理论，并通过实践锻炼自己的创新精神和实际解决问题的能力，使思政教育更具实效性。创新思政教育方法有助于推动教育与社会需求的对接。随着社会的快速发展，思政教育需要更好地适应社会的需求，培养适应社会发展的人才。通过创新思政教育方法，可以更好地引导学生关注社会热点问题、深入参与社会实践，培养他们的社会责任感和公民意识，从而更好地满足社会对高校毕业生的期望。高校思政教育方法创新是当今时代发展的要求，是适应学生多样性、提高教育效果、培养实践能力的必要途径。通过创新教学手段，更好地激发学生的学习兴趣，提高教育效果，使思政教育更好地服务于学生的全面发展。

三、增强教育吸引力的手段

高校思政教育方法创新的必要性主要体现在增强教育吸引力的手段上。传统的思政教育方法在吸引学生参与、提高学习积极性等方面存在一定的不足，因此创新思政教育方法成为必要，以更好地满足学生的需求，提高教育的吸引力。随着社会的不断发展和教育理念的逐步更新，高校思政教育面临着更高的要求。传统的思政教育方法往往较为单一，缺乏足够的吸引力，难以引发学生的浓厚兴趣和主动参与。因此，创新思政教育方法成为当务之急，以增强教育吸引力，激发学生的学习热情和参与积极性。增强教育吸引力的手段之一是通过多元化的教学内容。传统的思政教育往往以理论知识为主，内容相对单一，难以引起学生的浓厚兴趣。创新思政教育方法需要更注重丰富多彩的教学内容，将理论知识与实际案例相结合，引入前沿热点问题，使学生在学习中既能获取知识，又能感受到社会的多样性和复杂性。通过多元化的内容设置，满足学生的求知欲，使思政教育更具吸引力。创新思政教育方法应充分利用新媒体手段。当今社会，学生的学习方式和信息获取途径发生了巨大变革，新媒体成为不可忽视的教育工具。高校思政教育可以通过微博、微信、短视频等新媒体平台，将思政理论知识以生动、有趣的形式呈现给学生。例如，可以制作思政知识的短视频，结合动画、图文等形式，形成生动直观的教学内容，提高学生对思政教育的关注度和兴趣，从而增强教育吸引力。引入互动式的教学活动是增强教育吸引力的有效手段。传统的思政教育方法往往以讲述为主，缺乏学生参与的机会。创新思政教育方法可以通过讨论、辩论、案例分析等互动式的教学活动，使学生更深度地参与到教学过程中。例如，可以组织学生参与思政主题的辩论赛，开展实践调研，使学生在互动中更好地理解和掌握思政理论知识，激发其学习的热情，增加教育的吸引力。创新思政教育方法需要关注学生的个性化需求。每位学生都是独特的个体，有着不同的兴趣、特长和学科偏好。因此，思政教育应更加注重差异化教学，根据学生的个体差异，设计个性化的学习方案和教学内容。通过满足学生个性化需求，使思政教育更符合学生的兴趣和实际情况，从而增强教育的吸引力。创新思政教育方法还需要关注学生情感体验。学生在思政教育中不仅仅是知识的获取者，更是情感的体验者。通过情感化的教学设计，使思政教育更具温度和感染力。例如，可以通过讲述真实感人的故事，引导学生产生共鸣和情感共鸣，使思政理论知识更加贴近学生的内心，增加教育的吸引力。创新思政教育方法是为了增强教育吸引力，使思政教育更具有时代感、互动性、个性化和情感体验。通过多元化的教学内容、新媒体的应用、互动式的教学活动、个性化需求的关注以及情感体验的设计，可以使思政教育更好地满足学生的需求，激发其学习热情和参与积极性，从而提高教育的吸引力，更好地培养具有社会责任感和创新能力的优秀人才。

四、激发学生的主体性和创造力

高校思政教育方法创新的必要性主要体现在激发学生的主体性和创造力方面。传统的思政教育方法往往以灌输为主，学生被动接受知识，难以培养其主体性和创造力。因此，创新思政教育方法成为迫切需要，以更好地激发学生的思辨能力、主动性和创造性。在当前高校思政教育中，激发学生主体性和创造力是推动教育质量提升的迫切需求。传统的思政教育方法往往采用一刀切的方式，以灌输为主，忽视了学生的主体性和创造性。而随着社会的不断发展和教育理念的更新，培养具有创新能力和独立思考能力的学生已经成为当今高等教育的迫切任务。创新思政教育方法，激发学生主体性和创造力，是适应时代要求、提高思政教育效果的必然选择。创新思政教育方法有助于培养学生的思辨能力。传统的思政教育往往以讲解理论为主，学生在被动接受知识的过程中难以形成独立的思考能力。而创新思政教育方法注重引导学生参与讨论、辩论、研究等活动，使学生在实践中形成独立思考的能力。通过激发学生的思辨意识，使其对所学理论知识进行深入思考和质疑，培养出具有独立见解和判断力的思政人才。创新思政教育方法有助于激发学生的主动性。传统的思政教育往往采用教师单向传授的方式，学生在被动接受的状态下难以主动参与教育过程。而创新思政教育方法通过引入互动式教学、项目研究等形式，激发学生的学习兴趣和主动性。学生在参与实际问题解决、社会调查等活动中，更容易发挥自己的主体性，主动参与思政教育，从而提高学习的积极性和主动性。创新思政教育方法有助于培养学生的创造力。传统的思政教育方法往往以死板的理论知识为主，缺乏对学生创造性思维的培养。而创新思政教育方法注重激发学生的创造性思维，通过开展课外研究项目、参与社会实践等方式，引导学生运用所学知识解决实际问题，培养学生独立思考和创新能力。通过这种方式，学生能够在实践中锻炼创造力，形成对社会问题的独特见解，为其未来的发展打下坚实基础。创新思政教育方法有助于提高学生的综合素质。传统的思政教育方法主要注重对理论知识的灌输，忽视了学生其他方面的能力培养。而创新思政教育方法强调培养学生的思辨能力、创造力、团队协作能力等综合素质，使学生在思政教育中得到全面发展。通过多元化的教学手段，学生可以在不同的活动中得到全面锻炼，提高自身的综合素质，更好地适应未来社会的需求。创新思政教育方法对于激发学生的主体性和创造力具有重要的意义。通过引入多元化的教学手段、强调学生参与性、注重实践和创新，可以更好地培养学生的思辨能力、主动性和创造性，使他们成为具有独立思考和创新精神的思政人才。在适应时代发展和社会变革的背景下，创新思政教育方法的推广将为高校培养更具综合素质的优秀人才提供有效途径。

五、拓宽教育渠道

高校思政教育方法创新的必要性主要在于拓宽教育渠道，这一创新有助于提高教育的覆盖面、灵活性和适应性。随着时代的变迁和社会的发展，传统的思政教育方式逐渐显露出一些局限性，而拓宽教育渠道的创新成为迫切需要。拓宽教育渠道是指通过多样化、多元化的方式开展思政教育，使教育资源更加广泛地覆盖到学生中，提高教育的灵活性和适应性。这一创新对于适应当代高校思政教育的要求，更好地满足学生的个性化需求，具有深远的意义。拓宽教育渠道有助于提高思政教育的覆盖面。传统的思政教育主要依赖于课堂授课，面对面的传统教学方式难以满足不同层次、不同地区、不同学科的学生需求。通过拓宽教育渠道，可以采用多样的教育形式，如在线课程、社会实践、研讨会等，将思政教育内容更广泛地传递给学生，提高覆盖面，确保每个学生都能受到思政教育的熏陶。拓宽教育渠道有助于提高教育的灵活性。传统的课堂教学模式通常受限于时间和地点，学生需要在特定的环境中接受教育，难以适应学生个体差异和灵活的学习需求。拓宽教育渠道通过引入在线学习、移动学习等方式，使学生能够更加自主地选择学习的时间和地点，提高了教育的灵活性，满足了学生多样化的学习需求。拓宽教育渠道有助于提高教育的适应性。社会在不断发展变化，传统的思政教育方式难以及时跟上社会发展的步伐。通过拓宽教育渠道，可以更好地借助新媒体、先进技术，引入前沿理念和知识，使思政教育更具时代性和适应性。例如，通过社交媒体、在线平台等渠道，使思政教育能够更及时地反映社会热点、引入新理念，提高教育内容的贴近度和实用性。拓宽教育渠道是对传统思政教育方式的一种有益补充和创新。这一创新不仅可以提高教育的覆盖面、灵活性和适应性，更能够更好地满足学生的个性化需求，培养更具有创新精神和实践能力的思政人才。在时代的浪潮中，高校思政教育的拓宽教育渠道将更好地迎接社会的发展和学生的成长需求。

第二节　高校思政教育的主要方法

一、课堂讲授法

高校思政教学方式之一，课堂讲授是传统而重要的教学方式，通过教师的讲解，向学生传授马克思主义理论、社会主义核心价值观等基本知识。在高校思想政治课程中，课堂讲授作为主要的教学方式，具有重要的理论传授和知识传递功能。首先，课堂讲授是为了向学生系统介绍马克思主义理论基础，社会主义核心价值观等重要内容。通过教师的言传身教，学生能够深入了解和理解社会主义理论体系的基本原理，明确社会主义核心价值观对个体和社会的引导作用。这种系统性的理论讲解有助于学生形成对社会主义思想体系的全面认识，为他们建立正确的世界观、人生观、价值观奠定基础。课堂讲授在思政教学中扮演着激发学生学科兴趣和深度思考的重要角色。通过生动的讲解、实例的引用，教师能够激发学生对社会、政治、文化等方面的浓厚兴趣。教师还可以通过引导学生参与讨论、提出问题，激发他们对社会问题的深刻思考和独立见解。这种思辨性的学科思考有助于培养学生的批判性思维和独立思考能力，使他们在面对复杂社会问题时能够做出明智的判断和决策。另外，课堂讲授还可以为学生提供学科知识的基本框架和体系。通过有组织、有层次地展开课堂内容，教师能够帮助学生理清思想政治学科的脉络和内在逻辑，使其对知识点之间的关联性有更为明晰的认识。这不仅有助于学生更好地理解知识内容，而且为他们进一步深化学科认识、进行研究提供了基础。课堂讲授还是加强师生互动的平台。通过教师与学生之间的互动，可以及时发现学生的理解偏差或困惑，有针对性地进行解答和引导。同时，学生也能通过提问、讨论等方式积极参与，形成良好的师生互动氛围。这种互动不仅有助于师生之间的沟通，还可以更好地促使学生主动参与思政课程，提高学习效果①。在实践中，课堂讲授方式需要教师结合具体的教学内容和学生的实际情况，注重讲解内容的深入浅出，灵活运用丰富的教学手段，以激发学生的学习兴趣。通过精心设计的课堂讲授，高校思政课程能够更好地发挥教学效果，为培养社会主义事业的建设者和接班人提供坚实的理论基础。

二、小组讨论法

在高校思想政治课程中，小组讨论作为一种活跃课堂氛围、促进学生思考和交流的教学方式，发挥着重要的作用。小组讨论是高校思政课程中常用的教学方式之一，其特点在于通过组织学生分成小组，围绕特定主题进行深入交流和思考。这种方式能够激发学生的思辨性思维、团队协作精神，培养学生独立思考和合作解决问题的能力。小组讨论能够促使学生主动参与，激发学生学习兴趣。在小组讨论中，学生不再是被动接受知识，而是通过深入思考和讨论，主动探讨问题、分享见解。这种互动性的学习方式使学生更加积极，能够更好地理解和消化所学知识，提高学习效果。小组讨论有助于培养学生的批判性思维和分析问题的能力。在小组中，学生需要就特定议题提出自己的观点，并与小组成员进行深入的讨论和辩论。这过程中，学生需要理顺思路，提出合理的论据，同时也需要理解和尊重他人观点，从而培养了批判性思维和团队协作的能力。小组讨论有助于拓展学生的视野和思维深度。通过与同学交流，学生可以接触到不同的思想观点和文化背景，从而拓宽了自己的视野。同时，小组讨论通常涉及多个层面的问题，学生需要从不同角度思考和解决问题，培养了学生的综合思考和跨学科思维的能力。小组讨论也是一种促进学生团队协作和沟通能力的方式。在小组中，学生需要相互合作，共同解决问题。通过团队合作，学生学会倾听、理解和尊重他人观点，培养了团队协作的精神。这对于他们未来的社会交往和工作中的团队协作具有积极的影响。在实践中，教师在组织小组讨论时需要合理设计讨论问题，确保问题的深度和广度，引导学生深入思考。同时，教师要适时介入，引导讨论方向，确保讨论的质量。通过小组讨论这一方式，高校思政课程能够更好地实现其培养学生思辨能力、团队协作能力和综合素养的教学目标。

三、实地考察法

实地考察作为高校思想政治教学的一种方式，在丰富教学手段、培养学生实际经验和

---

① 徐永明．"大思政"理念下高校思政教育资源转换与整合研究［J］．连云港师范高等专科学校学报，2023，40（04）：58-61.

社会观察能力方面发挥着独特的作用。实地考察是高校思政教学中一种重要的教学方式，通过亲身走访、实地观察社会组织、机构或相关活动，使学生直接接触社会实践，增进对社会的深刻认识。这种方式不仅能够加强学生对理论知识的实际应用，还有助于培养学生的实践能力和社会责任感。实地考察能够使学生深入了解社会现象和问题。通过亲身走访实践，学生能够接触到真实的社会环境，观察并了解社会中存在的各种问题和现象。这有助于打破书本知识的局限性，使学生对社会有更为全面深刻的认识，促使其在实际情境中理解和应用所学的思想政治理论。实地考察能够促使学生将理论与实际相结合。在实地考察中，学生可以将在课堂上学到的理论知识应用到实际问题的解决中，加深对理论的理解。这种理论与实践相结合的方式能够使学生更好地掌握知识，并培养他们运用理论分析问题和解决问题的能力。实地考察有助于激发学生的学习兴趣和主动性。相较于传统的课堂教学，实地考察提供了更加生动、具体的学习体验，使学生更加感兴趣，更愿意主动参与学习。通过亲身经历，学生能够体验到知识的实用性，从而更深刻地理解学科的价值和意义。实地考察还能够培养学生的实践能力和社会责任感。学生在实地考察中需要积极参与、主动观察，并提出自己的见解。这种实践过程不仅能够培养学生的实际操作能力，还有助于激发他们对社会问题的关注和解决问题的责任感。在实践中，教师在组织实地考察时需要合理选择考察地点和主题，确保与思政课程的教学目标紧密结合。同时，教师要引导学生在实地考察中进行深入思考和讨论，使其获得更为全面的认识和体验。实地考察作为高校思想政治教学的一种方式，不仅能够加强学生的实践能力，还有助于培养学生的社会责任感和对社会的深刻认识。通过这种实践性的教学方式，高校思政课程能够更好地实现其培养学生全面素质的教学目标。

四、案例分析法

案例分析作为高校思政教学的一种方式，具有很强的实践性和针对性，能够帮助学生更深入地理解和应用思想政治理论。案例分析是一种通过具体实例来分析和解决问题的教学方法，对于思政教育而言，可以是真实的历史事件、社会问题或个人经历等。通过对案例的深入剖析，学生可以更好地理解并应用所学的思想政治理论，培养批判性思维和解决问题的能力。案例分析能够使学生贴近实际，理论联系实际。通过具体案例的呈现，学生可以更加直观地感受到思想政治理论在实际生活中的应用和影响。这种贴近实际的学习方式有助于拉近理论与学生生活的距离，增强学生对理论的认同感。案例分析有助于培养学生的批判性思维。在案例分析中，学生需要对案例进行深入分析，提炼其中的关键问题，形成自己的观点和看法。这过程促使学生主动思考，培养了他们的批判性思维和独立思考的能力。案例分析还可以促使学生团队协作。在进行案例分析时，可以组织学生分组合作，共同研究案例，讨论问题，形成共识。通过团队合作，学生不仅能够从多个角度看待问题，还能够锻炼团队协作和沟通能力。案例分析也有助于激发学生的兴趣。相对于抽象的理论探讨，案例更具有情节性和故事性，更容易引起学生的兴趣。学生在解析案例的过程中，往往能够更加主动地投入学习，提高学习效果。在案例分析中，教师的角色不仅是知识的传授者，更是引导者和组织者。教师需要巧妙选择案例，引导学生深入思考问题，并及时提供指导和反馈。通过精心设计的案例分析，教师可以使学生更好地领会思想政治理论的实质和深度。案例分析作为高校思政教学的一种方式，具有多方面的优势。通过真实案例的分析，学生可以更好地理解和应用思想政治理论，培养批判性思维和解决问题的能力，提高学生对思政课程的学习兴趣，为他们的全面发展打下坚实的基础。

五、综合实践法

综合实践是高校思政教学中一种重要的教学方式，它强调将理论知识与实际情境相结合，通过实际操作和体验，促使学生更深刻地理解和应用思想政治理论。综合实践能够促使学生理论联系实际。通过将理论知识融入实际场景，学生能够更加直观地感受到思想政治理论在具体情境中的应用。这有助于拉近理论与实际生活的距离，使学生更加深刻地理解理论的实质。综合实践有助于培养学生的实际操作能力。在实际操作和体验的过程中，学生需要运用所学的理论知识解决实际问题，培养了他们的实际操作和实践创新的能力。这种能力的培养对学生未来职业和社会生活的适应具有积极的影响。综合实践可以促使学生团队合作。很多综合实践项目需要学生进行合作，共同解决问题。通过团队协作，学生可以学会有效沟通、协商和分工合作，培养了他们的团队协作精神。综合实践还有助于激发学生的学习兴趣。相对于传统的理论教学，综合实践更具有情境性和趣味性，能够引起学生的浓厚兴趣。学生在实际操作和体验的过程中更容易保持专注，提高学习的积极性。在综合实践中，教师的作用不仅是知识传授者，更是组织者和引导者。教师需要精心设计综合实践项目，提供必要的指导和支持，引导学生在实践中探索和学习。通过教师的引导，学生可以更好地领会思想政治理论的实质。综合实践作为高校思政教学的一种方式，通过实际操作、体验和团队协作，有助于学生更全面地理解和应用思想政治理论，培养实际操作能力和团队协作精神。这种综合性的教学方式不仅提高了学生的实践能力，也为他们更好地走向社会做好准备。

六、互动讨论法

高校思政教育的互动讨论是一种有效的教学方法，通过促使学生参与讨论、表达观点，旨在引导学生深入思考、交流思想，提升思政教育的互动性和参与度。高校思政教育的互动讨论是一种富有活力且具有启发性的教学方法，旨在激发学生的思考和表达能力，促使他们深入思考时事政治、社会伦理等问题，进而培养良好的思想政治素养。互动讨论作为一种学生参与度高的教学方式，具有以下几个显著特点：互动讨论强调学生主体地位。在传统的思政教育中，学生往往是被动接受知识的对象，而互动讨论将学生置于主动参与的位置。通过提出问题、组织小组讨论、座谈交流等方式，使学生在讨论中充分发挥自主思考和表达的主观能动性，从而形成对思政问题更深刻的认识。互动讨论有助于拓展学生的思维广度。思政教育的目的之一是培养学生的综合思考能力，而互动讨论提供了一个多元化的平台，使学生能够接触到不同的观点和意见。通过与同学们互相交流，学生能够更全面地了解社会、国家、人类的伦理、文化等多方面的议题，有助于培养开放包容的思维方式。互动讨论促使学生形成独立见解。通过互动讨论，学生有机会表达自己的观点，并在与他人交流中逐渐明确自己的思考方向。这有助于培养学生独立思考的习惯，使他们在面对复杂的社会现象时能够更具判断力和分辨力，形成独立的思想观念。互动讨论提升了课堂氛围。与传统的单向讲述相比，互动讨论使整个课堂充满生机和活力。学生在交流中更容易产生共鸣，形成集体的讨论氛围，激发出课堂的热情。这种积极的氛围不仅有利于思政教育内容的传达，还能够增强学生对课程的兴趣和参与度。在推行互动讨论时，也需要注意一些问题。教师在引导讨论时应保持中立，尊重学生的不同观点，避免过于主观地影响学生的思考方向。讨论问题的设置应具有启发性和引导性，能够引导学生深入思考，并有助于课程目标的实现。最后，要合理控制讨论的时间，确保每个学生都有机会发表自己的看法，防止某些学生主导讨论，造成其他学生的沉默。高校思政教育的互动讨论是一种富有活力、有利于学生思考和表达的教学方法。通过营造积极的学术氛围，教师和学生共同参与思政课程的建设，有助于培养学生的思想政治素养，使其更好地适应现代社会的复杂环境。

第三节　高校思政教育方法的创新发展

一、互动式教学法

高校思政教学方法的创新之一是互动式教学，这一方法强调师生之间的双向交流与互动，以促使学生更积极地参与思政课程、增强其学习体验。互动式教学是一种强调师生互动、学生之间互动的教学方法，其核心理念是在教学过程中建立起积极的、富有活力的互动关系，以促进学生深入思考、主动参与和更好地理解思政课程内容。这种方法摒弃了传统的单向灌输式教学，强调学生在学习过程中的主体性，通过与教师和同学的交流互动，使思政教育更具有参与性和启发性。互动式教学突破了传统一言堂的局面，使思政课堂变得更为生动有趣。在互动中，教师可以通过提问、讨论、小组活动等方式引导学生积极参与，激发学生对思政课程内容的兴趣。学生在轻松愉快的氛围中更愿意表达自己的观点，这有助于拉近师生之间的距离，使学生感到思政教育不再是枯燥的知识灌输，而是一个富有互动和交流的过程。互动式教学有助于培养学生的批判性思维和问题解决能力。通过引导学生提出问题、讨论疑难点，教师可以激发学生主动思考和质疑的意识。学生在与同学的互动中，能够更好地理解多元的观点，培养辨析问题、解决问题的能力。这有助于提高学生在面对社会复杂问题时的思考深度和应对能力。进一步地，互动式教学能够促进学生与学生之间的合作与交流。通过小组讨论、团队项目等形式，学生在团队合作中相互借鉴、共同进步。这有助于培养学生的团队协作能力、沟通能力和领导力，为他们未来的社会生活和职业发展打下坚实基础。互动式教学也为师生互动提供了更多的可能性。教师不再是单一的知识传授者，而是更像是引导者、启发者，通过与学生的互动，更好地了解学生的需求，调整教学方法，个性化地辅导学生的学业和成长[①]。互动式教学作为高校思政教学的一种创新方法，不仅丰富了思政课堂的教学手段，使学生更为主动参与，而且有助于培养学生的批判性思维、问题解决能力以及团队协作与沟通能力。这种教学方法推动了思政教育的深入发展，使其更符合当代学生的需求和发展趋势。

---

① 陈丽丽．基于网络平台的高校思政教育混合式教学研究［J］．淮南职业技术学院学报，2023，23（06）：23-25.

二、多媒体辅助教学法

高校思政教学方法创新的一个重要方向是多媒体辅助教学。多媒体技术的广泛应用为思政课程注入了新的活力，提升了教学效果。多媒体辅助教学是指在思政课堂中运用多种媒体技术，如图像、音频、视频等，辅助教师进行知识传递和学习引导。这种教学方法不仅拓展了教学手段，使教学内容更加形象直观，同时也更贴近当代学生对信息的接受方式，提高了教学的互动性和吸引力。多媒体辅助教学丰富了思政课程的教学内容呈现。通过投影仪、电子白板等设备，教师可以将文字、图片、视频等多种媒体元素有机结合，使抽象的理论知识变得更加具体生动。例如，通过播放相关视频，学生可以更直观地了解历史事件的背景和发展过程，增强对思政内容的理解和记忆。多媒体辅助教学提升了学生的学习兴趣和参与度。现代学生生长在信息丰富的时代，对于图像和视频的接受能力较强。通过在思政课程中引入多媒体元素，可以更好地吸引学生的注意力，激发他们的学习兴趣。交互式的多媒体展示也为学生提供了参与讨论和互动的机会，使课堂更富有活力。多媒体辅助教学促进了思政课程的跨学科整合。通过引入多媒体技术，教师可以将思政课程与其他学科、实际案例相结合，形成更为综合和有机的知识体系。例如，通过实时显示相关数据、图表，教师可以引导学生分析社会现象，培养他们跨学科思维和综合素养。多媒体辅助教学为教师提供了更灵活的教学方式。教师可以根据课程需要随时调整多媒体内容，实现个性化教学。这种灵活性有助于适应学生的学习习惯和节奏，提高教学的适应性和实效性。多媒体辅助教学作为高校思政教学的一项创新方法，为思政课程注入了新的元素，提升了教学的质量和效果。通过更生动、直观、互动的教学手段，多媒体辅助教学有助于培养学生的综合素养，使思政课程更贴近学生的学习需求，更好地发挥思政教育的育人功能。

三、创新性评估法

高校思政教学方法创新的重要方向之一是创新性评估方式。评估方式的创新不仅有助于更全面地了解学生的思政学习情况，还能够激发学生的学习兴趣和参与度。创新性评估方式是指在思政教学中引入新颖、多元的评估手段，以更全面、客观地了解学生的思政学习情况。传统的考试形式难以全面评价学生的思想政治素养，因此创新性评估方式的引入有助于弥补这一不足。创新性评估方式强调对学生综合素养的全面考量。除了传统的笔试、口试外，可以引入学科交叉的项目研究、社会实践、团队合作等多种形式的评估。例如，通过学科交叉的项目研究，学生不仅需要运用思政知识，还能够培养跨学科的能力，使其思政学习更加贴近实际应用。创新性评估方式注重学生实际表现和参与度的考察。传统考试容易造成学生应试性学习，而创新性评估方式更注重学生在实际情境中的表现。通过社会实践、模拟演练等方式，能够更真实地观察学生的综合素养和实际运用能力，激发他们对思政学科的实际兴趣。进一步地，创新性评估方式强调个性化评价和反馈。每个学生的思政学习情况不同，传统的一刀切评价方式难以满足个性化需求。引入个性化评价手段，如学习档案、学业规划等，可以更精准地了解学生的学习情况，为其提供有针对性的指导和反馈。创新性评估方式推崇多元化的考核形式。传统的考试形式可能无法充分考查学生的多方面能力，因此可以引入开放性题目、小组讨论、实践报告等多元化考核形式。这不仅有利于学生在不同场景中展现综合素养，也有助于培养学生的创新思维和实际解决问题的能力。创新性评估方式作为思政教学方法的一项创新，有助于促进学生全面发展，培养其创新精神和实际应用能力。通过多元、灵活的评估手段，不仅可以更客观地了解学生的思政学习情况，还能够激发学生的学习兴趣，使思政教学更贴近学生的实际需求，更好地发挥思政教育的育人功能。

四、问题导向教学法

问题导向教学是一种强调通过提出问题引导学生思考、探索和解决问题的教学方法。在高校思政教学中，问题导向教学的创新有助于激发学生的主动学习兴趣，培养批判性思维和解决实际问题的能力。问题导向教学强调以问题为核心，通过提出引人深思的问题来激发学生的主动学习兴趣。在高校思政教学中，传统的灌输式教学难以激发学生的主动性，而问题导向教学通过设定挑战性问题，使学生在解决问题的过程中深入思考，主动获取知识，提高学习积极性。问题导向教学注重培养学生的批判性思维。通过提出开放性和具有争议性的问题，促使学生在思考中形成独立见解，并学会对不同观点进行辨析和评价。这有助于培养学生的批判性思维和辩证思考能力，使其更具有理论思考和判断问题的能力。问题导向教学强调实际问题的引导和解决。将课程内容与实际问题相结合，使学生在解决实际问题的过程中应用所学知识。这不仅有助于将理论知识转化为实际能力，还培养学生解决实际问题的能力，使思政教学更具实效性。问题导向教学推崇学生参与和合作。通过组织小组讨论、团队合作等形式，让学生在解决问题的过程中互相交流、协作，形成合作学习的氛围。这有助于培养学生的团队协作精神和沟通能力，使他们在协作中共同进步。问题导向教学注重个性化发展。每个学生对问题的理解和解决方案可能各不相同，问题导向教学允许学生根据个体差异进行个性化的思考和表达。这有助于发掘学生的潜能，促使他们在个性化的学习过程中更好地发展自己的特长和兴趣。问题导向教学作为高校思政教学的创新方法，通过引导学生围绕问题进行深入思考、讨论和解决问题，旨在培养学生的主动学习意识、批判性思维和实际解决问题的能力。通过问题导向教学，思政课程能够更好地贴近学生的实际需求，激发学生的学习兴趣，推动高校思政教学走向更为丰富、灵活和创新的发展道路。

五、跨学科教学法

跨学科教学是一种强调不同学科之间相互融合、交叉探讨的教学方法。在高校思政教学中，跨学科教学的创新能够促进思政课程更全面、多元地引入各学科知识，提升学生的学科综合素养。跨学科教学强调学科之间的互相渗透与融合。在高校思政教学中，传统的思政课程往往集中在思想政治理论领域，跨学科教学则能够将其他学科的知识有机融入其中，拓展学科边界，使思政教学更具广度和深度。跨学科教学注重思维方式的多元化。不同学科有着不同的思维方式和方法论，通过跨学科教学，可以促使学生从多个角度思考问题，培养跨学科思维的能力。这有助于学生形成更为全面、综合的认知结构，提升综合素养。跨学科教学促进跨界合作与创新。高校思政教学往往以独立的理论框架呈现，而跨学科教学则能够打破学科壁垒，促进不同学科的合作与交流。这有助于在思政教学中引入新的理念和观点，推动教学内容的创新。跨学科教学强调实际问题的综合解决。通过将多学科知识应用于解决实际问题，跨学科教学能够培养学生更强的问题解决能力。这符合思政课程的实践性质，使学生在面对社会问题时能够运用多学科知识进行全面分析和解决。跨学科教学有助于培养学生的创新精神。不同学科的交叉融合能够激发学生的创造性思维，培养他们面对未知问题时勇于创新的精神。这对于高校思政教学的目标——培养学生成为有创新意识的公民——具有积极意义。在跨学科教学中，思政课程可以与其他学科相互借鉴、交叉合作，使学科之间的关系更为紧密，促进学科发展的融合与协同。通过引入跨学科教学创新，思政课程能够更好地适应多元化、复杂化的社会需求，培养学生更全面、创新的素养，推动高校思政教学朝着更为开放和有活力的方向迈进。

第八章　高校思政教育的路径

第一节　高校思政教育的理论课建设创新发展

一、高校思政教育的理论课建设创新发展——融合实际问题

（一）社会热点问题引导学习

高校思政教育的理论课建设创新发展中，融合实际问题，特别是通过引导学生关注和学习社会热点问题，对于提高学生的思想政治素质和实际应用能力至关重要。在高校思政教育的理论课建设中，融合社会热点问题是推动学生思想政治素质提升的有效途径。社会热点问题作为与时代紧密相连的教材，具有引导学生深入思考、积极参与社会的潜力。通过引导学生学习社会热点问题，不仅能够使思政理论更加贴近实际，还能够培养学生独立思考和解决问题的能力，使他们更好地适应社会的发展，社会热点问题的引入能够激发学生的学习兴趣。当课堂紧密联系社会热点问题时，学生更容易产生共鸣，主动参与学习。社会热点问题通常与学生的日常生活息息相关，因此能够引发他们的浓厚兴趣。通过关注社会热点问题，学生能够更主动地投入到学习中，积极参与讨论，形成积极向上的学习氛围。社会热点问题引导学习有助于培养学生的实际应用能力[①]。理论课程的目的不仅在于传授知识，更要培养学生将理论知识应用于实际问题的能力。社会热点问题作为课程内容，为学生提供了将理论知识运用到社会实际中的契机。通过深入研究社会热点问题，学生能够更好地理解理论知识的实际应用，增强解决实际问题的能力。在社会热点问题的引导下，学生能够主动关注社会动态，对时事有更深刻的了解。这有助于拓宽学生的知识面，提高他们的社会责任感。通过关注社会热点问题，学生能够更好地认识到个体与社会

---

① 刘璇，王国超．立德树人背景下高校思政教育与体育的融合实践研究［J］．办公室业务，2023，（24）：113-115.

的关系，培养他们积极参与社会事务的意识，从而更好地履行公民责任。社会热点问题的引导学习还有助于培养学生的综合素质。社会热点问题往往涉及多个学科领域，学生在解决这些问题的过程中需要综合运用不同学科的知识。这有助于培养学生的跨学科思维，提高他们的综合素质，使他们更具有全面发展的竞争力。在实际教学中，可以通过设计案例分析、小组讨论、项目研究等方式，引导学生深入研究社会热点问题。例如，针对当前社会上普遍关注的问题，如环境污染、社会公平、科技发展等，可以组织学生进行深入调查和研究，分析问题的原因和解决方案，引导他们运用所学知识解决实际问题。社会热点问题引导学习是高校思政教育理论课建设创新发展的一个重要方向。通过将理论知识与社会热点问题紧密结合，能够更好地激发学生的学习兴趣，培养他们的实际应用能力和社会责任感，为学生成为具有全面素质的优秀人才打下坚实基础。

（二）安排社会调研和实践活动

高校思政教育的理论课建设创新发展中，安排社会调研和实践活动是一项极具价值的举措。通过这样的实践方式，不仅可以让学生更深入地理解理论知识，还能够培养学生的实际应用能力和社会责任感。在高校思政教育理论课的建设中，安排社会调研和实践活动是一种创新的教学手段，能够使学生更好地将理论知识转化为实际行动，加深对社会的认识，培养实际应用的能力，促使他们在实践中不断完善自己的思想政治素质。通过社会调研，学生能够更深入地了解社会现象和问题。社会调研是一种对社会实际情况进行系统观察和研究的手段，学生可以通过设计问卷、深度访谈等方式，深入社会，了解人民群众的真实需求和反映。这种亲身经历不仅丰富了学生的社会阅历，也为他们提供了将理论知识应用到实际中的契机。实践活动的安排使学生能够将理论知识运用到实际问题的解决中。通过参与社会实践活动，学生可以将所学的理论知识应用于实际问题的解决，锻炼实际动手能力。例如，学生可以参与社区服务、环保行动等实践项目，通过实际行动为社会做出贡献，同时增强自己的团队协作和组织管理能力。在实践活动中，学生还能够体验到团队协作的重要性。许多实践项目需要学生组成团队共同合作，这有助于培养学生的团队协作精神、沟通能力和领导才能。通过与同学一起合作完成实践项目，学生能够更好地理解团队的力量，体验到协同工作的成就感，这对于他们未来的职业和社会参与都具有积极的影响。社会调研和实践活动的安排还能够激发学生的社会责任感。通过亲身参与社会服务和实践项目，学生能够更直观地感受到社会问题的紧迫性和重要性。这有助于培养学生对社会的责任感，使他们在行动中逐渐形成对社会的责任担当，成为有社会责任心的公民。在实际教学中，可以通过以下方式来安排社会调研和实践活动：组织学生参与社区调研，了解社区发展现状和居民需求；设立实践项目，如环境保护、公益活动等，让学生亲身参与并体验实践的过程；组织社会实践考察，让学生深入社会机构、企业等进行实地考察和交流。安排社会调研和实践活动是高校思政教育理论课建设中的一项创新措施，有助于提高学生的思想政治素质，培养他们的实际应用能力和社会责任感。通过实际参与和实践，学生将更全面地理解和接受思政理论，为他们未来的发展奠定坚实的基础。

（三）设计问题导向学习

在高校思政教育的理论课建设创新发展中，设计问题导向学习是一种富有活力的教学方法。通过引导学生通过提出问题、寻找解决方案的方式来学习理论知识，不仅激发了学生的独立思考能力，还培养了他们的批判性思维和解决问题的能力。问题导向学习是一种以问题为中心，通过学生提出问题、探究问题、解决问题的过程，引导学生深入学习理论知识的教学方法。在高校思政教育的理论课建设中，设计问题导向学习是一项创新举措，有助于激发学生学习的主动性、参与性，使理论课更加贴近实际，更有针对性。问题导向学习能够激发学生的学习兴趣。学生通常对于能够引发思考和探究的问题更感兴趣，问题导向学习正是基于这一认知。通过让学生自主提出问题，教师引导他们通过探讨问题来获取知识，使得学习过程更具有吸引力，激发学生的学习热情。问题导向学习有助于培养学生的独立思考能力。在这种学习方式下，学生需要自主提出问题并寻找解决方案，这促使他们养成独立思考的良好习惯。通过自主思考问题，学生能够更深入地理解理论知识，培养批判性思维，形成独立见解。问题导向学习还能够提高学生的问题解决能力。在实际问题的引导下，学生不仅要理解问题背后的理论知识，还需要通过分析、研究和探讨找到解决问题的方法。这种过程培养了学生解决实际问题的能力，使他们更具有实际应用的素养。问题导向学习有助于将抽象的理论知识转化为具体的实际问题。在学生提出的问题中，可以将理论知识与实际问题相结合，使得抽象的理论变得更具体、更有现实意义。这种联系有助于学生更好地理解和接受理论知识，使学习更加贴近生活。在实际的教学过程中，可以通过以下方式设计问题导向学习：首先，教师引导学生关注社会热点问题、实际挑战等，激发学生思考。其次，学生自主提出问题，可以通过小组讨论、课堂互动等方式进行。接着，教师引导学生在团队合作中分析问题、收集信息、提出解决方案。最后，学生展示成果，进行总结和讨论。设计问题导向学习是高校思政教育理论课建设中的一项有益的创新方法。通过引导学生提出问题、探究问题，不仅激发了他们的学习兴趣，也培养了他们的独立思考和问题解决能力，使得思政理论课更符合学生的学习需求和社会的发展需求。

二、高校思政教育的理论课建设创新发展——采用多元教学手段

(一) 讲座和专题报告

高校思政教育的理论课建设创新发展中，设立讲座和专题报告是一项丰富多彩的多元教学手段。通过邀请知名专家、学者举办讲座，以及组织专题报告，不仅能够为学生提供新颖的思想观点和学科知识，还能够激发他们的兴趣、开阔他们的视野。在高校思政教育的理论课建设中，设立讲座和专题报告是为学生提供多元化学术资源、促进学科交流、丰富学术氛围的重要手段。通过邀请国内外知名专家、学者，以及行业内的资深从业者举办讲座和专题报告，能够为学生呈现前沿的学科动态、引导学生关注社会热点、激发学生对思政理论的兴趣。讲座和专题报告能够为学生提供新颖的思想观点和学科知识。邀请有丰富经验和深厚造诣的专家学者，他们通常具有独到的学术见解和实践经验，能够为学生呈现一种超越教材的、更丰富的思想观点。这有助于打破传统教学的束缚，使学生更全面地理解思政理论的内涵和外延。讲座和专题报告有助于激发学生的学科兴趣。通过邀请在特定领域取得显著成就的专家，学生能够深入了解该领域的前沿问题、研究进展，从而引发他们对相关学科的浓厚兴趣。这种直接接触学科领域的学术精英，对学生的学科选择、职业规划等方面都具有积极的影响。讲座和专题报告还能够促进学科交流和合作。通过不同领域专家的分享，学生有机会接触到跨学科的知识和思想，有助于打破学科的局限，促使他们形成更全面的学科视野。同时，专题报告也为学生提供了与专家面对面交流、提问的机会，促进了学生与专业人士之间的互动合作。在实际实施中，可以通过以下方式设立讲座和专题报告：学校可邀请国内外著名学者、社会知名人士，组织学科讲座，为学生提供学科前沿和最新研究动态；也可以邀请具有实际经验的从业者，进行专题报告，使学生能够更贴近实际问题，增强实际应用能力。设立讲座和专题报告是高校思政教育理论课建设中的一项有效的多元教学手段。通过引入不同领域的专家，为学生提供多元、丰富的学术资源，有助于提升学生的学科素养、激发他们的学术热情，推动思政理论课程向更深层次、更广领域发展。

(二) 角色扮演和模拟演练

高校思政教育的理论课建设创新发展中，采用多元教学手段之一是角色扮演和模拟演练。通过角色扮演和模拟演练，学生能够在虚拟的情境中体验、实践，培养实际应用能

力、促使他们更深刻地理解和接受思政理论。在高校思政教育的理论课建设中，角色扮演和模拟演练作为一种富有创造性和互动性的多元教学手段，具有独特的教育价值。通过让学生在虚拟的情境中扮演不同角色，参与模拟演练，可以使理论知识更具体、更生动，激发学生的学习兴趣，培养他们的实际应用能力。角色扮演和模拟演练有助于提升学生的实际应用能力。在演练过程中，学生需要根据所学的理论知识扮演特定角色，通过模拟实际情境，解决问题。这种亲身参与、实际操作的方式，能够使学生更好地将理论知识转化为实际行动，培养他们解决实际问题的能力。角色扮演和模拟演练能够促使学生更深刻地理解思政理论。通过扮演不同的角色，学生能够更直观地感受到思政理论在实际生活中的运用。例如，可以通过角色扮演模拟公民参与社会治理、领导层危机处理等情境，使学生深入理解思政理论的实际意义。角色扮演和模拟演练有助于培养学生的团队协作和沟通能力。在演练中，学生需要与同学合作，扮演不同的角色，共同完成任务。这种团队协作的过程能够培养学生的团队协作精神、沟通能力，提高他们在集体中的组织和领导能力。在实际教学中，可以通过以下方式进行角色扮演和模拟演练：设计与思政理论相关的情境，要求学生扮演不同的社会角色，进行模拟演练；设定角色任务，让学生在模拟中解决特定问题，运用理论知识进行分析和解决；组织小组间的交流与分享，让学生通过观察其他小组的演练，加深对思政理论的理解。角色扮演和模拟演练作为多元教学手段在高校思政教育理论课中的应用，有助于提高学生的实际应用能力，激发他们对思政理论的兴趣，促进团队协作与沟通能力的培养。通过这种互动式的教学方式，思政理论课程更能贴近学生的实际需求，使学生更主动、更深入地参与学习，推动思政教育在高校取得更为积极的效果。

（三）在线学习平台和虚拟实验室

高校思政教育的理论课建设创新发展中，采用多元教学手段的一项重要举措是在线学习平台和虚拟实验室。通过这两种工具的应用，学生可以在灵活的学习环境中获取丰富的学科资源，参与互动式学习，拓展思政理论的教学方式，提升学生的学习体验和实际应用能力。在线学习平台作为一种数字化教育工具，为高校思政理论课的建设提供了便利和灵活性。通过在线学习平台，学生可以随时随地访问学科资料、观看教学视频、参与在线讨论等，实现了学习的自主性和灵活性。这种方式不仅方便了学生的学习，还使得思政理论更贴近学生的生活和学习方式。虚拟实验室为思政理论课的实践教学提供了新的可能性。在虚拟实验室中，学生可以通过模拟实验场景，进行虚拟的实际操作，深化对理论知识的理解。例如，可以通过虚拟实验室模拟社会治理中的决策过程、模拟社会发展中的各种情境，使学生在虚拟环境中积累实际经验，提高实际应用能力。同时，在线学习平台和虚拟实验室的结合，为学生提供了更加全面的学习资源。学生可以通过在线学习平台获取相关的学科知识，然后通过虚拟实验室进行实践操作，形成理论与实践的有机结合。这种多元教学手段的应用能够更好地满足学生对于多样化学习资源的需求，丰富了思政理论课程的内容。通过在线学习平台和虚拟实验室，学生之间的互动和合作得到了进一步促进。在线学习平台提供了在线讨论、群组互动等功能，学生可以在虚拟环境中进行知识分享、交流思想，形成学习共同体。虚拟实验室也可以通过团队协作的方式，完成一些实践性项目，培养学生的团队精神和沟通协作能力。在实际操作中，可以通过以下方式推动在线学习平台和虚拟实验室的应用：建设完善的在线学习平台，提供丰富多样的学科资源和学习工具；设计虚拟实验室场景，结合思政理论课程的实际情境，使学生能够在虚拟环境中进行实际操作和模拟实验。采用在线学习平台和虚拟实验室是高校思政教育理论课建设创新发展中的一项重要举措。通过数字化、虚拟化的手段，提高学生的学习体验，丰富思政理论课的教学手段，促进学科知识与实践的有机结合，为学生提供更为立体、全面的学习体验，有助于提升思政教育的质量和效果。

（四）游戏化教学

高校思政教育的理论课建设创新发展中，采用多元教学手段之一是游戏化教学。通过将游戏元素融入教学过程，可以提高学生的参与度、激发学习兴趣，并培养他们的创造性思维和合作精神。游戏化教学是一种将游戏设计理念和元素引入教育过程的创新教学方法。在高校思政教育的理论课中，采用游戏化教学可以使课程更具趣味性和吸引力。首先，通过设计有趣的游戏情境和任务，激发学生的学习兴趣，使思政理论更贴近学生的实际生活，引起他们的关注。游戏化教学有助于提高学生的参与度和主动性。在游戏化的学习环境中，学生不再是被动接受知识，而是通过参与各种任务、挑战来主动获取知识。这种参与性的学习方式促使学生更加积极地投入到学习中，提高学习的效果。游戏化教学还能够培养学生的创造性思维和解决问题的能力。在游戏中，学生通常需要面对各种挑战和难题，通过不断尝试和创新来解决问题。这种过程培养了学生的创造性思维，使他们更具有突破传统思维的能力。游戏化教学有助于培养学生的合作精神和团队协作能力。许多游戏都设计有合作模式，要求玩家共同努力达成目标。在学习中引入这样的元素，可以促使学生学会团队合作、协同工作，培养团队精神。在实际操作中，可以通过以下方式实现游戏化教学：设计与思政理论相关的游戏情境，将理论知识嵌入到游戏任务中；设置游戏目标和奖励机制，激发学生的学习动力；引入竞赛元素，促进学生之间的互动与竞争；设计虚拟世界中的任务，让学生在虚拟环境中进行实际操作。采用游戏化教学是高校思政教育理论课建设中的一项富有创新性的多元教学手段。通过引入游戏元素，使学生在轻松愉快的氛围中学习思政理论，提高了学习的积极性和效果。这种富有趣味性和参与性的教学方式有助于创造更为丰富、生动的学习体验，使思政理论更好地融入学生的学习生活中。

三、高校思政教育的理论课建设创新发展——开展校园文化建设

（一）校园精神文明建设

当前，高校思政教育的理论课建设正处于改革创新的关键时期。如何更好地培养学生的思想道德素养，引导他们正确看待世界、树立正确的人生观价值观，已成为高校思政教育亟待解决的问题。在这个过程中，校园文化建设的开展，特别是校园精神文明建设，为高校思政教育的创新发展提供了新的动力和方向。校园文化建设是高校思政教育的有机组成部分。高校不仅仅是知识的传播者，更是思想道德的塑造者。通过开展丰富多彩的校园文化活动，可以为学生提供更广阔的视野和更深厚的人文素养。这有助于学生更好地理解思政教育的重要性，激发其对思想道德建设的热情。校园精神文明建设能够构建积极向上的校园氛围。在这样的氛围中，学生更容易接受并积极参与思政教育的理论课程。通过校园文化建设，可以塑造一种积极向上、团结友爱、崇德向善的校园精神，为高校思政教育提供更好的发展环境。校园文化建设可以促进学生的全面发展。在传统的思政教育中，理论课程往往偏重于理论知识的灌输，而缺乏对学生全面素养的培养。通过校园文化建设，可以引导学生参与各类文化活动，培养其创新能力、团队协作能力以及审美情趣，从而实现思政教育的全面发展目标。校园精神文明建设也是高校文化软实力的体现。一所高校的文化软实力不仅仅来源于其硬实力，更在于其独特的文化魅力。通过校园文化建设，可以形成具有时代特色和校园特色的文化品牌，提升学校在社会中的美誉度和影响力，为思政教育的传播和推广打下坚实基础。高校思政教育的理论课建设需要与校园文化建设相结合，特别是要注重校园精神文明建设。通过开展丰富多彩的文化活动，构建积极向上的校园氛围，促进学生的全面发展，高校可以更好地实现思政教育的目标，培养德智体美劳全面发展的社会主义建设者和接班人。这样的努力不仅有助于提高学生的思想道德水平，也将为社会的发展和进步注入强大的正能量。

（二）思政文化周和主题活动

高校思政教育的理论课建设是培养学生综合素质的关键环节，而在这个过程中，校园

文化建设的开展尤为重要。思政文化周和主题活动作为校园文化建设的亮点，为高校思政教育注入了新的活力和内涵。思政文化周和主题活动为学生提供了丰富多样的文化体验。通过举办各类文化周和主题活动，学校可以打破传统的思政教育形式，使学生在轻松愉快的氛围中接触到更广泛的文化元素。这不仅拓展了学生的视野，还提高了他们对不同文化的理解和包容性，从而更好地培养其国际化视野和跨文化交流能力。思政文化周和主题活动有助于激发学生的学习兴趣和参与热情。通过设置富有吸引力的主题和内容，能够引导学生主动参与，从而更好地吸收和理解思政教育的理论知识。这样的活动形式能够打破传统课堂的单一性，使学生在轻松的氛围中更主动地学习，提高学习的积极性和主动性。思政文化周和主题活动促进了学校文化软实力的提升。一所高校的文化软实力直接关系到其在社会中的影响力和声誉。通过举办精彩纷呈的文化周和主题活动，学校能够形成独特的文化品牌，吸引更多的社会关注和认可，为高校树立起积极向上、充满活力的形象。思政文化周和主题活动也是培养学生创新能力和团队协作精神的有效途径。在活动的策划和组织中，学生需要发挥自己的创意和团队协作能力，锻炼实际动手能力。这不仅是对学生综合素质的锻炼，也为他们今后的社会实践和工作奠定了基础。思政文化周和主题活动在高校思政教育的理论课建设创新发展中具有不可替代的作用。通过提供多样化的文化体验，激发学生的学习兴趣，提升学校文化软实力，以及培养学生创新能力和团队协作精神，这些活动为高校思政教育注入了新的活力，为学生成长成才提供了有力支持。因此，思政文化周和主题活动的开展应当成为高校思政教育的一项重要策略，为学生成就未来奠定坚实的思想基础。

（三）建设校园文化品牌

高校思政教育的理论课建设创新发展中，开展校园文化建设是不可或缺的一环。在这个过程中，建设校园文化品牌显得尤为重要。校园文化品牌的建设不仅是高校软实力的彰显，更是为学生提供全面成长的舞台。高校思政教育的理论课建设旨在培养学生的思想道德素养，引导他们正确看待世界、树立正确的人生观价值观。在这一进程中，校园文化建设扮演着不可或缺的角色，而建设校园文化品牌则是提升高校软实力的有效途径。建设校园文化品牌是高校软实力的直接体现。一所高校的软实力包括其文化、教育、科研、社会服务等方面的综合实力。通过校园文化品牌的建设，学校能够形成独特的文化特色，吸引更多的社会关注和认可，从而提升学校在国内外的影响力和声望。一个富有文化品牌的高校不仅能够更好地吸引优秀的师生，也有利于建立良好的校际合作关系，推动学校整体实力的提升。建设校园文化品牌有助于形成积极向上的校园文化氛围。通过明确的文化品牌定位和核心价值观，学校能够引导师生形成一种共同的精神追求和行为规范。这有助于构建校园内积极向上、充满创造力和活力的文化氛围，为思政教育提供了良好的实践平台。学生在这样的文化氛围中更容易接受和融入思政教育的理论课程，实现个体与集体价值观的共鸣。建设校园文化品牌对于学生全面成长至关重要。高校不仅仅是知识的传授场所，更是学生成长成才的摇篮。通过参与具有浓厚校园文化品牌的活动，学生能够培养自己的审美情趣、创新思维和团队协作能力。这样的全面成长不仅有助于学生更好地应对未来社会的挑战，也为他们的职业发展打下坚实基础。建设校园文化品牌也是对高校历史和传统的传承和弘扬。每所高校都有其独特的历史和传统文化，通过建设校园文化品牌，可以更好地传达学校的特色和底蕴。这不仅有助于学校形成独特的文化吸引力，也为校友的情感认同和校园文化的传承提供了支持。建设校园文化品牌是高校思政教育的理论课建设创新发展中至关重要的一环。通过校园文化品牌的建设，不仅提升了高校的软实力，也促进了积极向上的校园文化氛围，为学生提供了全面成长的平台。因此，高校应当重视校园文化品牌的打造，通过不断创新和发展，使之成为高校特有的精神标识，为思政教育的有效实施提供有力支持。

第二节 高校思政教育的实践活动创新发展

一、引入多样化的主题活动

（一）引入社会热点作为主题，使学生能够更直观地了解和参与社会进程

高校思政教育的实践活动在创新发展的过程中，引入多样化的主题活动显得尤为重要。其中，引入社会热点作为主题具有独特的价值，使学生更直观地了解和参与社会进程。通过关注社会热点，学生不仅能够深入了解时事动态，更能够在参与实践中培养批判性思维、社会责任感和创新能力。高校思政教育的实践活动是培养学生思想道德素养的重要途径，而引入多样化的主题活动是实现实践活动创新发展的关键。其中，引入社会热点作为主题，不仅为学生提供了更直观的社会体验，也使他们更好地了解和参与当今社会的发展进程。引入社会热点作为主题活动能够使学生更深入地了解时事动态。社会热点往往是当前社会关注的焦点问题，涉及政治、经济、文化等多个领域。通过将社会热点引入主题活动，学生能够直接接触到社会发展中的重大事件和议题，深入了解社会运行的规律。

这有助于拓宽学生的视野，提高他们对社会复杂性的认知水平，培养跨学科的知识背景，为其未来的发展奠定基础。引入社会热点作为主题活动有助于培养学生的批判性思维。社会热点问题常常伴随着多元的观点和争议，学生在参与相关活动的过程中，不仅能够了解不同声音，还需要运用批判性思维对问题进行分析和思考。这样的实践过程有助于激发学生的独立思考能力，培养他们对复杂问题的分析和解决能力，提高思辨能力，为其成为具有独立见解的社会公民奠定基础。引入社会热点作为主题活动有助于培养学生的社会责任感。社会热点问题往往与公共利益息息相关，通过参与相关活动，学生能够更加深刻地认识到自己作为社会一员的责任。这种参与感和责任感的培养有助于激发学生的社会参与热情，使他们更加关注社会公益事业，成为具有社会责任心的公民。引入社会热点作为主题活动还能够促进学生的创新能力。社会热点问题往往需要创新性的思维和解决方案。通过参与相关活动，学生有机会运用所学知识，提出创新性的观点和解决方案，锻炼自己的创新能力。这对于培养学生的创新创业精神，使其在未来社会中更具竞争力，具有积极的促进作用。引入社会热点作为高校思政教育实践活动的主题，对于学生思想道德素养的培养具有深远的影响。通过直接参与社会热点问题，学生能够更深刻地了解时事动态，培养批判性思维，增强社会责任感，提升创新能力。这种多样化的主题活动不仅拓展了学生的知识面，更为其综合素质的提升提供了丰富而实际的平台，为培养具有国际竞争力的高素质人才打下坚实基础。因此，高校应当在实践活动中充分挖掘社会热点作为主题的潜力，引导学生积极参与，实现思政教育实践活动的创新发展。

（二）以国际事务作为主题，拓展学生的国际视野

高校思政教育的实践活动创新发展中，引入多样化的主题活动以国际事务为核心，是培养学生全球意识和拓展国际视野的有效途径。通过关注国际事务，学生可以更深刻地理解全球动态，增进对不同文化的理解，培养国际合作精神和全球公民责任感。高校思政教育的实践活动在创新发展的过程中，引入多样化的主题活动，以国际事务为核心，是对学生全面素质培养的一次有益尝试。国际事务作为主题，不仅能够拓展学生的国际视野，更是培养他们适应全球化时代的重要途径。引入国际事务作为主题活动有助于拓展学生的国际视野。全球化时代，国际事务日益成为影响国家和个体的重要因素。通过将国际事务作为实践活动的主题，学生能够更全面、深入地了解不同国家之间的政治、经济、文化等方面的互动与合作。这有助于拓展学生的国际视野，使他们更加敏感于国际动态，更好地理解国际社会的多样性和复杂性。引入国际事务作为主题活动有助于培养学生的国际合作精神。国际合作是全球化时代的重要趋势，也是解决全球性问题的关键。通过参与国际事务

相关的实践活动，学生可以更好地理解国际合作的重要性，锤炼跨文化沟通与合作的能力。这种培养不仅有助于学生未来职业发展，也为他们成为具有国际竞争力的专业人才奠定了基础。引入国际事务作为主题活动有助于增进学生对不同文化的理解。国际事务涉及到不同国家、不同文化之间的交流与融合。通过参与国际事务主题的实践活动，学生能够更加深入地了解不同文化的背景、价值观念和社会制度。这有助于打破文化隔阂，促进不同文化之间的交流与理解，培养学生的跨文化沟通能力。引入国际事务作为主题活动还有助于培养学生的全球公民责任感。全球问题，如气候变化、贫困、传染病等，需要全球范围内的共同努力来解决。通过参与与国际事务相关的实践活动，学生能够更加深刻地认识到自己作为全球公民的责任。这种全球公民责任感的培养有助于激发学生对全球性问题的关注，并激发他们参与国际事务的积极性。引入国际事务作为高校思政教育实践活动的主题，对于培养学生全球意识、拓展国际视野具有积极的意义。通过深入了解国际事务，学生能够增强对全球动态的认知，培养国际合作精神，增进对不同文化的理解，同时也激发全球公民责任感。这样的多样化主题活动不仅能够提高学生的综合素质，更有助于使他们更好地适应和参与全球化时代的发展。因此，高校应当在实践活动中积极引入国际事务为主题，通过多样化的形式，培养学生的国际化素养，使其更好地为国家和社会的发展做出贡献。

（三）以科技与创新为主题，引导学生关注科技发展对社会、经济的影响

高校思政教育的实践活动创新发展中，引入多样化的主题活动，以国际事务为核心，是为了拓展学生的国际视野，培养全球意识和国际合作能力的重要途径。通过关注国际事务，学生可以更深刻地了解全球动态，促进对不同文化的理解，培养国际合作精神和全球公民责任感。高校思政教育的实践活动在创新发展的过程中，通过引入多样化的主题活动，特别是以国际事务为核心，致力于拓展学生的国际视野，培养他们适应全球化时代的全球意识和国际合作能力。国际事务的引入不仅为学生提供了更宽广的知识领域，更为他们提供了更深入的社会实践体验。引入国际事务作为主题活动有助于深化学生对全球动态的认知。全球化时代，国际事务愈加错综复杂，国家之间的互动关系更显密切。通过关注国际事务，学生能够更深入地了解国际政治、经济、文化等方面的发展，拓宽他们的知识面，提高对全球事务的认知水平。这有助于培养学生跨文化沟通的能力，增进对国际社会的理解。引入国际事务作为主题活动有助于培养学生的国际合作精神。全球性问题，如气候变化、贫困、疾病传播等，需要国际社会共同协作来解决。通过参与国际事务主题的实践活动，学生将更好地认识到国际合作的重要性，锤炼跨国合作与沟通的能力。这种合作

精神不仅有助于学生未来职业发展，也为他们成为具有国际竞争力的专业人才打下了基础。引入国际事务作为主题活动有助于促进学生对不同文化的理解。国际事务涉及到不同国家、不同文化之间的交流与融合。通过深入参与国际事务相关的实践活动，学生能够更全面地了解不同文化的背景、价值观念和社会制度。这有助于打破文化隔阂，促进不同文化之间的交流与理解，培养学生的跨文化沟通能力。引入国际事务作为主题活动还有助于培养学生的全球公民责任感。全球问题往往需要全球范围内的共同努力来解决。通过参与与国际事务相关的实践活动，学生能够更加深刻地认识到自己作为全球公民的责任。这种全球公民责任感的培养有助于激发学生对全球性问题的关注，并激发他们参与国际事务的积极性。引入国际事务作为高校思政教育实践活动的主题，对于拓展学生的国际视野、培养国际合作能力具有积极的意义。通过深入了解国际事务，学生能够增强对全球动态的认知，培养国际合作精神，增进对不同文化的理解，同时也激发全球公民责任感。这样的多样化主题活动不仅能够提高学生的综合素质，更有助于使他们更好地适应和参与全球化时代的发展。因此，高校应当在实践活动中积极引入国际事务为主题，通过多样化的形式，培养学生的国际化素养，使其更好地为国家和社会的发展做出贡献。

（四）以绿色环保作为主题，组织学生参与环保实践活动，关注生态文明建设

高校思政教育的实践活动创新发展中，引入多样化的主题活动，以绿色环保为核心，组织学生参与环保实践活动，关注生态文明建设，是为了培养学生的环保意识、可持续发展思维和社会责任感的重要途径。通过关注绿色环保，学生能够深入了解环境问题，参与实际的环保行动，推动生态文明建设。高校思政教育的实践活动在创新发展的过程中，通过引入多样化的主题活动，以绿色环保为核心，组织学生参与环保实践活动，旨在培养学生的环保意识、可持续发展思维和社会责任感。绿色环保不仅是一个全球性的议题，更是当前社会可持续发展的重要保障，通过此类实践活动，学生将深刻认识到环境问题的严重性，积极参与实际的环保行动，推动生态文明建设。引入绿色环保为主题活动有助于深化学生对环境问题的认识。环境问题日益突显，气候变化、资源枯竭、生态系统崩溃等问题牵动人心。通过引入绿色环保主题，学生将直接参与到实践活动中，亲身感受环境问题的紧迫性和严重性。这有助于唤起学生对环保的关注和责任心，形成对环境问题深刻的认识，从而激发他们更积极地参与环保行动。引入绿色环保为主题活动有助于培养学生的可持续发展思维。可持续发展是当前社会发展的重要方向，关乎人类未来的生存和发展。通过参与环保实践活动，学生将更加深刻地理解资源有限、环境脆弱的现实状况，培养对可

持续发展的迫切需求。这种思维方式将使学生在未来的学习和工作中更注重环境友好型的解决方案，具备可持续发展的理念。引入绿色环保为主题活动有助于培养学生的社会责任感。环保实践不仅仅是个人行为，更是对社会的积极贡献。学生通过参与绿色环保主题的实践活动，能够深刻认识到自己作为社会一员对环境负有责任。这种社会责任感的培养有助于激发学生关注社会公益事业的热情，使他们更加愿意为环保事业贡献力量。引入绿色环保为主题活动还有助于促进学校的绿色发展。通过组织学生参与各类环保实践，学校将建立更加环保可持续的校园文化，推动校园的绿色发展，为学校在社会中的形象树立了积极的标杆。学校绿色环保实践的成功经验还可以成为其他单位和社会的借鉴，形成示范效应。引入绿色环保为高校思政教育实践活动的主题，对于培养学生环保意识、可持续发展思维和社会责任感具有积极的意义。通过深入实际的环保行动，学生将更深刻地理解环境问题的紧迫性，培养可持续发展的思维方式，形成对社会的责任感。这样的实践活动不仅促进学生的全面发展，更有助于推动学校的绿色发展，为构建生态文明、可持续发展的社会做出积极贡献。因此，高校应当在实践活动中积极引入绿色环保为主题，通过多样化的形式，培养学生的环保意识和社会责任感，使他们成为具有环保责任心的积极分子。

二、将社会实践与服务融入思政教育

（一）社会实践与服务的定义

高校思政教育的实践活动创新发展是当前教育领域的重要课题之一。将社会实践与服务融入思政教育，不仅能够提升学生的实际能力，还能够促使他们更深刻地理解和感悟社会主义核心价值观，培养全面发展的社会主义建设者和接班人。以下是对社会实践与服务的定义以及其在高校思政教育中的重要性的一段论述。社会实践与服务是指学生通过参与各类社会活动，深入社会实践，了解社会发展、服务社会群众的过程。社会实践是一种基于实地经验的学习方式，通过亲身参与，学生能够更全面、深刻地认识社会，增强社会责任感和使命感。服务则强调学生通过自己的专业知识和技能为社会做出贡献，回馈社会，推动社会的进步。在高校思政教育中，将社会实践与服务融入其中，有助于实现多方面的目标。首先，社会实践与服务能够帮助学生将抽象的思政理论与具体的社会实践相结合，使理论更加贴近实际。通过亲身经历，学生能够更好地理解社会问题，形成对社会主义核心价值观的深刻认识。社会实践与服务有助于培养学生的实际能力和创新思维。参与社会实践活动，学生需要运用自己所学的知识解决实际问题，提升实际操作能力。同时，服务社会要求学生具备创新精神，寻找更有效的解决方案，促进社会的可持续发展。通过社会实践与服务，学生能够建立起更广泛的社会网络，培养团队协作精神。在实际活动中，学生需要与不同背景、专业的人员合作，这有助于拓展他们的人际关系，培养良好的团队协作意识，为将来走向社会做好准备。将社会实践与服务融入高校思政教育，有助于激发学生的社会责任感和家国情怀。通过为社会提供服务，学生能够感受到自己的价值和使命，培养对社会的热爱和责任感，成为有担当、有情怀的社会主义建设者。高校思政教育的实践活动创新发展中，将社会实践与服务融入其中，不仅是对理论的深化和实践的丰富，更是对学生全面发展的有力推动。通过这种方式，可以培养更多具有社会责任感、实际能力和创新思维的优秀人才，为社会主义事业的不断发展做出积极贡献。

（二）实践中的思政教育目标

高校思政教育的实践活动创新发展中，将社会实践与服务融入思政教育，不仅是一种重要的教学手段，更是对学生全面发展和社会主义核心价值观的深刻培养。实践中，思政教育的目标应当以培养德智体美全面发展的社会主义建设者和接班人为核心，通过社会实践与服务的形式，达到以下几个方面的目标。社会实践与服务有助于提升学生的思政素养。在实践活动中，学生将所学的思想政治理论与实际情况相结合，深化对社会主义核心价值观的理解。通过参与社会服务，学生能够更好地感受社会的需要，理解个体与社会之间的关系，形成正确的社会观念和价值取向。社会实践与服务有助于培养学生的创新能力。在实际活动中，学生需要运用所学知识解决实际问题，提出创新性的建议和解决方案。这不仅有助于学生将理论知识应用于实际，还培养了他们的创新思维和问题解决能力，使其具备更强的实际应用能力。社会实践与服务有助于培养学生的团队协作精神。在实践活动中，学生需要与不同背景、专业的人员合作，共同完成任务。这种合作不仅锻炼了学生的团队协作能力，还培养了他们的沟通能力和人际关系管理能力，为将来融入社会提供了宝贵的经验。社会实践与服务还有助于激发学生的社会责任感。通过为社会提供服务，学生能够感受到自己的价值和社会责任，培养出对社会的热爱和责任感。这有助于形成良好的公民意识，使学生在社会中能够承担起更多的社会责任，为社会的和谐发展贡献力量。社会实践与服务有助于培养学生的综合素质。通过参与各类实践活动，学生不仅能够提升自己的专业水平，还能够培养身心健康、积极向上的心态，形成全面发展的个体。这符合社会对高校毕业生的综合素质要求，使其更好地适应社会发展的需要。在高校思政教育的实践活动中，将社会实践与服务融入其中，不仅有助于实现上述目标，更为学生提供了一个全面发展、实践锻炼的平台。通过这种方式，高校思政教育能够更好地服务社会主义建设，培养更多具有社会责任感、创新能力和团队协作精神的优秀人才。

（三）社会实践与课程结合

高校思政教育的实践活动创新发展中，将社会实践与服务融入思政教育，特别是与课程结合，是促使学生深刻理解社会主义核心价值观、提升实际能力的有效途径。社会实践与课程结合的模式，既能够加强理论与实践的有机联系，又能够在学科知识中培养学生的社会责任感和实践能力。以下是对社会实践与课程结合的定义以及在高校思政教育中的重要性的一段论述。社会实践与课程结合，是指将社会实践活动有机融入到课程体系中，通过与专业课程相结合的方式，使学生在学科知识的同时，深度参与社会实践，实现理论与实际的有机结合。这种模式旨在使学生在实际操作中更好地理解和应用专业知识，同时培养他们的社会责任感、实际能力和创新思维。在高校思政教育中，社会实践与课程结合有助于实现多方面的目标。首先，它能够加深学生对专业知识的理解。通过将社会实践纳入专业课程，学生在实际操作中能够更直观、深刻地理解和应用所学的知识，使理论不再是抽象的概念，而是能够在实际中得到验证和应用。社会实践与课程结合有助于培养学生的实际操作能力。在课程中融入社会实践，可以通过实际项目、实地考察等方式，锻炼学生的实际动手能力，提升他们在专业领域的实际操作水平。这不仅符合社会对高校毕业生实际能力的要求，也使学生更好地为社会服务做好准备。社会实践与课程结合有助于培养学生的团队协作精神。在实际项目中，学生通常需要与同学一起合作，共同解决问题。这种团队协作不仅促使学生学会与他人合作，更能够培养他们的沟通协调能力，提升团队协作精神。社会实践与课程结合还有助于培养学生的创新思维。实际项目中，学生常常需要面对各种实际问题，提出创新性的解决方案。通过这样的实践，不仅可以培养学生的创新意识，还能够锻炼他们在实际问题中寻找解决方案的能力。社会实践与课程结合有助于培养学生的社会责任感。通过参与社会实践项目，学生能够更加深刻地感受到自己的社会责任，形成积极向上的人生观和价值观。这有助于培养学生的家国情怀，使他们成为有担当、有责任心的社会主义建设者。在高校思政教育的实践活动中，将社会实践与服务融入专业课程，不仅有助于促进学科知识与实践的有机结合，更为学生提供了一个全面发展、实际锻炼的平台。通过这种方式，高校思政教育能够更好地服务社会主义建设，培养更多具有社会责任感、实际能力和创新思维的优秀人才。

（四）提供实践平台

高校思政教育的实践活动创新发展中，将社会实践与服务融入思政教育，不仅要提供理论教育，更需要为学生提供实践平台，使其在实际操作中更好地理解和应用所学的思政知识。提供实践平台的方式包括社会实践项目、志愿服务、实习实训等，通过这些形式，学生可以参与到真实的社会活动中，深度体验并实践社会主义核心价值观。提供实践平台是指为学生创造参与社会实践与服务的场所和机会，使其能够在实际操作中贯彻理论知识，更全面、深刻地理解和应用思政教育的内容。这种实践平台可以包括社会实践项目、志愿服务、实习实训等多种形式，通过这些实际活动，学生能够深入社会、服务社会、提升实际能力。在高校思政教育中，提供实践平台的重要性不可忽视。首先，实践平台有助于巩固和拓展学生的思政知识。在实际活动中，学生需要将所学的理论知识运用到具体实践中，使抽象的概念更加具体化、实用化。通过参与实际项目，学生能够更深入地理解社会主义核心价值观，形成对理论的深刻认识。提供实践平台有助于培养学生的实际能力。社会实践项目、志愿服务等活动，要求学生在实际操作中解决问题，提升实际动手能力。实习实训则能够让学生更好地适应未来职业的要求，增强其在专业领域的实际应用水平。实践平台有助于培养学生的团队协作精神。在社会实践项目或志愿服务中，学生通常需要与同学、社会组织或企业等合作，共同完成任务。这种合作促使学生学会协调与沟通，培养团队协作精神，使其更好地融入社会。提供实践平台还有助于激发学生的社会责任感。通过参与志愿服务等活动，学生能够更加深刻地感受到自己的社会责任，形成积极向上的人生观和价值观。这有助于培养学生的家国情怀，使他们成为有担当、有责任心的社会主义建设者。实践平台有助于培养学生的创新思维。在实际活动中，学生通常需要面对各种实际问题，提出创新性的解决方案。通过这样的实践，不仅可以培养学生的创新意识，还能够锻炼他们在实际问题中寻找解决方案的能力。在高校思政教育的实践活动中，提供社会实践与服务的实践平台，不仅是对理论的深化和实践的丰富，更是对学生全面发展和社会责任感的有力推动。通过这种方式，高校思政教育能够更好地服务社会主义建设，培养更多具有实际能力、团队协作精神和创新思维的优秀人才。

（五）社会实践项目设计

高校思政教育的实践活动创新发展中，将社会实践与服务融入思政教育需要设计富有创意和深度的社会实践项目。这些项目旨在通过实际操作，让学生更深刻地理解社会主义核心价值观，提升实际能力，并培养全面发展的社会主义建设者和接班人。社会实践项目设计是指根据思政教育的目标和要求，有目的地策划和组织学生参与的实际活动，以达到培养学生社会责任感、实际能力和创新思维的目的。这些项目应当充分结合学科特点和社会需求，具有一定的实践性、针对性和创新性。通过社会实践项目的设计，学生能够在实际操作中更好地理解和应用所学的思政知识，形成对社会主义核心价值观的深刻认识。在高校思政教育中，设计社会实践项目有助于实现多方面的目标。首先，项目设计应当有助于拓宽学生的社会视野。通过参与不同类型的实践项目，学生能够接触到不同领域、不同层面的社会问题，拓展自己的社会视野，更全面地认识社会的多样性和复杂性。社会实践项目设计应当有助于培养学生的实际能力。项目应当具有一定难度和挑战性，要求学生运用所学的知识解决实际问题，提升实际操作能力。这有助于学生更好地适应未来工作和社会服务的需求。项目设计应当有助于培养学生的团队协作精神。许多实践项目需要学生协作完成，这促使他们学会团队合作，提高沟通协调能力，形成良好的团队协作精神。社会实践项目设计还应当有助于激发学生的创新思维。项目设计可以设置一些开放性问题和挑战，鼓励学生提出创新性的解决方案，培养他们在实际问题中寻找创新解决方案的能力。项目设计应当有助于激发学生的社会责任感。通过参与服务性的实践项目，学生能够更深刻地感受到自己的社会责任，形成积极向上的人生观和价值观。这有助于培养学生的家国情怀，使他们成为有担当、有责任心的社会主义建设者。在高校思政教育的实践活动中，社会实践项目的设计至关重要。一个富有创意和深度的项目设计不仅可以提升学生的实际能力，还能够更好地实现思政教育的目标，培养更多具有社会责任感、实际能力和创新思维的优秀人才。通过这种方式，高校思政教育能够更好地服务社会主义建设，为培养全面发展的社会主义建设者作出积极贡献。

第三节 高校思政教育的校园文化创新发展

一、建立符合社会主义核心价值观的校园文化

高校思政教育的校园文化创新发展是一个重要而复杂的课题，需要在传统文化基础上融入社会主义核心价值观，以培养学生积极向上的人生观和价值观。首先，我们可以通过建立符合社会主义核心价值观的校园文化，引领学生树立正确的世界观、人生观和价值观。在校园文化建设中，要注重培养学生的社会责任感和使命感，使其深刻理解社会主义核心价值观的内涵，明确个体与集体、个人与社会之间的关系[①]。通过开展各类社会实践活动、志愿服务等，引导学生将社会主义核心价值观融入日常生活，形成积极向上、乐于奉献的品格。校园文化创新发展需要注重挖掘和传承中华优秀传统文化，将其与社会主义

---

① 张亚. 互联网视域下高校思政教育的改进路径分析［J］. 中国军转民，2023，（23）：45-46.

核心价值观相结合。通过举办传统文化活动、讲座等形式，让学生深入了解中华传统文化的博大精深，培养他们对传统文化的热爱和自豪感。同时，通过对传统文化进行创新和发展，使其更好地服务于当代大学生的价值观塑造。在校园文化的塑造中，还要注重创新教育方式和手段，使思政教育更具吸引力和感染力。可以通过开展多样化的主题活动、线上线下互动等方式，引导学生在参与中深刻体验社会主义核心价值观的魅力。同时，利用现代技术手段，如虚拟现实、人工智能等，创造更具互动性和趣味性的思政教育内容，激发学生的学习兴趣。建立符合社会主义核心价值观的校园文化需要全校师生的共同努力和参与。学校管理层应提供有力支持，制定相关政策和规划，为校园文化创新提供良好的环境和条件。教师要以身作则，成为学生正确价值观的引领者，通过自身的言传身教，影响学生树立正确的世界观和人生观。学生则要积极参与校园文化建设，主动学习和传承社会主义核心价值观，为校园文化创新发展贡献力量。建立符合社会主义核心价值观的校园文化是高校思政教育的必然要求，需要通过多方面的努力，使学校成为社会主义核心价值观的坚实阵地，为学生成长成才提供坚实的思想道德支持。这既是高校教育的责任所在，也是为社会培养具有社会责任感和创新能力的新一代人才的迫切需要。

二、将传统文化元素融入校园文化创新中，弘扬中华优秀传统文化

高校思政教育的校园文化创新发展是当下教育领域的重要课题之一。在这个过程中，将传统文化元素融入校园文化创新，以弘扬中华优秀传统文化为核心，对于培养学生的文化自觉、民族自信具有深远的意义。传统文化是中华民族的瑰宝，具有丰富的内涵和深远的历史积淀。将传统文化元素融入校园文化创新中，有助于使学生更好地了解和认同自己的文化传统。通过学习传统文化，学生可以感受到中华民族五千年文明的博大精深，增强对国家、对文化的归属感，培养文化自觉。传统文化中蕴含着丰富的道德观念和价值取向，这对于塑造学生正确的人生观、价值观具有积极的引导作用。例如，儒家思想强调仁爱之道，道家注重天人合一，佛家强调舍己救人，这些价值理念都对当代大学生的思想道德建设有着积极的启示。通过传统文化的学习，学生可以在思政教育中形成正确的人生观念，提升道德修养。传统文化的艺术表现形式也为校园文化创新提供了丰富的资源。中国传统绘画、书法、音乐、舞蹈等艺术形式都有着独特的审美价值和艺术魅力。在校园文化创新中，可以通过开设相关课程、举办艺术展览和表演等方式，让学生亲身体验传统艺术的魅力，激发他们对艺术的兴趣，培养审美情操。弘扬中华优秀传统文化还有助于培养学生的创新精神和文化自信。传统文化是一个源远流长的宝库，其中蕴含着丰富的创造力和

智慧。通过学习传统文化，学生可以汲取传统的精华，结合当代社会的发展需求，形成独立思考、创新实践的能力。同时，传统文化的传承和创新也需要有文化自信的年轻一代去引领，使传统文化在当代焕发新的生机。高校思政教育的校园文化创新发展需要不断探索传统文化与现代教育的融合之道。通过将传统文化元素融入校园文化创新，不仅可以丰富校园文化内涵，更能够培养学生的文化自觉、民族自信，为构建社会主义现代化国家培养更多具有文化底蕴和创新能力的高校毕业生。

三、设计多样化的校园生活方式，让学生在日常生活中能够感受到思政教育的熏陶

高校思政教育的校园文化创新发展旨在通过设计多样化的校园生活方式，让学生在日常生活中深刻感受到思政教育的熏陶。这一过程不仅关乎学生的思想品德塑造，更涉及到培养他们全面发展的个性与素养。高校作为学生成长的重要阶段，不仅仅是知识的传授场所，更是塑造学生思想观念和价值取向的重要平台。校园文化创新发展中，设计多样化的校园生活方式成为推动思政教育的有力手段。这一多样化的生活方式设计，旨在将思政教育融入学生的日常生活中，使其在丰富多彩的校园文化中不断感悟社会主义核心价值观，形成积极向上的人生态度。多样化的校园生活方式包括了丰富的文体活动。通过组织各类体育比赛、文艺演出、音乐会、舞蹈赛等活动，学生在运动和艺术的氛围中体验到团结协作、拼搏奋进的精神，感受到美的表达方式。这种活动不仅锻炼了学生的身体素质，更潜移默化地塑造了他们的团队协作精神和积极向上的态度。社团组织的多元化也是设计多样化校园生活方式的重要组成部分。学校应设立各类社团，涵盖文学、科技、艺术、公益等多个领域，为学生提供广泛的参与选择。社团活动既能够让学生在兴趣爱好中找到自己的定位，也为他们提供锻炼领导才能、团队协作的平台。在社团活动中，思政教育可以通过主题演讲、座谈交流等形式深入渗透，引导学生树立正确的世界观和人生观。校园文化节的开展是设计多样化校园生活方式的亮点之一。不同主题的文化节，如科技文化节、艺术文化节、传统文化节等，为学生提供了全方位的文化体验。在这些文化节中，可以组织专题讲座、展览、演出等形式，将思政教育融入到文化活动中，使学生在欣赏文艺作品的同时，深刻理解社会主义核心价值观的内涵。注重校园文明礼仪建设也是设计多样化校园生活方式的重要环节。通过规范学生的言行举止，倡导尊重、守规矩、文明用语等行为，将社会主义核心价值观融入到校园生活的方方面面。形成良好的文明校风，为学生提供良好的学习和成长环境。

设计多样化的校园生活方式并不是简单的组织各类活动，更是要结合思政教育的特点，注重活动的深入渗透。在这一过程中，可以通过以下几个方面来实现思政教育的熏陶：活动设计应具有思政教育的针对性。根据学生的年龄、专业背景、兴趣特点等因素，有针对性地设计丰富多彩的校园文化活动，使之更符合学生的认知水平和心理需求。要注重思政元素在活动中的融入。通过主题演讲、座谈讨论、文艺表演等方式，将社会主义核心价值观、爱国主义、集体主义等思政元素融入到各类活动中。使学生在参与活动的同时，能够深刻理解和感悟思政教育的内容。再者，要注重引导学生主动参与。通过设立学生参与活动的机制，鼓励他们提出自己的想法、组织活动、展示才华。这样的参与过程既培养了学生的组织能力，也促使他们更主动地接受思政教育。设计多样化的校园生活方式是高校思政教育的创新发展之一。通过形式多样的活动，学生在丰富的校园文化中感受到思政教育的熏陶，逐渐形成积极向上、有责任心的个性与素养。这种多元化的校园文化设计，将为学生的全面成长提供有力的支持。

四、借助各类文艺活动，包括音乐、舞蹈、戏剧等，通过艺术的表达方式传递思政教育的理念

高校思政教育的校园文化创新发展，借助各类文艺活动，包括音乐、舞蹈、戏剧等，通过艺术的表达方式传递思政教育的理念，是一种富有深度和感染力的策略。这种途径既能激发学生的审美情感，又能使思政教育更贴近生活、更富有情感共鸣。音乐、舞蹈、戏剧等文艺活动是表达情感、传递思想的重要方式，通过这些艺术形式，思政教育可以更加深入人心，产生更为直接的影响。首先，音乐作为一种情感的表达工具，能够渗透人心，激发学生的共鸣和思考。通过举办音乐会、歌唱比赛等活动，学生能够通过歌曲的旋律和歌词，深刻体验到社会主义核心价值观的美好理念。音乐作品中的诗意和抒情，往往能够唤起学生内心对真、善、美的向往，引导他们在音乐的陶冶中形成正确的价值观。舞蹈是一种身体语言的表达形式，通过身体的舞动传递情感和思想。学校可以组织各类舞蹈比赛、舞蹈展演等活动，使学生通过身体的投入感受到集体协作、团队精神等思政元素。舞蹈作为一种集体性的艺术，不仅能够展示个体的艺术才华，更能够在舞台上呈现出团结友爱、互助合作的集体美。这样的表演形式不仅锻炼了学生的身体素质，同时也培养了他们的集体观念和责任心。戏剧作为一种戏剧性表演形式，可以通过剧情、角色和冲突的展开，生动地呈现出思政教育的理念。学校可以组织学生参与话剧表演、舞台剧演出等活动，通过角色的扮演和情节的演绎，让学生深刻体验到社会主义核心价值观在具体情境中

的体现。通过戏剧的表演，学生能够更好地理解和感悟人生的道理，形成正确的世界观和人生观。

在各类文艺活动中，思政教育的理念可以通过以下方式得到传递：选择具有思政内涵的曲目和作品。在音乐、舞蹈、戏剧等节目的选择上，要注重挑选那些具有社会主义核心价值观、爱国主义精神等思政元素的作品。这样不仅能够保证艺术表现的高水平，更能够使思政教育的理念更为深刻地融入到艺术作品之中。通过导演和编排的巧妙安排，使思政元素自然而然地融入到表演中。无论是音乐的演奏、舞蹈的编排，还是戏剧的表演，都可以通过细致入微的设计，让思政的理念在表演过程中得到巧妙展现。这需要导演和编排人员在艺术表现上有一定的深度和思考。通过赛事评选和评委点评，强调思政教育的重要性。在各类文艺比赛中，评审团可以特别关注那些在艺术表达中融入社会主义核心价值观、展现正面向上精神风貌的作品。这样的评选过程不仅能够激励学生更加用心地参与艺术创作，也能够让整个校园文化活动更加突出思政教育的特色。借助后期的宣传推广，使得文艺活动的影响力更为持久。通过校园媒体、社交平台等途径，对表现突出的文艺作品和活动进行广泛宣传。这不仅能够为学生树立典型和学习榜样，也能够使社会主义核心价值观的影响力更加深远。通过各类文艺活动传递思政教育的理念，是高校校园文化创新发展的重要方向之一。这样的活动既能够激发学生的创造力和表达欲望，又能够在艺术的魅力中深刻灌输社会主义核心价值观，为学生成长提供更为丰富和有深度的教育体验。

五、建立学生参与校园文化建设的机制

高校思政教育的校园文化创新发展中，建立学生参与校园文化建设的机制是至关重要的一环。通过构建积极的参与机制，学生将更加深度地融入到校园文化的创新过程中，促进他们的全面发展，培养积极向上的人生观和价值观。建立学生参与校园文化建设的机制需要明确的组织结构和管理体制。学校可以设立专门的文化建设部门或委员会，负责规划和组织各类文化活动，并设立专职人员进行具体的协调和管理。同时，可以成立学生文化建设委员会，由学生代表组成，负责提出文化活动的建议和方案，促使学生在文化建设中发挥更为积极的作用。通过这样的机制，能够使文化建设更加专业和有序。建立学生参与校园文化建设的机制需要注重学生的参与意愿和兴趣导向。学校可以通过定期开展文化建设需求调查，了解学生的兴趣和需求，根据调查结果有针对性地制定文化活动计划。同时，建立丰富多样的参与形式，如组织学生文艺团队、设立文化志愿者队伍、开展文化创意竞赛等，让学生能够在自己感兴趣的领域充分发挥才能，提高他们对文化建设的投入和

积极性。建立学生参与校园文化建设的机制需要加强学生与学校管理层之间的沟通和合作。学校可以定期组织学生座谈会、文化建设研讨会等形式，让学生能够直接表达对校园文化建设的建议和意见。同时，学校管理层应该重视并采纳学生的建议，形成共建共享的文化建设理念，使学生参与的过程更具实质性和影响力。建立学生参与校园文化建设的机制需要借助现代科技手段。学校可以建设在线平台，设立文化建设交流区，使学生能够通过网络平台提出建议、参与讨论，推动文化建设的民主化和信息化。同时，利用社交媒体等平台进行宣传和推广，吸引更多学生积极参与，扩大文化建设的影响力。建立学生参与校园文化建设的机制需要明确相应的激励机制。学校可以设立文化建设奖励制度，对在文化建设中表现突出的学生进行表彰和奖励，鼓励更多学生积极参与。同时，学校还可以通过建立志愿服务记录、学分认定等方式，将学生的文化建设经历与学业成绩相结合，形成更为完善的奖惩机制。建立学生参与校园文化建设的机制是高校思政教育校园文化创新发展中的重要一环。这一机制的建立不仅可以充分发挥学生的主体性和创造性，也能够促进学生全面发展，培养他们积极向上的人生观和价值观。通过这样的机制，高校能够打造更为丰富、多元、有活力的校园文化，为学生成长提供更为广阔的发展平台。

六、利用现代科技手段，如互联网、社交媒体等，推动思政教育理念在校园中的传播

在高校思政教育的校园文化创新发展中，充分利用现代科技手段是推动思政教育理念在校园中传播的关键。通过互联网、社交媒体等新媒体平台，可以更广泛、更直观地传达思政教育的理念，实现与学生之间、与社会之间的互动与交流。互联网为思政教育提供了广阔的传播平台。借助互联网，高校可以建设专门的思政教育网站，以便更系统地展示思政教育的理念、政策和实践成果。这个网站可以包含丰富的内容，如教育视频、教材资源、学术研究成果等，为学生提供全方位的思政信息。同时，还可以通过在线直播、网络课程等形式，将思政教育内容传递到更多的学生群体中，实现全校师生的广泛参与。社交媒体成为推动思政教育理念传播的重要工具。学校可以通过建立和运营官方社交媒体账号，如微博、微信公众号等，发布与思政教育相关的信息、新闻、活动等。这种方式能够更加贴近学生的生活，让思政教育理念融入到学生的日常社交中，提高信息传播的精准性和针对性。同时，通过社交媒体平台的互动性，还能够促进学生与思政教育内容的互动，形成有趣、参与度高的交流模式。利用新媒体手段推动思政教育理念传播需要注重内容创新。高校可以通过制作精彩的宣传片、微电影等短视频形式，生动展现思政教育的内涵和

价值，使学生更容易接受和理解。此外，可以邀请专业的意见领袖、学者等进行在线讲座，通过专业、权威的声音传递深层次的思政教育理念，引导学生更深入地思考。注重互动和参与是推动思政教育理念传播的重要策略。学校可以开设在线讨论区、社区互动平台等，让学生能够在虚拟空间中畅所欲言，分享对思政教育的看法和感悟。通过在线投票、问卷调查等形式，了解学生的需求和反馈，有针对性地调整思政教育的内容和方式，实现学生参与的双向互动。要加强对互联网信息的管理和引导。确保传播的信息真实、正面、积极，防范不良信息对思政教育理念传播的干扰。学校可以建立网络舆情监测机制，及时了解学生的反馈和争议，做出及时回应和调整。同时，通过网络教育平台的数据分析，深入挖掘学生的学习兴趣和需求，为进一步推动思政教育提供有力支持。充分利用现代科技手段，如互联网、社交媒体等，是高校思政教育在校园文化创新发展中的必然选择。通过这些新媒体平台，能够更加高效、直观地传播思政教育的理念，使之更好地融入学生的生活中。

七、为学生提供自由、开放的交流平台，鼓励学生表达个人观点、思想感悟

在高校思政教育的校园文化创新发展中，为学生提供自由、开放的交流平台是至关重要的一环。这不仅有助于促进学生之间的思想交流，还能激发他们表达个人观点、思想感悟的热情。构建自由、开放的学术讨论空间。学校可以设立学术讨论社团、论坛或平台，鼓励学生就社会热点、学科问题等进行深入的学术交流。通过组织专题讲座、座谈会等形式，邀请学者、专家与学生共同参与，促使学术观点的碰撞和碰撞的火花，激发学生独立思考、勇于表达的能力。建设多元文化交流平台。学校可以组织丰富多彩的文艺活动，如文学沙龙、艺术展览、戏剧表演等，为学生提供展示才艺和表达情感的机会。这些活动不仅能够培养学生的审美情趣，更能让他们在艺术创作和表演中表达对社会、人生的独特见解。设立开放式辩论平台。通过组织辩论赛、论坛等活动，搭建起学生充分表达个人观点的舞台。辩论是培养学生辩证思维和口头表达能力的有效手段，同时也是让学生在学术、社会问题上进行深入思考并表达自己独立观点的机会。鼓励学生参与学校媒体的编辑工作。学校可以设立学生报刊、校园电台、网络平台等媒体，为学生提供一个展示自己观点、撰写评论、进行采访的平台。这样的媒体工作既可以促使学生更深入地了解社会热点，又可以培养他们的写作和传播技能。设立学生社区，为学生提供一个在线的交流平台。学生社区可以涵盖各种话题，如学科学习、社会热点、文学艺术等，让学生在这个开

放的平台上自由发表自己的观点、分享自己的思考，形成一个多元且包容的交流氛围。加强导师制度，为学生提供个性化的指导和鼓励。通过建立健全的导师制度，学校可以确保每个学生都有一个导师，与其建立深厚的师生关系。导师可以在学术方向、职业规划等方面为学生提供个性化的指导，鼓励他们在学术和思想上有更多的探索和表达。为学生提供自由、开放的交流平台是高校思政教育校园文化创新发展的关键。这样的平台不仅能够促进学术思想的碰撞，还有助于培养学生的创造力、独立思考能力和团队协作精神。通过多元的交流平台，学校可以打破学科、专业的壁垒，形成一个融汇多元文化的校园氛围，激发学生在日常生活中感受到思政教育的熏陶。

参考文献

[14] 陈...，朱.... 中...高...的...基础 [J]. 高...报，2021，9(36)：181-182.

[15] ...

[1] 张芷若. 高校思政教育创新发展路径探究 [J]. 现代职业教育，2024，(02)：5-8.

[2] 冒茜茜. 高校思政教育工作质量评价的多维度研究 [J]. 食品研究与开发，2023，44(24)：243-244.

[3] 郭嘉怡，崔艳妮. 新媒体时代高校思政教育传播的策略分析 [J]. 新闻研究导刊，2024，15(01)：179-182.

[4] 林玉华，孔艺凝. 协同论视域下红色文化融入高校思政教育的路径探索 [J]. 辽宁警察学院学报，2024，26(01)：122-128.

[5] 张驰，杨帆. 大思政背景下以宿舍为阵地开展高校思政教育研究 [J]. 肇庆学院学报，2024，45(01)：32-36.

[6] 崔海燕，秦海丽. 高校思政教育大师资体系的构建 [J]. 学园，2024，17(04)：4-6.

[7] 曾华平. 数字化时代高校思政教育创新 [J]. 宁德师范学院学报（哲学社会科学版），2023，(04)：116-120.

[8] 徐永明. "大思政"理念下高校思政教育资源转换与整合研究 [J]. 连云港师范高等专科学校学报，2023，40(04)：58-61.

[9] 刘璇，王国超. 立德树人背景下高校思政教育与体育的融合实践研究 [J]. 办公室业务，2023，(24)：113-115.

[10] 张亚. 互联网视域下高校思政教育的改进路径分析 [J]. 中国军转民，2023，(23)：45-46.

[11] 陈丽丽. 基于网络平台的高校思政教育混合式教学研究 [J]. 淮南职业技术学院学报，2023，23(06)：23-25.

[12] 陈晓萌. 基于系统思维的新时代高校思政教育研究 [J]. 淮南职业技术学院学报，2023，23(06)：29-31.

[13] 王淑芳. 新媒体时代高校思政教育工作方法优化研究 [J]. 淮南职业技术学院学报，2023，23(06)：44-46.

［14］张兰．从"两个结合"中探寻高校思政教育的实施路径［J］．高教学刊，2023，9
　　　（36）：181-184．

［15］吕伶俐．社会热点新闻在高校思政教育中的融合应用路径研究［J］．新闻研究导
　　　刊，2023，14（23）：80-82．

［16］殷鸿达，王燕平．网络时代高校思政教育的互动性与深化研究［J］．中国军转民，
　　　2023，（22）：138-139．

［17］詹洪春，黄黎，马子洋等．高校思政教育对当代大学生人文精神的塑造［J］．高教
　　　学刊，2023，9（34）：161-164．

［18］陈明珠．中华优秀传统文化融入高校思政教育的有效路径［J］．甘肃教育研究，
　　　2023，（11）：158-160．

［19］余嫚．高校思政教育工作创新思考［J］．办公室业务，2023，（23）：68-70．

［20］种艳敏．新媒体时代高校思政教育工作的创新与实践［C］//百色学院马克思主义
　　　学院．2023年高等教育科研论坛桂林分论坛论文集．青岛恒星科技学院，2023：2．